职业教育新工科课程开发的理论与实务

陈泽宇 著

北京理工大学出版社
BEIJING INSTITUTE OF TECHNOLOGY PRESS

图书在版编目（CIP）数据

职业教育新工科课程开发的理论与实务/陈泽宇著. —北京：北京理工大学出版社，2019.8

ISBN 978-7-5682-6954-4

Ⅰ.①职…　Ⅱ.①陈…　Ⅲ.①职业教育－工科（教育）－教学研究　Ⅳ.①G712

中国版本图书馆 CIP 数据核字（2019）第 069743 号

出版发行 / 北京理工大学出版社有限责任公司
社　　址 / 北京市海淀区中关村南大街 5 号
邮　　编 / 100081
电　　话 /（010）68914775（总编室）
（010）82562903（教材售后服务热线）
（010）68948351（其他图书服务热线）
网　　址 / http://www.bitpress.com.cn
经　　销 / 全国各地新华书店
印　　刷 / 北京虎彩文化传播有限公司
开　　本 / 710 毫米×1000 毫米　1/16
印　　张 / 12.25
字　　数 / 235 千字
版　　次 / 2019 年 8 月第 1 版　2019 年 8 月第 1 次印刷
定　　价 / 60.00 元

责任编辑 / 刘　派
文案编辑 / 韩　泽
责任校对 / 周瑞红
责任印制 / 施胜娟

前言

本书是在广州市第九批教育教学改革课题“基于翻转课堂的教学设计”（课题编号：2017F25）成果的基础上编写而成的专著。该专著由三部分构成，共计十七章，各章之间相对独立且体现内在的关联性。

第一部分：理论篇，是原理研究部分，分为十章，包括其职业教育课程开发的三维职业能力观、职业教育课程开发的对策观、职业教育专业课程体系观、职业教育课程开发的内容观、职业教育课程实施的教学观、职业教育课程实施的现代学徒制观、职业教育现代学徒制实施的路径观、职业教育中高职课程衔接观、职业教育课程测评观和职业教育课程创新观。

第一章“职业教育课程开发的三维职业能力观”，基于“技能本位”的一维职业能力说，强调职业效度建立在可观察可度量的职业信度上。基于“职业行动能力+设计导向”的二维职业能力说，强调职业能力是精神构建的产物，提出了塑造各种信仰、偏好与愿望的三维职业能力观。通过这样的职业能力，行动者将自身处于支配地位看作是有益的，相信没有其他可供选择的方案，因而在价值理念、心理认知与行为模式等方面接受既定的安排。所以，三维职业能力观涉及构建价值规范的问题：它体现为塑造他人内心的信仰、偏好与愿望的过程，并且通过这样的过程预先防止他人心怀怨恨或愤恨，避免引起冲突。

第二章“职业教育课程开发的对策观”，认为当前基于岗位职业能力提升的课程开发理论体系单一，开发主体动力受制，基于实践专家访谈会所提出的典型工作任务系统性不足，课程实施层面教师的“话课权”萎缩，课程资源建设缺乏有效性和可持续性的合理制度保障。提出应在科学主义基础上融入人文主义的课程开发理念，变革职业院校从上到下单一维度的管理关系，变管理为服务，让教师主动作为，回到工作现场，提炼典型工作任务，确定课程内容，提升教师课程实施过程中的资源配置权限，双向多元推进课程资源建设等方面进行课程开发。

第三章“职业教育专业课程体系观”，用数据解读了国际工程教育学会认证（IEET 认证）标准与流程，并对认证标准进行了操作层面的解构与细分。提炼了教育目标制订的“双反馈”环节，即以校内学生学习能力反馈为内环，以校外教育目标反馈为外环。构建了目标反馈环节利益相关者权力与利益矩阵和能力反馈环节课程体系编制依据，最后形成专业的课程体系。

第四章“职业教育课程开发的内容观”，工作过程为导向的课程体系应以系统思考、整体规划为原则，侧重专业领域的课程，同时开发职业化特色鲜明的基础理论课程，以此提高学生资讯的广泛性、决策的正确性、计划的前瞻性、实施的高效性、检查的全面性、评估的规范性等各个教学环节效率。根据当前我院机电系数控专业技术课程体系的现状，列出了构建专业工作过程系统化的课程体系的基本步骤，说明了其指导思想，提出了“专业载体”的概念，建议专业内的各门课程采取“载体一致”原则，积极构建工作过程系统化的专业技术课程体系。

第五章“职业教育课程实施的教学观”，综合利用MOOC（慕课）高质量的线上视频资源、SPOC（小规模专用在线课程）面对面授课、RainClassroom（雨课堂）构建智慧课堂的技术优势，实施课堂混合式教学，有效地克服了MOOC形式单调、缺乏教与学互动、不利于深度学习的天然不足。SPOC利用慕课的资源，结合课堂面授，实现线上共享优质资源，线下师生互动与情感交流。采用RainClassroom实施智慧教学，可以完成上课即时注册、课件系统推送、上课成效随机反馈、成绩统计自动处理等。提出了基于“MOOC+SPOC+RainClassroom”的职业院校混合式教学模式。

第六章“职业教育课程实施的现代学徒制观”，分析了时代背景、企业需求、院校格局、人才市场及人才质量观对现代学徒制培养要求。提出智能化是对传统工业的融合与创新，要求人才所需知识的内部体系更加多维、布局更显多层、内容更加芜杂；外部联系更显理实一体、虚实相生、有无互通、万物互联。“用工荒”迫使企业对人才的培养降格以求，从“2+1”培养转而求诸“3+n”储备与锻炼实践。职业变动日趋频繁、岗位能力日趋泛化，要求职业院校不仅要进行人才培养模式改革，更要进行体制创新。劳动力市场可以细分为自由市场和配对市场，二者对学徒的要求不同。现代学徒制的人才培养质量不仅要让企业满意——“肯出力、能出活”；还要让学校满意——“立德树人、精技可塑”。

第七章“职业教育现代学徒制实施的路径观”，在企业新型学徒制新型化转型过程中，企校共管的市场管束方式为学徒制的新型化奠定了适宜的制度环境。以“岗课融通”为主线的劳动共同体模式和企业职工同级最低生活保障薪资制成为学徒制向新型化转化并持续优化的经济社会基础。企业新型学徒制的新型化的技能形成过程是以企业为主体的社会建构。

第八章“职业教育中高职课程衔接观”，通过问卷调查和数据分析，当前中高职课程衔接存在在目标上取向不一、在内容上向度存异、在实施上心态各异、在评价模式上手段单调等问题，并分析问题产生的成因，然后根据问题找出中高职课程衔接应有的对策。即目标协同，排好位，站好队，在协同中变更，在变更中协同。改革课程开发模式，教师回到工作现场选取课程内容。教学内容、师资与场地多维开放，你中有我，我中有你，促成学校、行业、企业多元教学格局的形成。引入企业评价，根据企业的价值取向决定课程评价模式。

第九章“职业教育课程测评观”，指出技能竞赛是以单一封闭型任务或简单叠加型任务的完成作为评价“话语及其实践”的主要甚至是唯一方式。职业资格考证以“纸笔测试+现场实操”二元化封闭方式进行。二者对学生职业能力的评价深陷“价值虚无”的困境。KOMET测评技术是在典型工作任务基础上，采用开放性测试题目对真实的职业工作世界加以权变性应用，但学生没有有机会论证并评价解题方案及解题的多种可能性，因而职业能力的衡量尺度也只限于“开放中的封闭”。

第十章“职业教育课程创新观”，指出理念的落后与缺失、政策的泛化与零碎、体系的游离与课程的边缘化、教学资源不足、与实践脱节是当前我国高校创新创业教育存在的不容忽视的问题。在教育理念上要消弭短视与偏见，引领社会整体把握创新创业教育意识、教育观念、教育价值及教育认知上的真正航向。创新创业政策政出多门与功利性的引导，可操作性与前瞻性亟待加强。创新创业教育内容浮于浅表，自成一体，没能与专业教育相融合，处于没有学科大类的尴尬境地。教学体系随意闲散，缺乏创新创业教育理论指导与实践的深耕细作，创新创业教育课程设置与人才培养成效不匹配。教学资源面临现有师资力量严重不足，水平参差不齐，创业指导缺少中枢，专业机构和运作项目不足，资金扶持力度不够等问题。与实践脱节，不能将理论知识与技术技能应用到岗位和市场中，进行岗位创造和行业创新。

第二部分：实务篇，是实践探索部分，分为六章，包括汽车电器与电子设备、电动工具结构设计与制作、电动机控制及选配、电力电子设备的安装与调试、非几何量计量器具检定、工控系统安装与调试这些具体课程的开发与实施。

第十一章“汽车电器与电子设备”，以汽车后市场岗位需求为出发点，设计典型的学习情境。通过深入的企业调研，设定了“蓄电池性能下降”“发电机不发电”“起动机无法起动”“汽车远近光灯不能变换”“汽车空调系统不制冷”“点火系统火花塞不跳火”“风窗玻璃刮水器和玻璃洗涤器不工作”7个学习情境。

第十二章“电动工具结构设计与制作”，基于从易到难循序渐进的学习规律，按照完整性、渐进性、系统性的原则，来设计并序化四个学习情境：电钻作为结构较简单的产品，为第一个学习情境，并通过全流程设计全面掌握电动工具结构设计与样机制作方法；曲线锯结构较复杂，有复杂的往复传动机构与操作装置，为第二个学习情境；角磨尽管复杂程度不比曲线锯，但基于性能与成本的改进设计时考虑的因素更多，更为灵活且结合生产实际，为第三个学习情境；最后，经过前面三个情境的学习，学生较熟练掌握了电动工具结构设计与样机制作的方法，再通过典型创新设计案例剖析，能够举一反三、融会贯通，布置学生产品创新设计实训任务，故设置了电动工具创新设计学习情境。

第十三章“电动机控制及选配”，根据专业人才培养要求，结合国家职业标准，将电气控制知识与电动机设备的控制、运行、维护等典型工作任务相结合，将涉及的“低压电器识别与控制”“直流电动机控制”“三相异步电动机控制”“步进电动机控制”“伺服电动机控制”“电气设备的安全操作”“维修电工的职业标准”等多方面的内容进行整合，确定课程培养目标是：熟悉各类电动机的结构、功能、工作原理，掌握机电设备中各类电动机控制系统设计、安装、运行、检修、维护等技术要求和技术标准。

第十四章“电力电子设备的安装与调试”，以电力电子器件为主要功能元件的设备，内部包括电力电子器件构成的主电路、使电力电子器件按要求工作的控制电路（触发电路或驱动电路）以及保护等辅助电路。电力电子设备安装与调试工的工作，就是根据电气工程师设计的电力电子设备图纸，进行设备安装和调试，或对使用的设备进行维护和维修。通过对这些岗位工作过程中所需知识、技能、素质、职业道德、职业行为规范等进行分析，考虑学生可持续发展能力，经由行业、企业、学校专家组成的课程建设小组研讨论证，确定《电力电子设备的安装与调试》课程目标。

第十五章“非几何量计量器具检定”，课程教学能与企业非几何量计量器具检定员岗位直接对接，准确对课程进行定位，在广泛听取行业专家、企业工程技术人员和本专业毕业生意见和建议的基础上，按照普遍性原则归纳出非几何量计量器具检定员岗位的典型工作任务：压力表检定、硬度计检定、材料试验机检定、常用电学仪表检定、热电偶检定、检定数据处理与撰写检定报告、开具检定证书或检定结果通知书等。

第十六章“工控系统安装与调试”，课程是机电一体化技术专业、电气自动化技术专业核心技术课程。以“集成设计、系统安装、组态编程、调试运行”关键能力为主线，将“工控组态与触摸屏技术”与“PLC 控制技术”“变频器应用技术”等多门课程教学内容进行重新解构，组成了“工控系统安装与调试”学习领域教学内容。课程培养学生成为具有工控系统集成、安装、组态、编程、调试、运行与维护能力的面向中小企业的高素质技能型专门人才，与课程相对应的工作岗位是：工控系统设计集成、上位机组态、PLC 编程、安装、调试、维护、改造、运行、销售等生产一线岗位。

第三部分：跋。

第十七章“改革开放 40 年职业教育课程的嬗变”，综述了中国开放 40 年职业教育课程的嬗变，探究了职业教育课程本质与价值，就职业教育的课程目标、课程内容与组织、课程实施与评价的内涵与发展取向进行了理论综述和分析比较。

本书在国内外已有的职业教育课程开发与实施的研究成果的基础上，对基本理论进行了深入研究，对职业教育新工科课程进行了尝试性的开发和分析，对 40 年来中国特色职业教育课程建设与发展历程中所取得的经验进行了系统梳理与总结，将职业教育课程开发的理论和实践融为一体，将课程开发的历史、现状和未来结合起来，既立足于我国职业教育课程改革发展的伟大实践，又反映世界职业教育课程的最近成果和发展趋势，力求推进职业教育课程的理论研究、学科发展、政策完善和实践探索，为建立具有中国特色的职业教育课程理论体系尽绵薄之力。

本书博采众长，可作为职业教育课程学术研究、行政管理的参考用书，也可作为职业技术院校教育学专业的教材，以及各类职业院校师资和管理人员的培训用书。

由于时间有限，加之受本书编写成员对职业教育的认识局限，书中难免有不妥之外，敬请读者指正。

感谢广州铁路职业技术学院龚凌云老师在百忙之中对本书的编写、审核与校对。

陈泽宇

2019 年 2 月于广州龙怡路

目　录

第一部分　理论篇

第二部分　实务篇

第三部分 践

第一部分

理　论　篇

第一章

职业教育课程开发的三维职业能力观

一、职业能力的概念解读

关于职业能力的概念，有以下 3 种说法：一是“技能本位”的翻版，主要表现为以各级各类的职业资格鉴定来衡量职业能力之高下；二是“功能主义”的套现，主要表现为以各级各类的技能竞赛代替职业能力测评职称；三是“设计导向”的利器，主要表现为把能力量化，把工作过程序化，把知识、技能态度结构化，以对工作世界的设计能力体现职业能力。但既然分享同一共相，这些具体职业能力之间应当有某种联系，如主观上的“能动”和客观上的“动力”。国际上普遍认为，职业是一种典型的德国式的社会组织方式。在德国，维纳特关于能力定义具有代表性，即“个体或包括多个个人的群体所拥有的、能成功满足复杂需求的前提条件”。据此，能力不仅涉及认知和技能方面，也涉及动机、道德、意志和社会方面内容。只有在深入研究和处理某个领域后才能获得相应的能力，因此能力具备所谓的“领域特殊性”。

职业能力研究作为一门 20 世纪下半叶在西方兴起的现代学术，受到行为主义与科学思潮的影响，其方法和价值取向都带有科学、中立、实证的特征，即技能化的“能力本位”，用可观察、可度量的标准衡量评分者的信度，让职业能力与技能本位分享同一共相，这一共相是一维、二维及三维能力观构建的基础。这一时期世界各国纷纷制定职业技能标准、推行职业资格证书，将能力以事实特征反映出来，并以对错、精度、速度、工艺、程序等可量化的数据指派。

二、一维职业能力观运用行为主义的研究方法

一维职业能力观运用行为主义的研究方法，重点在于对具体的、可以观察的行为进行研究与度量。基于这种研究方法的能力观，称为“直觉意义上的职业能力观”，可以描述为其核心是可观察的职业技能。如果学习者能完成一项工作任务，那么就具备这项能力。英国推行国家职业资格证书制度，美国成立美国职业标准委员会，澳大利亚实施国家教育培训证书框架，法国成立职业认证国家委员会，欧盟制定欧洲职业技术教育通行证。按照爱德思资格标准，某一级别的职业资格包括若干项能力单元，每个单元包括若干个学习产出，每个学习产出通过一系列评价指标描述。我国则以法律法规的形式规定技能鉴定的要求：对知识以纸试按闭卷方式进行，对技能以典型工作加工按现场实操方式进行。职业技能鉴定已成

为我国职业资格证书制度实施的主要工具，是职业技能人才成长的有效通道，是一种国家的考试制度，具有遴选、甄别、选拔等功能。测评的内容"理实并重、以实为先"，测试的方式"知行合一、寓知于行"，测评的主体"政府主导、行会主持"，测评的标准"国标导向、题库倚重"，测评的过程"指导教学、走向日常"。技能鉴定是"人类制造了机器，人就时常依附于机器"的产物。其实并不是说将精力花在精确性与事实特征上，就能得到科学的结论，片面追求精确性反而会使我们忽略现实生活的流变复杂和职业生涯的外在冲击。

这种以产出为导向的、建立在行为主义的学习目标表述基础之上的能力观，即一维职业能力观。由于将一切问题的基础奠定在中立科学性之上，一维职业能力观测评表面上去除了人的"内在复杂性"，也去除了人的"主体性"。换句话说，一维职业能力观未将控制决策制定范围的做法视为职业运用现象，因而缩小了职业能力的范畴。在实施不决策的状态下，由于某些行动者的诉求遭到排斥和损害，因此，他们会怨恨或愤恨，与支配者（或行为考证）存在明显的或隐蔽的冲突。

随着人本主义和建构主义的兴起，劳动者的价值及智能开发日益受到重视，这种"新职业主义"观主张，岗位职业能力的开发不是训练人的机械技能，而是为个体未来的工作生活做准备；岗位职业能力开发不是针对单一的、外显的具体工作的培训，而是跨岗位、跨领域的"工作过程"教育，其任务是在个体和其未来的工作世界之间架起一座桥梁。岗位职业能力开发的核心是让学习者获得他们未来职业世界中所需要的、重要的能力，即综合职业能力。除了测评专业知识和技能之外，还能对职业认同感的发展及在此基础上建立的职业承诺进行评价。而专业知识与技能仅成为对工作进行规划和反思的手段及基础性证据，但显然传统的笔试及现场实操（现场实操也是笔试在物理空间的映射）无法满足岗位职业能力测评的要求。这并不是说不该重视基础技能的训练和单一岗位下封闭性任务的工作，而是要让能力的训练落实在真正宝贵的向度，即为处于发展中的个人和社会创制新的典范与法则。从这个意义上来说，青年学生的职业能力的选择绝不能仅仅是机械的操作者及以理论技术和智力技能为主的技术应用型人才，还应当是"我意愿""我创建""我奉献"的大国工匠。

三、二维职业能力观的概念解读及面临的问题

二维职业能力观对行为主义研究方法进行了有保留的批评，它不仅研究行动者在关键选题上的决策与实施行为，而且研究他们采取的不决策与不作为行为；不仅考察那些纳入考评过程中的选题，而且考察那些被排除在决策过程之外的潜在选题；不仅分析行动者任务实施中可以观察到的人与人、人与物、人与环境等的公开冲突，而且分析行动者自身内在的心理冲突。实际上，二维职业能力观涉及工作过程控制的职业能力，即限制各种替代方案的职业能力。简言之，二维职业能力观既考察行为者在关键议题上的决策与实施行为，也研究他们实施行为所

采取的情感与态度。典型的如源于德国的 COMET 能力测评。

2008 年，起源于德国的国际能力测评 COMET 能力模型开始研究大规模能力诊断技术。由于 COMET 能力模型和测评模型引入了设计导向职业教育思想、行动导向教学原则、发展性任务和职业成长的逻辑规律理论及工作过程知识等先进的职业教育理论，因此在国际职业教育界引起了一定的反响。

设计导向的教育目标，即“本着对社会和生态负责的态度参与设计工作世界的能力”。作为职业教育重要载体的工作过程和工作内容，体现了技术的可能性与经济、社会、生态利益及价值观之间的协同关系，也体现了工作人员和各工作单位的价值观。“设计导向”的职业教育思想和行动导向的教学模式把学生视为技术设计的潜在参与者，而不仅仅视为未来的劳动者。典型工作任务和完整工作过程体现了明确的建构主义的思想。行动导向的学习意味着学生是主动的，可从多种可能的行动方式中选择自己的方式，也是不断优化和自我负责的，能在实现既定目标的过程中进行批判性的自我反省，学习不再是一个外部控制的“黑箱”过程，而是一个学习者自我控制的过程。学生在行动前可对行动可能产生的后果做出预测并通过有计划地行动，有意识有目的地去影响行动的后果。学生经由不同的工作任务的自主学习和协作学习，可以实现职业成长，这种职业成长也体现为职业认同感和职业道德。

基于 COMET 能力模型的职业能力测评方案按以下步骤操作：一是遵循职业发展的逻辑规律设计学习任务，针对“初学者”的反映定向和概括性知识的简单任务，比较单一；针对“提高者”的反映关联性知识和具体与功能性知识的综合性任务；针对“专家”的反映系统化知识。二是每一任务的完成都依赖完整的行动模式，即行动者自主、主动获取与工作任务相关的信息，完成任务的分析、计划、实施、评估、展示与记录。三是学习任务与工作情境呈现正相关关系。行动者可依主客观条件对学习内容进行细化和区分，以促进学习过程更加具象化、个性化，充分反映个体的职业能力。

尽管二维职业能力观揭示了职业能力存在另一张不同的面孔，承认能力是精神构建的产物，职业能力是人与人、人与自然、人与社会等诸多环境作用的产物，然而它仍然没有完全摆脱行为主义方法的约束。二维职业能力观依赖可以观察到的公开的或隐蔽的技能行为来判断职业认同感的高下，依赖于通过行动者完成任务的状况（从单一任务到系统性任务）来判断他们之间是否存在隐蔽或不情愿的冲突，但是它忽视了至关重要的状况，即人的存在是各种社会关系的总和，当人一旦意识到自我意识与自信心遭到侵蚀、扭曲或贬抑，不能表达甚至没有意识到其真正的利益所在时，行动者并不会始终如一地处于顺从境地，他们依然可能认识到其真正利益且在适当的时机下实施反抗。最有效和最隐蔽的职业能力在二维职业能力观下被屏蔽掉，即处于支配地位的行动者可以通过各种方式预先防止各种不良情绪产生，使人们根本无从观察到所谓隐蔽的冲突。但二维职业能力观未重视这样的情形。

这种职业行动能力是对工作经验反思的基础性证据，并以此作为对工作世界进行目标设计的能力观，即二维职业能力观。二维职业能力是职业教育界西方中心论的产物。但恰如从古至今的远见卓识者看到的那样，技能训练或完成任务的过程就是展开自我心灵训练的过程。在此过程中，最终得出的结论是次要的，关键在于人们是否切切实实地磨炼了理解力和科学探索能力——当然，这里的“科学”与中立的、实证的现代科学，已经有了本质的不同，其确切的所指是“合于事”“合于道”，而非“合于我”“合于名”。不完全是为了技能娴熟，其更高目的是营造工匠氛围，促进个人良好的技能—社会实践，并由个人上升到共同体层面的大同存异。岗位能力测评很大程度上带有“面对事实本身”的性质：不仅要重视知识习得与技能获得，还必须有职业认同感与职业承诺和礼法维度的深思熟虑。在这种深思熟虑中，追求立场的绝对中立其实没有任何意义，因为彻底的中立不会创造“典范”的礼法效应，进而对人们生活品质的提高似乎不再负有直接的责任。不难想象，这种导向会让追求荣誉与人生卓越的青年学生垂头丧气。如今，学界种种披着能力外衣进行教学输出的旗号层出不穷，我们当然可以从中体会到各式各样的意图，现在的问题不仅仅是哪一方更能够吸引青年学生，而是哪一方的确更加贴合现实职业世界的真实内容。那么“岗位职业能力”应当如何进入“青年学生”，成为一种未来向度的精神动力，也就成为一个问题。

四、三维职业能力观的提出

三维职业能力观涉及对前面两种过于个人主义的以行为为中心的观点的扬弃，其目的在于在各种现象的背后探究那些隐藏的和最不明显的职业能力形式。源于工业 2.0 与 3.0 时代的个人行为主义的职业能力，过分强调单一岗位下的封闭性工作任务完成能力，即“人是工业机器的延伸”这一论题，但忽视了更为正式的制度化关系，如家庭、社团、政府乃至联合国这样的社会政治组织，以及“法无禁止即可为”等约定俗成的规则所要求的社会需求与个人需求。其次，前两种职业能力观长于描述特定时期的能力现状，但难以表现不同时空条件下职业能力的变化，更无法解释这种能力变化的动力。摆脱“深入不下的技能、深化不了的知识、深藏不显的态度”的困境。有鉴于此，三维职业能力观试图发展更为宽泛和深入的职业能力说，突破以往学者通过所谓个人“技能”的研究而在客观性与能动性之间制造鸿沟，超越短期的、着眼于任务结果的简单功利标准。因此，职业能力发展和变化的真正动力和意义在于人的价值化、扩大化、多元化，以及人的社会责任感与成员之间的互动增强化。从根本上讲，三维职业能力观就是塑造各种信仰、偏好与愿望的职业能力。通过这样的职业能力，行动者将自身处于支配地位看作是有益的，相信没有其他可供选择的方案，因而在价值理念、心理认知与行为模式等方面接受既定的安排。三维职业能力观涉及构建价值规范的问题：它体现为塑造他人内心的信仰、偏好与愿望的过程，并且通过这样的过程预先防止他人心怀怨恨或愤恨，避免引起冲突。在一个普遍性地焦虑于技能短缺、期求速效药方的时代环境中，创造出有凝聚力的价值和认同，培植更为深厚的技能文明根基，远比一时的方式路线选择和学徒模式重要。

大多时候，人们脱离个体的本征状态来讨论职业能力，而抽象的概念与冰冷的数字往往会模糊职业能力的道德意涵，因此，贴近个体的生命本征，是恢复职业能力之道义温度的必要方式。民国时期，由于局势动荡，工厂制师徒制有名无实，企业普遍采取“满一批、散一批”的策略，在滚动式雇工中攫取利润。但自晚清官办工艺局对传统学徒制培养变封闭为开放，变排他为融溶，纳入行会或商会对民间学徒实施管理以来，发展实业，鼓励志业，时兴创业，重视厂内学徒的人格再造，并意外地使徒工们有了进一步的发展，促成了小业主阶层的逐渐形成，其中，学徒出身的占有很大比重。以 1913 年的上海民族机器厂为例，学徒出身者创办的占 63.7%，至 1931 年仍达 63%，另据对 1925 年以前出生的 100 名“宁波帮”企业家所做的统计，40%以上属于学徒出身。著名的无锡荣氏家族，最早是从铁匠铺学徒、铁锚厂学徒、钱庄学徒做起，一点一点发展起来。大量满徒出厂后的徒工自己创业，为民族资产阶级发展奠定了坚实的社会基础；也为改革开放初期需要的资本、管理、技术孕育了捷足先登者。

行为主义研究者认为，人存在一个固态的、统一的职业能力，而事实是职业能力更像一种液态的事物，其形状由容纳它的容器所决定，而这个容器很大程度就是一个人所置身的制度与文化，体现为技术进步和生产方式变革及社会公共服务的需要。

社会心理学家费斯廷格的“认知冲突理论”也许能够帮助我们理解职业能力如何转化道德信念。当人的行为与思想出现不一致时，追求一致性的生物性本能会让人们感到“认知冲突”制造的压力，人们或调整自己的行为或调整自己的观念来达至认知的一致性。

就人们的心理机制而言，三维职业能力的恰切之处在于，通过塑造他人内心的信仰、偏好与愿望来塑造人的行为，而行为的改变带来普通人的激烈认知冲突，为缓解冲突，人们改变其观念——强化信仰。这一“行为改变导致观念改变”的逻辑，在认知冲突理论中，被称为“诱导服从范式”。

对职业能力的反思在不同层面上发生。最直接的是保全生活质量、寻求个人发展的愿望及寻求个人价值的渴望，使绝大多数普通人不得不选择改变，或抛弃原有的岗位，寻求更高性价比的岗位；或抛弃原有的企业，寻求更大的发展空间。制度越健全，社会越开放，它所能诱导的改变就越有力。

但这种改变不是职业能力发展逻辑的终点，而是其起点。行为上的改变与思想上的疑虑会导致无限的焦虑。一方面，他们兢兢业业地学习工作，试图以表现得到社会认可；另一方面，发生在以往同学同事身上的生活困扰也是他们不得不面对的生存现实，这又令其对整个制度产生深深的怀疑。如费斯廷格所言，人们缓解认知冲突的努力程度取决于认知冲突的规模，而认知冲突的规模取决于事情的重要性。在涉及职业能力的事情上，通过塑造他人内心的信仰、偏好与愿望来缓解人们的认知冲突，理论上人们可以改变自己的行为，或者改变自己的世界观，让追求生活卓越的年轻人全方位培养所需的职业能力——个人的生活质量保全、发展前途及社会关系都维系“服从”这一行为模式。人们积极改造观念，使思想合乎自己的行为，从而使认知达至和谐状态。换言之，人们的思维被自己的行为困住，只有将行为合理化，个人才能获得内心平静。即使是相对薪资少的人，也需要合理化自己的沉默与低能。如果这个合理化过程存在“塑造”的成分，也首先是一种心理自我塑造机制，而如果它已经完成了自我塑造，它的三维职业能力观也就形成了。

如何合理化那些行为？意识形态提供了现成的合理化工具——职业不再是职业，能力不再是能力，如果赋予它“意义”，赋予它“大国工匠”的情怀。意识形态不但提供了一个缓解认知的工具，而且提升着每一个服从者的自我形象，极大地减少了“与社会、单位、学校及个人对冲”的心理成本。

构建“大国工匠”所需要的薪资、社会保障维度，促进人们行为的改变，行为的改变引发认知冲突，继而引发“价值观改造”。价值观被改造之后，普通人作为生产、建设、管理、服务一线的劳动者变得更加容易，普通人做工强化了社会伦理价值。至此，终点回到起点，制度之美与人性之美完成了一次循环，塑造各种信仰、偏好与愿望的三维职业能力观终被社会与市场这只“无形之眼”认同。

第二章
职业教育课程开发的对策观

一、课程开发面临的问题

岗位职业能力评价应立足现有岗位所需的知识技能，系统关注职业生涯发展的可拓展性与职业进阶的可持续性，关注从获取解决单一问题的知识技能到实现自我发展的需要。目前的课程改革基于“崇尚一技之能”的需求，复制行为主义的可观察、可测量的评价方法，并实施基于工作过程系统化的开发路径。在工业化与信息化日趋融合、职业岗位能力定义日趋模糊与多样的情况下，外显的、单一的传统技能日益受到挑战，学生的专业对口率持续走低，专业岗位人才流失严重。职业教育课程改革的低效严重制约了岗位职业能力的提升。

1. 行为主义课程理论开发面临的问题

工业化初期，由于对劳动力单一技能的巨大需求，对职业岗位技能概念的理解过于狭隘，选择科学主义作为职业教育课程开发的总原则，因为那时科学主义以其实证中立的特征而备受人们青睐，成为当然之选。行为主义是职业教育课程开发的基本理论，在总原则指导下负责为课程开发指明方向、划定区域，表现为各门课程只固守单一技能的培养，课程体系框架也只围绕某一职业资格考试的通过率与过级率重复练习与演练。行为主义课程开发是工业机械化的产物，是企业功利化需求在职业教育课程开发上的投射。《关于职业教育改革的决定》提出“以服务发展为宗旨”，不仅要服务国家社会的发展，还要兼顾个人的发展，即提升学生的职业岗位综合职业能力，备一时之需，应未来之需。人的生命直觉与生命本征状态是职业能力的基础，是人文主义理论的研究范畴。人文主义要求以学生为本。以学生为本的岗位综合职业能力评价要求引入社会学、管理学、心理学等领域关于职业资格研究和开发的讨论，对于工学结合课程的指导与开发成效尚需更深入的研究。

2. 校企“双主体”课程开发面临的问题

校企“双主体”课程开发模式被认为是一种有益的尝试。企业方负责工程案例的供给，学校方组织课程开发小组负责对企业工程案例进行系统化、有序化、完整化的教学处理。但囿于体制机制、企业技术垄断和教师的理解力与执行力等，企业方的课程参与度只是课程开发的有益补充。课程开发在学校的宏观、中观、微观层面又有不同的任务与要求。源于企业的绩效管理理论，学校宏观管理层只负责年度总体量化指标的框定与完成，以及课程开发指导思想是否与“工学结合、产教融合”的宗旨相一致。在规定的时间内完成甚至超额完成任务，即完成任务的效率是宏观层面首先要考虑的。中观层面是指二级院系关注课程开发程序是否合理、人员是否到位、时间是否保证等要素，他们既要对上负责，体现服从意识；又要为下服务，帮助处理课程开发过程中的实际困难。在实际处理问题的过程中往往重“效益”轻“成果”，课程开发的质量很难有明确的评判标准，课程的育人效应很难在短时间内显现。微观层面是指课程开发小组既要搜集企业案例，又要对案例进行学习化处理和文本的再编辑，是课程开发最终实施者与责任最大者。他们既要对上完成工作量，又要对企业案例进行再消化、再处理并转变成学习性工作任务。因此，有时以完成行政与绩效任务为先，而非根据企业技术进步和生产方式变革组织课程内容。这种课程建设成果更多地关注任务量的完成，对质的把握因主客观条件的限制难以深入。

3. 典型工作任务提取面临的问题

职业教育的课程内容来自工作任务，而实际岗位的工作任务是零碎的、无序的、非系统性的，对工具和劳动组织方式的处理可能会因企业、劳动人员、设备等不同而不同。现代企业的经营管理实践证明，标准化、程式化的作业能有效缩短生产周期、提高劳动生产率与产成品率。基于工作任务提取的典型工作任务是职业教育课程内容的本源，是工作任务的升华与凝结。但是典型工作任务本身并不具备学习性，它是工作实践经验总结与学习任务的最佳载体。对典型工作任务的认识和归纳是课程内容开发既无法回避又无客观尺度界定的关键。源于德国职业教育课程开发的实践专家访谈会，为我国职业教育课程开发提供了可借鉴的模式。实践专家访谈会在一两天内集中组织专家对不同职业阶段的代表性工作任务进行梳理，提炼典型工作任务，归纳学习领域课程，既能集思广益又能聚焦工作任务。但是在实施层面，无论是课程开发主持人还是实践专家访谈会成员，其实践能力都存在问题。

1）实践专家访谈会成员的资格问题。职业教育服务区域经济发展，为区域经济发展培养规格对口的适销人才。在区域之外或超出专业人才培养规格的成员，则应少聘或不聘为实践专家访谈会成员。在产业结构相近或经济发展水平相当的区域，首选的实践专家应来自接纳本专业毕业生较多的企事业单位及兼顾技术革新与进步较快的厂家，不能因为区域接近、产品同质等而对专家身份不加甄别。企业生产中，由于工作要素的不同，生产组织方式和劳动方式也有较大差异，由此实践专家对典型工作任务的描述也会不尽相同。我国中等职业教育课程大多面向“点状”的知识和技能，以培养劳动者或技能型人才为目标；而高等职业教育大多面向“面上”的知识和技能，以培养技术技能型人才为目标。不宜邀请理论性过强的实践专家，因为其职业进阶及其典型工作任务不适合作为职业教育课程开发的载体。

2）课程开发主持人的遴选问题。开发主持人包括：一是熟悉课程开发程序及程序的操作规程，具有把控现场的能力。要规定访谈会成员的发言时间，事先列出谈话要点，做到简明扼要、击中要点。把握典型性的事件，以访谈会成员的集体意见为准，决策不定时，以开发主持人与双方协商的意见为准。要把控语言，强调技能型人才培养的操作技能语言表述。要从专家成员所拟订的众多代表性工作任务中提炼出典型工作任务，从典型工作任务中解构学习性工作任务对课程开发主持人控制现场的能力是一个挑战。二是与访谈会成员进行良性互动，引导成员描述其职业成长生涯中有代表性的工作任务。各成员的工作背景与性格气质不同，处于基层的成员容易将典型工作任务描述为琐碎的事件；处于高层的成员容易将典型工作任务描述为决策性的事务。开发主持人在会前要充分挖掘成员所"津津乐道"或"难以忘怀"的事情，拉近彼此间的心理距离。主持人要现身说法，把具体任务所涉及的知识、技能、情感、态度等以可操作性的语态描述出来，让访谈会成员敢说敢写。访谈会所要描述的概念数量多且专业，成员对同一概念认识难免会出现分歧或认识不足的现象，导致对典型工作任务的描述模糊不清。三是课程开发的任务会落实到对学习任务的提取上，但学习任务的设计始终是一线教师的软肋。只有解构典型工作任务，按从简单到繁杂、由单一到多元、由具象到抽象的规律培养技能人才，才能形成课程开发的最终文本。

4. 课程实施资源配置面临的问题

按照建构主义理论，职业教育课程实施从对工作过程中专业知识技能的自我组织、自我学习进而达到对未来工作经验的建构，以此形成职业岗位综合能力。自我组织可通过自主学习或小组学习的形式来完成，学生进行自主学习及自主学习的程度、学生协作及协作效率是生成职业能力至关重要的因素。课程师资、课程场所、课程组织是决定课程实施的直接因素，校企关系、师生关系、人机关系是课程实施面临的问题。

随着国家和各省示范校、骨干校工程建设的推进，职业院校的硬件数量有了大幅提升，但硬件质量在满足企业校企合作方面（人机关系）还有很大差距。各校与企业深层次合作还没有充分发挥出来，校企关系大多停留在接受学生顶岗实习的浅层次阶段。处于顶岗实习的学生，大多在企业从事一些简单的工作，容易动摇学生对专业和企业的信心，造成企业对学校培养质量的不认可，校企关系短时间内很难获得大的突破。师生关系、教师作用是教学过程有效性的重要保证，特别是面对自主学习能力弱、协作能力弱的职业院校学生，教师的指导作用甚至可以上升为第一位。虽然近年来一直进行对教师"行动导向"教学法的培训，对"以学生主体、以教师主导"的教学理念培训也从未间断，但现实中"做中学、做中教"的教学过程很难推进，因为教学方法的综合多元运用占用了有限的教学时间，对教师的多元考核也有时很难让教师把全部工作重心放在课堂上，学校各级督导及反馈系统也使部分教师重视课程实施的进度而忽视课程效度。引进企业兼职教师上课，是在课堂上呈现企业工作内容的一种权变式策略，即利用企业工技人员的知识技能或工作经验，多快好省地建设课堂、培养人才。但是，一方面学校很难吸引高水平的一线技术技能人才；另一方面学校聘请一些企业退休人员，但双方难以形成制约与制衡机制，教学过程并没有显著的改善。基于典型工作任务的课程实施，是人才培养的“微细胞”，是职业院校在内涵建设中的主要问题。

5. 课程资源建设面临的问题

为适应信息化、网络化学习的需要，各校、各省乃至国家层面都对精品课程建设、精品资源课程建设、精品在线课程建设、专业资源库建设及微课、慕课等进行评选并制定量化指标，但没有显著提升职业院校学生的学习效果。课程资源建设只是学校为完成上级教育行政部门指派的一个刚性指标或是教师为完成绩效考核或职称评聘的一项额定任务。建设过程重申报轻管理、建设内容重引用轻原创、建设结果重荣誉轻实用，建设界面呆板、建设路径单一、建设内容后续乏力，使用效率低下。在呼吁加大教学资源建设力度的同时，是否应更注重学情的分析，以求解典型工作任务为中心，以问题为导向，充分利用市场对资源的配置作用，是当前需进一步思考的问题。

二、基于岗位职业能力提升的课程开发对策

1. 课程开发理论的提升

科学主义与人文主义是一体两面的，当科学主义的优点被发挥得淋漓尽致的同时，其弱点也暴露无遗；加之文化语境的变迁，以及人们渐渐对这种处事风尚方式方法的反思与厌倦，某种顺承式革新也就必然出现。职业教育课程内容是客观的，但其表现形式是主观的，因此课程开发是主观与客观的统一，其本质是“任务”经历人对“任务”的回忆与再生。课程开发流程首选科学主义，是因为科学主义注重课程开发流程材料的系统性、有序性和客观性，为人类认识规律和利用规律提供了有价值的方法和手段。课程开发因袭了科学主义和行为主义的原则，完整复制并有序解构了工作所要求的行为。

同时，复制与解构离不开人的主观能动性。人文主义要求在课程开发过程中，开发者与开发对象、开发工具等不断协商对话，并利用心理学和管理学工具，达到对事件真理性的认识；多维度设计典型工作任务，重构学习性任务，结合工程实境实施学习情境，不断丰富基于岗位职业能力提升的职业教育课程开发的理论水平。

2. 开发主体的主动性、积极性、创造性的提升

在理论的基础上对课程开发的各要素（课程目标、课程内容、课程师资、课程场所、课程组织、课程评价等）进行可操作化处理，形成结构、良性互动，才

能凸显课程功效。在课程开发过程中，企业工程技术人员及学校教师是课程开发的主体，特别是企业人员是不可或缺的要素。但是，两者的作用不能等量齐观，必须明确企业人员在课程开发前的基础性地位和作用及在课程开发中的参与和量度作用，以完善保障机制。要发挥学校专任教师在课程开发中的决定性地位及作用，增强课程实施过程中主人翁地位与优越感。无论是基础性作用还是决定性作用，都需要开发者对课程建设过程中所涉及的知识、技能、态度情感等进行高端构建。这就要求开发者既是研究者又是实施者。研究者要求作为开发主体的企业工技人员及教师应站在一定的研究高度上，对课程开发有宏观把握的能力，能够用科学分析手段除去开发过程中的干扰因素，纠正开发中的偏差，明晰课程开发中的盲点，做到知己知彼；实施者要求开发者要深入工作现场，积累材料厚度，做到知人善用、取长补短。为深入获取课程开发信息，要构建和谐的人际关系，创设开放的情境氛围，拓展知无不言的交流渠道，引导工作任务的路径合理规划。这也是人文主义对课程开发人员的最基本要求。

课程是职业院校人才培养的“最后一公里”，课程开发工作要秉持做“常”与做“长”的工作原则，落小、落细、落实到日常的教学工作管理中。课程开发要与区域经济发展相适应，常做常新。课程目标的适配性变革、课程内容的结构性调整、课程体系的认知性构建、课程文本的可读性修饰等巨量琐碎性工作，都需要开发者亲力亲为。职业院校要赋予课程开发人员与责任对等的义务，从人、财、物 3 个方面保障调动教师课程开发的主动性、积极性、创造性，变“要我开发”到“我要开发”，组建课程开发团队，建立课程开发的长效机制，变管理为服务，变指派为协作，形成学校行政层、学校教学层、企业行政层、企业工技层良性互动的课程开发主体构成体系。

3. 典型工作任务开发高度的提升

目前的实践专家研讨会是基于抽样选取的实践专家并获取代表性工作任务，其前提是从事同一行业或同一工种的工程技术人员的发展路径及工作任务是相对一致的，不同工种的工程技术人员所从事的工作任务不一致，从而呈现不同的发展结果。通过实践专家的“回忆”与“再现”，以协商一致的方式，把典型工作任务的话语权交付于有限的几位专家。因此，获得的工作过程资料是实践专家二次加工的结果。囿于专家的水平，对工作任务的了解难免过于偏窄，表述过于碎片。时过境迁，典型工作任务到今天是否并不一定典型，即其工作过程、工作内容、工具、劳动组织等也会发生变化。由专业领域向职业教育领域转换，涉及的语境不同，对同一语义的把握也存在差别。课程开发小组要回到工作现场，多听、多闻、多看、多动手，从多侧面思考和分析问题。例如，对典型工作任务二级分析框架的重要概念如何从纸面理解落实到操作层面，具体的操作如何分解为明晰的步骤等，让实践专家易于执行。针对工作过程、工作流程等过于宽泛的表述，课程主持人要以具体的工作任务为示例，让实践专家以客观题的形式完成答卷，以便在后续教学过程中操作便利。归纳后的典型工作任务需经过教学化的处理实现两个转化：一是从典型工作任务向学习领域转化；二是从学习领域向学习情境转化。两者转化的深入程度取决于教师教学理论水平和实践工作经验。

4. 课程实施过程中教师“话语权”的提升

课程高效实施包括实施课程的人和实施课程的环境，环境又涵盖人文环境与学习性工作环境。基于工程实境的学习场境布置，是职业院校实训场建设的软肋。例如，过于强调规模效应与视觉冲击，集体整齐划一地呈现，设备只依类别摆放，不能按典型零件加工工艺，基于学习效率和生产效率的提高进行布置。又如，忽视劳动组织方式和学生的学习特征，从产品成本考虑出发，多工序一次性完成生产任务，缺少对工作内容应有的分解，学生只见工作结果不见工作过程，对工作过程的轻视导致人才培养效度打折扣，这就需要按人的认知规律与职业能力养成规律办事，按简单到复杂、由具象到抽象、从单一到多元来分解学习任务。当然，所有外部环境的创设，只是为高效学习提供无限可能。至于学习的具体成效，还取决于学习主体的人（即教师和学生）。

“以学生为主体、以教师为主导”，是对行动导向教学模式的简明概括。这种教学模式要求教师以工作岗位的工作过程为主线，以岗位的工作任务为载体，在完成具体工作任务的同时，引导学生自主学习与工作任务相关的知识并培养学生的职业能力，以此提高学生资讯的广泛性、决策的正确性、计划的前瞻性、实施的高效性、检查的全面性、评估的规范性等各个教学环节效率。要变革当前课程开发自上而下的行政主导式机制，激发教师在课程开发中的主体意识和主动参与能力，深入工作现场，深度分析工作任务，深化对典型工作任务的探索，深刻描绘工作过程的各要素；按一体化课程操作指南，结合具体的工作岗位，细分而不笼统、明晰而不模糊地表述工作岗位、工作过程、工作对象、工具和工作组织方法、对工作和技术的要求等。在课程实施中要强调教师的“话语权”，放弃各种事无巨细的形式检查与督促。要以典型工作任务的高效完成为抓手，以学习性工作任务为导向，教师自主选择课程场所与教学内容组织方式、自主配备教学小组、自主选择考试考核方式。学校行政部门应树立良好的服务意识而不是粗放式的管理与考核，做到及时补位而不缺位。这既是对教师的尊重，又是学校必负的责任。

有效的课程实施最终体现为学生学习方式的转变，这种转变是自上而下的，是由教师发动并经实践检验得到学生认可而成形的，经历了自发、自觉、自在的过程。对传统课程实施方式的摒弃，源于学生学习动力的缺乏和教师课改意识的觉醒，进而引导学校有意识地跟进并完成典型工作任务所需要的制度化变革，如弹性学制、学分绩点制、学分互认制、开展企业职业资格认证等。这是对课程高效实施全局性的把握。其一，平行、递进、包容型的学习性工作任务能对学生职业能力的形成起基础性作用，并能迁移到典型工作任务的完成，支撑任务完成的校内外实训基地结构得当、布局合理；其二，线上线下学习资源有用管用、可学乐学，服务及时到位；其三，学生的工作知识技能态度情感的养成，源于真正的自我建构，而非教师或旁人操刀，要有制度化的约束和规范。

5. 课程资源建设质量的提升

课程资源建设要解决“为谁用、由谁建”两个根本性问题。基于利益的考量，社会上很多教学公司主持开发了不少教学资源，但普遍存在不适用、不实用的问题。教学公司对典型工作任务理解比较狭隘，一味照搬某些企业的生产任务，导致各任务间的逻辑关联性不强，知识技能点离散分布。这样不能促进学生知识技能结构的养成。围绕典型工作任务构建课程资源，明晰《一体化课程开发指南》中二级分析框架的确切内涵，基于区域产业特点，提供面向学生规模性就业的企业、就业岗位、就业工种及其工作任务的全套资料。

课程资源建设要体现职业性、实践性和开放性。课程资源是建设资源存在的必要条件，它要适应技术变革和生产方式的转变，完成开放性的学习任务。在学习过程中提供全局而非碎片化的工作过程资料，是资源适用性评价的根本标准。课程资源建设与使用要双向多元，既要面向学校也要面向企业。只有面向企业的资源才有活力和生命力，才能体现技术进步和生产方式的变革。基于网络同步传输的工作现场视频，基于先进技术的虚拟企业、基于综合职业能力提升的替代性虚拟仿真实训系统等资源内涵建设，对推广教学过程与生产过程实时互动的远程教学是大势所趋，应对此加大力度。

把知识技能内化为道德，是工匠精神的完美体现。提升学生岗位职业能力的课程开发一直是职业教育努力的方向。课程改革不能陷入企业日常工作的窠臼，要从企业走出来，关注学生的职业发展生涯，关注学生岗位综合职业能力的提升。

第三章

职业教育专业课程体系观

优化复合型、应用型和技术技能型人才培养机制，增强各类人才服务国家和区域经济社会发展、参与国际竞争能力是党的十九大报告部署。广州铁路职业技术学院工业机器人应用与维护专业参与国际工程教育学会专业认证，专业按 IEET 认证标准，重塑课程体系目标，重构专业课程体系，学生参与并通过国际工程教育认证。

一、IEET 认证

IEET 是独立法人、非官方、非营利机构，是华盛顿协议、悉尼协议、首尔协议会员，堪培拉协议准会员。IEET 下设工程教育认证执行委员会（Engineering Accreditation Commission，EAC）、信息教育认证执行委员会（Computing Accreditation Commission，CAC）、技术教育认证执行委员会（Technology Accreditation Commission，TAC）、建筑教育认证执行委员会（Architecture Accreditation Commission，AAC）、设计教育认证执行委员会（Design Accreditation Commission，DAC）5 个认证委员会，其中技术教育认证执行委员会（TAC）负责各技术专业的认证，包括制定认证标准、组织认证实施和认证管理①。

IEET 认证的标准：以专业办学成果导向为主线，以毕业生满意度与学习成效调研、企业满意度与岗位成效调研为基础，全面审核专业设定的核心能力与学校的教学目标是否达到既定的要求；要求学校、二级学院、专业三级培养目标相关联，学生成长学习的执行成效与学生所获的奖学金、助学金及其他补助相关联，教育目标与学生核心能力的关联，学生核心能力与课程设计相关联、教师与教学执行相关联，设备空间与学生发展相关联，专业发展与行政支持和经费相关联。在实地访评时，专家通过与校友、毕业生和企业交流互动，检视专业培养方案是否能支撑教育目标的达成、检视教学实施过程性材料是否做到满足培养学生所需，并核对佐证材料和自评报告书与学习成果是否一致。简言之，IEET 认证以教育目标审核为切入点，以在校学生现场访谈为突破口，以专业持续改善成效为目标，围绕教学成效及评量、课程、教师、设备及空间、行政支持与经费等重点领域，全方面认证专业办学水平。通过认证分数自评、认证尺度自拟、认证措施自我改进，促进专业的人才培养质量持续改善。

IEET 认证的数据标准，如表 3-1 所示。

---

① IEET 认证委员会技术教育认证规范（TAC-2017 大陆）解说（PPT）。

表 3-1　IEET 认证的数据标准

涉及数据	内涵
1 条主线	成果导向
2 次反馈	校内核心能力反馈，校外教育目标反馈
3 个“自”与 3 个“到”	自定评价尺度、自我评定、自我改进；说到（教育目标、培养方案）、做到（办学执行）、看到（自评报告书及其他具体佐证）
4 项调研	毕业生满意度与学习成效调研、企业满意度与岗位成效调研
5 大教育目标	技能（应知应会、工业机器人应用与维保、“四新技术”）、人际交流与车间管理、技术型（工艺、设计类）
6 种核心能力	智能制造类应知应会、执行标准作业程序并解释、沟通与合作、工业机器人加工与装调、知识更新时事认知与创新、专业伦理与社会责任
7 个关联	校院专业三级培养目标相关联，学生成长学习的执行成效与奖学金、助学金、补助金相关联，教育目标与学生核心能力的关联，学生核心能力与课程设计的关联，教师与教学执行相关联，设备空间与学生发展相关联，专业发展与行政推动和经费相关联
8 个数据	毕业生满意度与学习成效（4/5），企业满意度与岗位成效（4/5），189 个学生，12 名教师，“十三五”经费 1 250 万元，应届毕业生达成度 3.7，总学时 2 600，实践 55%、理论 45%，咨询委员会成员 10 名（学界 5+业界 3+校友 2）
9 大二级认证规范	教育目标、学生、教学成效及评量、课程、教师、设备及空间、行政支持与经费、领域认证规范、持续改善成效

IEET 认证的流程，如图 3-1 所示。

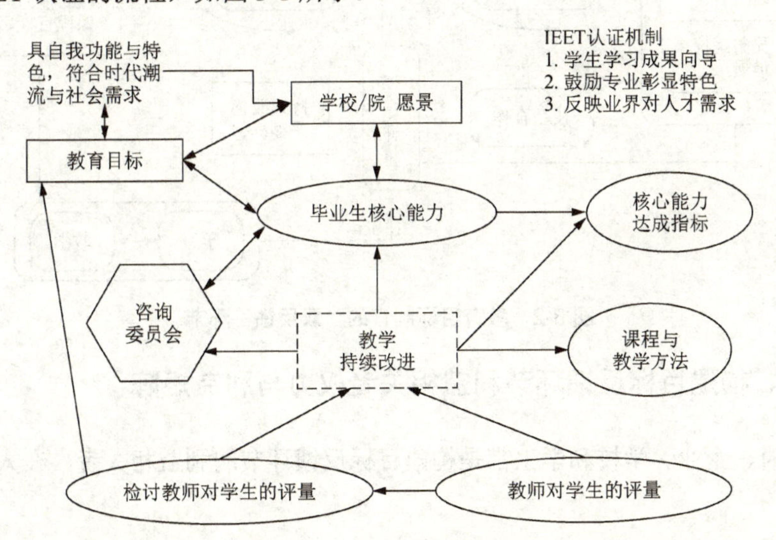

图 3-1　IEET 认证的流程

IEET 制定了 6 条技术技能教育专业核心能力认证标准，也可视为技术技能人才的培养规格：①熟悉特定领域专业实务所需之知识、技术、技能及工具的能力；②确实执行标准作业程序，并执行、分析、解释与应用实验；③有效参与沟通与团队合作的能力；④确认、分析及解决特定领域实务技术问题的能力；⑤认识时事议题，并培养持续学习的习惯与能力；⑥理解及遵守专业伦理，认知社会责任及尊重多元观点。

基于 IEET 原则，结合专业的办学实践，广州铁路职业技术学院工业机器人应用与维护专业提炼出了教育目标制订的“双反馈”环节。以校内学生学习能力反馈为内环，以校外教育目标反馈为外环，全过程审视专业课程体系目标与教育目标的关联度及人才培养各环节的相互关联度，以 PDCA①为主线持续优化人才培养的方方面面。教育目标制订的“双反馈”环节，如图 3-2 所示。

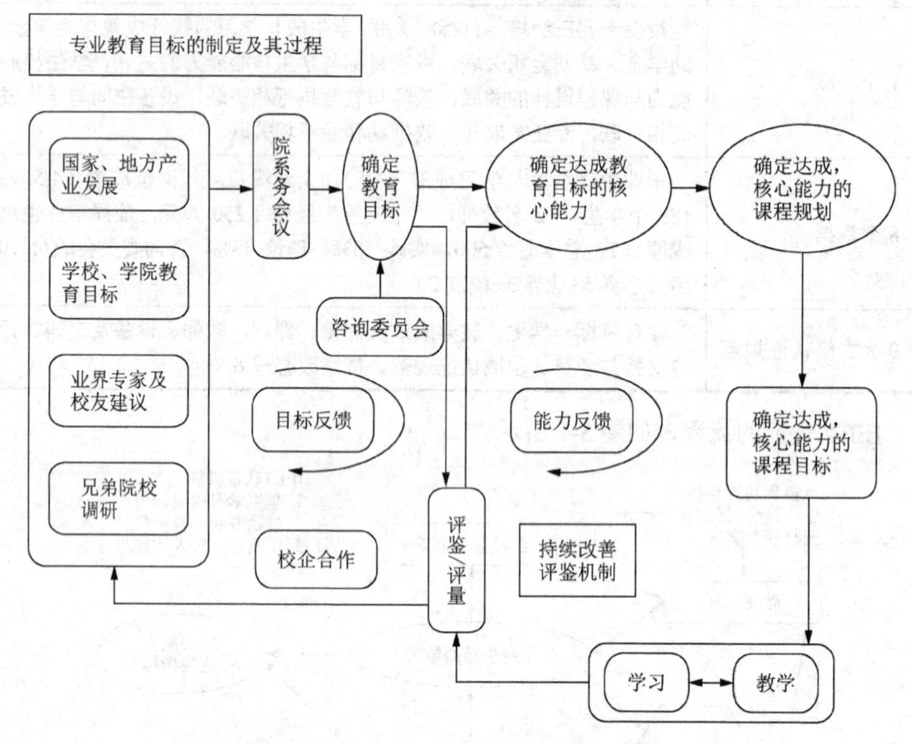

图 3-2 教育目标制订的“双反馈”环节

二、构建目标反馈环节利益相关者权力与利益矩阵

政府、企业、学校和学生都是构建目标反馈环节的利益相关者，在人才培养

① PDCA，plan（计划）、do（执行）、check（检查）、act（处理）。

方案中是目标反馈环节的参与者，参与的形式有政策、管理、资金、技术及其他生产要素等，都是执行计划必需的硬件或软件。按利益相关管理理论要求，课程目标的 3 个主要来源是利益相关者的构成与确立、按需求分析完成自变量的重要性排序、将需求量导入计划并确定课程体系目标。以利益相关者为因变量，以需求分析为自变量，排定政府、企业、学生、学校和权力/利益矩阵（图 3-3）。对于政府、企业、学生和学校四要素的权力与利益分析，如表 3-2 所示。

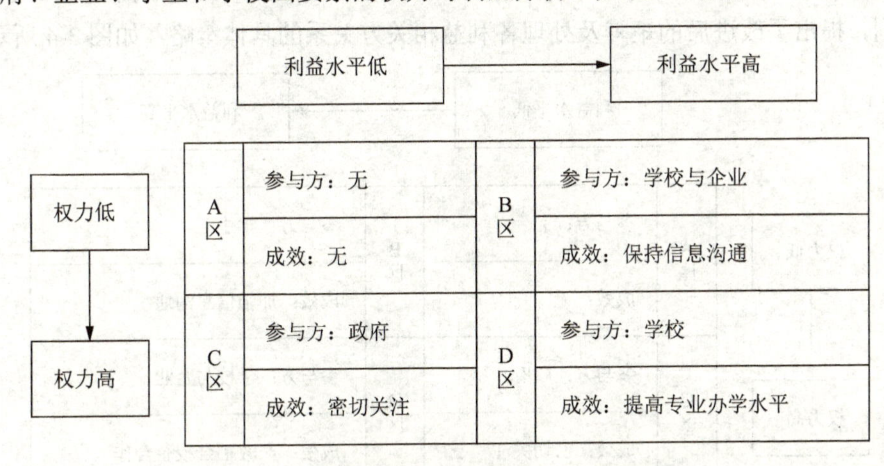

图 3-3 技术技能教育利益相关者——权力/利益矩阵

表 3-2 技术技能教育利益相关者

利益相关者	投入	权力	利益	具体表现
政府	政策、经费	高	较高	技术技能型人才和劳动力的获得、区域经济的提升和社会发展水平的提高
企业	顶岗实习岗位、实训课堂、授课专家、生产项目	低	高	人力资源的更新与升格、企业发展的接续与升级、经济利润的获取和社会地位的提升
学校	师资、设施、场地、环境、管理	高	高	办学实力的提升、社会影响力的增强、办学资源的丰富
学生	学费、时间、精力	低	高	个人综合素质的提升、生活条件的改善、个人前景的拓展

图 3-3 矩阵指明了技术技能教育与利益相关者之间的权力与利益的分配关系。在技术技能教育实施过程中，学校处在 D 区（高权力高利益的配置区），它既是教育施动的推动者，又是教育发展的高度受益者。政府处在 C 区（高权力低利益的配置区），它通过教育政策和经费划拨对学校办学思路和办学规模加以高度控制，但对教育的结果没有直接的利益掌控。学生和企业同处 B 区（低权力高利益的配

置区），二者都是技术技能教育的最大受益者，但对教育没有太大的掌控力。学生是教育的输出“产品”，企业是“产品”的被动接受者。但他们的反馈信息可促进或制约技术技能教育走向和进度，教育必须关注二者对技术技能的现实需求，不能无的放矢，闭门办学，要培养符合区域产业需求的适格人才。切实加强产教沟通与融合，努力提高人才培养质量。

基于以上分析，在原有的利益相关者权力/利益矩阵基础上，根据 IEET 认证原则，提出了改进后的矩阵及处理各利益相关方关系的具体策略，如图 3-4 所示。

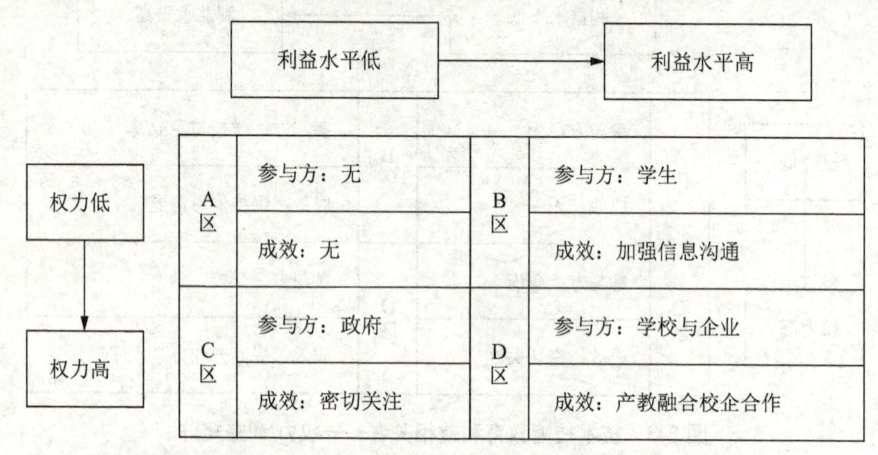

图 3-4 改进后技术技能教育利益相关者——权力/利益矩阵

三、构建能力反馈环节课程体系编制依据

课程体系的选择和编制的根本依据和最终目的是学校培养目标，具体内容包括技术技能人才培养所需的知识、技能、情感与态度。基于“适应性、规范性、特色性、可操作性”四原则，针对技术技能人才培养要求，借鉴国际工程教育学会专业认证规范，采用培养目标的知识能力素质的表述范式，提出培养目标构建形式，即“技术技能人才基本要求标准”，如表 3-3 所示。

表 3-3 技术技能人才基本要求标准

学年	学校	二级学院	认证专业
2016 — 2017	华南地区轨道交通运输行业高素质技术技能型人才培养培训基地	发展成为以“轨道装备制造与维修维护、工业机器人设计制造”为特色的国内同类院校领先的高水平技术技能型人才培养培训基地	目标 1：培养学生具有数理基础与工业机器人工程基础知识
			目标 2：培养学生掌握工业机器人应用与维护领域的基本理论和基本技能，使学生具备工业机器人操作、数控设备操作、工业机器人维保和工业机器人新技术应用的初步能力

续表

学年	学校	二级学院	认证专业
2016 —2017	华南地区轨道交通运输行业高素质技术技能型人才培养培训基地	发展成为以“轨道装备制造与维修维护、工业机器人设计制造”为特色的国内同类院校领先的高水平技术技能型人才培养培训基地	目标3：培养学生掌握铁道机车车辆工程领域的基本理论和基本技能，使学生具备铁道机车车辆零部件工业机器人运用、设备维护维修及加工工艺与装备工艺设计能力
			目标4：使学生具备发现并运用专业知识解决工业机器人加工现场及工艺和设备问题，具备终身学习的要求和持续学习的能力
			目标5：培养学生的职业伦理、社会责任意识和国际化视野，培育理性沟能与团队合作能力

培养目标在符合学校教育目标、学校特色、专业教育目标长远规划和规范性的基础上，必须具备可操作性。因此，培养目标的表述要思路清晰、逻辑合理、内容翔实、层次分明、指向明确、易于落实。IEET认证采取培养目标的知识能力素质的表述范式，此种表述直白浅近，便于理解，易于从技术技能维度进行分解，易于从课程视角把握。知识和能力两个方面的含义和内容比例相对均衡，内容紧扣专业培养规格；素质方面的含义和内容在考虑地域性差异的基础上，相对固化。对培养目标采取的知识、能力和素质的解构方式比较符合中国大陆高等职业教育界的普遍认知。

从表3-3中可以看出，IEET认证标准中分别有对于技术技能教育培养的毕业生应具有的知识、技能和素质方面的具体要求，对于工科毕业生所应具有的基本要素已经形成了较为统一的认识。

对于知识能力素质框架下的标准要素的选择，可以通过对国际工程学会专业认证标准的理解，基于多维尺度分析并筛选目标，再用符合我国高等职业教育技术技能类专业教育界普遍认同的表述方式进行再加工，重新确定了12组标准要素；选用毕业生代表、业界代表、职业教育专家组成专家咨询委员会，以实践访谈方式对各要素进行解读和重新定义，并按照专业能力、方法能力和社会能力3个维度对要素进行分类。为便于理解，将12组标准要素与教育目标的直联对应关系附表，如表3-4所示。最后，采取调查问卷和通讯评审方式，对各标准要素重要性进行分析。

表 3-4 技术技能型人才基本要求

技术技能型创新人才基本要求		与 IEET 目标对应关系
社会能力	职业伦理、社会责任意识	目标 5
	理性沟通能力	目标 5
	尊重他人与团队合作能力	目标 5
	爱国奉献精神和谋求社会发展的心志	目标 5
方法能力	独立获取继续教育与学习的能力	目标 4
	计算机运用和运用网络查阅文献能力	目标 1、目标 2、目标 4
	创新创业能力	目标 1、目标 2、目标 4
	双语交流能力	目标 1、目标 2、目标 4
	分析、设计并解决实际工程问题的能力	目标 1、目标 2、目标 4
专业能力	数理基础和工业机器人工程基础知识	目标 1、目标 2、目标 3
	工业机器人设备操作、工业机器人设计能力	目标 1、目标 2、目标 3
	车辆零部件工业机器人加工、设备维护维修	目标 1、目标 2、目标 3

毕业生和企业对各要素重要性的认识肯定会有差异。为了进一步分析，本章将各要素从上到下依序排列，将二者对各要素所列频度以柱坐标形式标示进行比对，如图 3-5、图 3-6 所示。

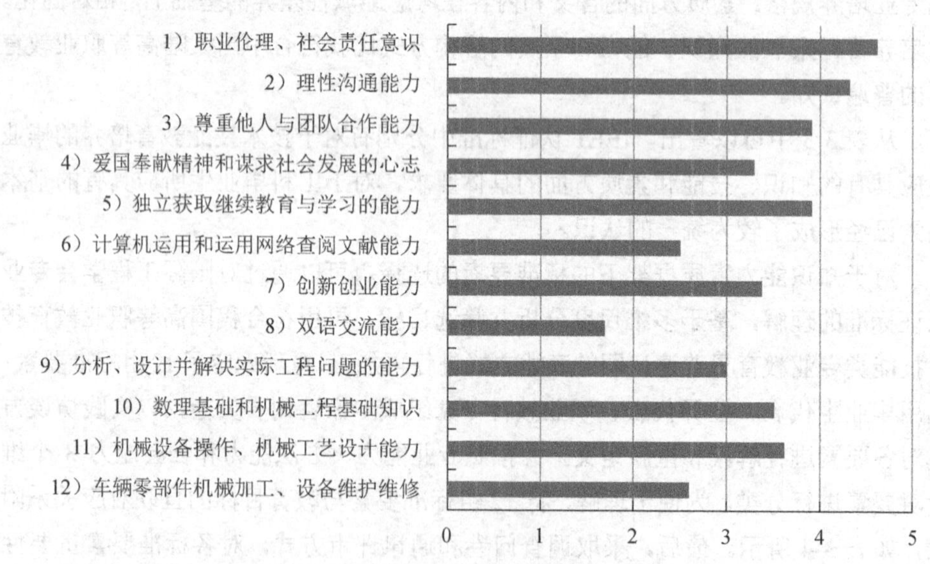

图 3-5 毕业生方面标准要素重要性分析

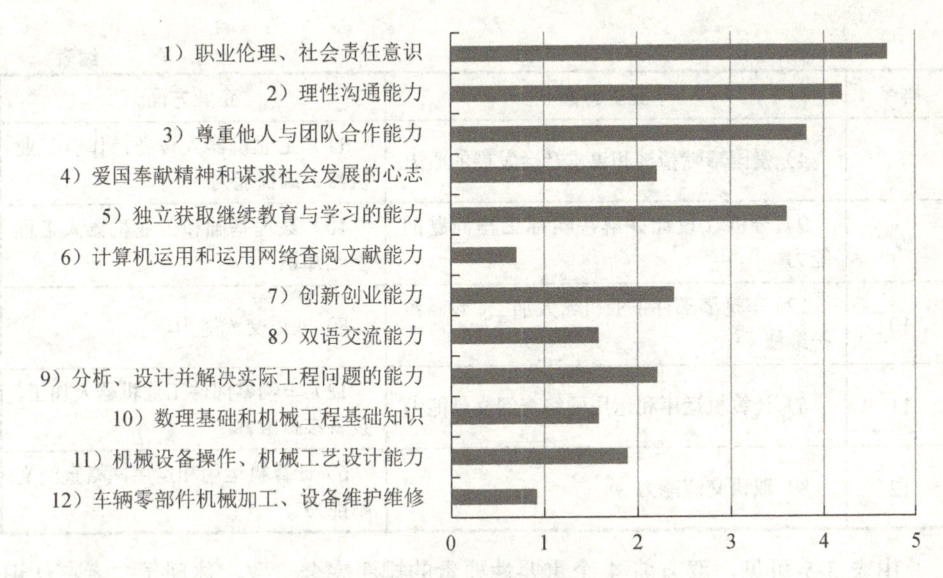

图 3-6　企业方面标准要素重要性分析

从图 3-5 和图 3-6 的对比来看，毕业生方面和企业方面对要素重要性的排序存在差异。从总体分布来看，学校对专业能力、方法能力和社会能力各要素重要性的打分相对均衡；而企业对社会能力方面的打分普遍较高，基本与学校方面的分数相一致，对专业能力和方法能力方面要素的分数则要普遍低于学校方面。由此可以看出，学校对人才培养的认识较为全面，比较注重知识、技能和素质的均衡发展，而企业则较为注重人才的基本素质，更看重一个人的职业伦理、社会责任意识、理性沟通能力、尊重他人与团队合作能力、爱国奉献精神和谋求社会发展的心志等。为了进一步比较各要素在学校和企业重要性认识上的差异，本书对双方要素重要性的排序对比，如表 3-5 所示。

表 3-5　要素重要性排序对比

排序	毕业生方面	企业方面
1	1）职业伦理、社会责任意识	1）职业伦理、社会责任意识
2	2）理性沟通能力	2）理性沟通能力
3	3）尊重他人与团队合作能力	3）尊重他人与团队合作能力
4	5）独立获取继续教育与学习的能力	5）独立获取继续教育与学习的能力
5	11）工业机器人设备操作、工业机器人维保能力	7）创新创业能力
6	10）数理基础和工业机器人工程基础知识	9）分析、设计并解决实际工程问题的能力
7	7）创新创业能力	4）爱国奉献精神和谋求社会发展的心志

续表

排序	毕业生方面	企业方面
8	4）爱国奉献精神和谋求社会发展的心志	11）工业机器人设备操作、工业机器人维保能力
9	9）分析、设计并解决实际工程问题的能力	10）数理基础和工业机器人工程基础知识
10	12）车辆零部件工业机器人加工、设备维护维修	8）双语交流能力
11	6）计算机运用和运用网络查阅文献能力	12）车辆零部件工业机器人加工、设备维护维修
12	8）双语交流能力	6）计算机运用和运用网络查阅文献能力

由表 3-5 可见，双方前 4 个重要性要素的排序完全一致，体现了二者在认识上的高度统一。同时，也说明这 4 个要素对智能制造创新技术技能型人才的培养至关重要，应在后续课程安排及各教学环节中着重培养。实际上，前 3 个要素体现了人的社会属性，是人在社会上生存及与人共事的根本，是人发展的前提与关键。这 3 个要素是其他 9 个要素的根本，其他 9 个要素制约和促进这 3 个要素的多元发展。职业教育强调“立德树人”为先，足见前 3 个要素的基础性与重要性。但是，前 3 个要素的培育与发展，是一个社会系统工程。不难想象，仅靠职业教育中有限的几门课程、有限的几次社团活动，是无法完成这个内涵日渐丰富的素质培养工作的。

排名第 5 和 6 的要素，学校方面与企业方面出现分歧。学校方面强调回归教学，重视学生应知应会内容的把握；而企业方面强调回归工作岗位，重视解决实际问题及创新性的工作能力。二者的实质是一样的，都是基于各自的工作视阈，强调回归本位。职业教育强调工学结合、产教融合，二者差异恰恰是职业教育目前所需补强的方面。企业方面排名第 10 的要素“双语交流能力”，企业方面将它排在车辆零部件工业机器人加工、设备维护维修之前，足见对其的重视，而学校方竟然将它置于最后。其首要原因，可能与调研所在的区域或企业产品处向有关。广州是一个传统的外贸城市，很多企业从事外贸业务，创办于 1957 年的中国进出口商品交易会（简称广交会）便是见证，企业对人才的外语交流能力的重视显而易见。可见，随着社会及教育的发展，单一的硬技能型人才已不被企业看重，现代企业更注重个人的关键能力及其发展，因为基于企业岗位专业技能是可以通过入职后的再培训和个体在工作中反复练习而获得的。双方对各要素认识度的差异，可以通过差值表柱状图（图 3-7）表示出来，差值为各要素调研数据频度之差。企业和学校认识差异度较大的几个要素分别为排名 4、7、8、9，企业认识的重要性大于学校。

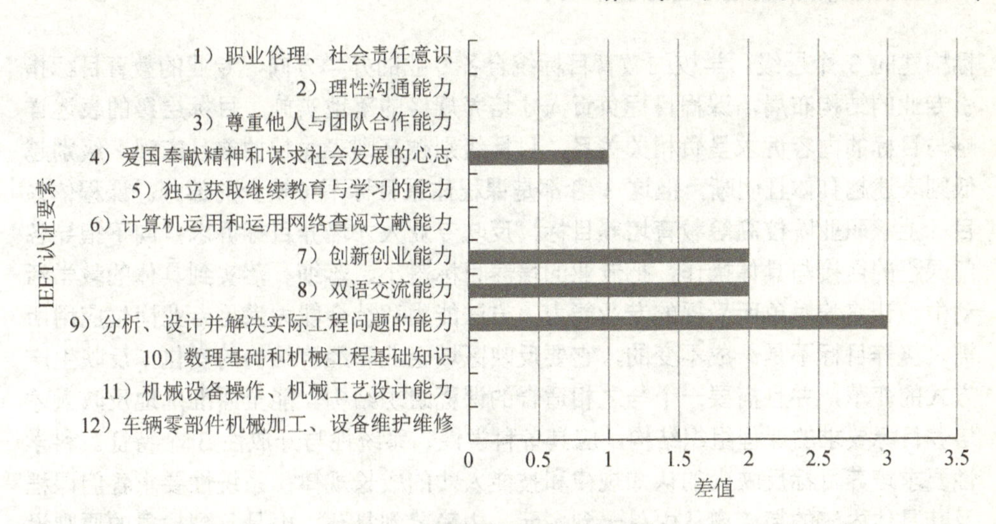

图 3-7　要素重要性认识差异度

图 3-7 中横坐标反映了企业与学校排序的差值，纵坐标反映基于 IEET 认证要素，图 3-7 反映了基于各要素双方最大的差值序号。其中差异最大的是“分析、设计并解决实际工程问题的能力”，企业排在第 6 位，学校排在第 9 位；“创新创业能力”和“双语交流能力”，企业将其分别排在第 5 位、第 10 位，学校将其分别排在第 7 位、第 12 位；“爱国奉献精神和谋求社会发展的心志”，企业排在第 7 位，学校排在第 8 位；其他要素则是学校认识的重要性大于或等于企业。值得说明的是，上述几个双方认识差异度明显的要素，为学校改进教学提供了一个视角。“爱国奉献精神和谋求社会发展的心志”是学校工作的重心和基点，也是学校办学的优势。但不得不承认的是，学校思政课理论太过务虚，拿不出关乎学生切身利益的案例来现身说教，部分学生为应付考试而学。而企业基于本身生存和发展的需要，把社会公德、职业道德、个人品德浓缩于具体的生产实践中，更能找出学校的短板。企业所注重的“分析、设计并解决实际工程问题的能力”“创新创业能力”“双语交流能力”“爱国奉献精神和谋求社会发展的心态”，反映了双方教育理念的差异，更是学校教师培训、学生培养的重点。基于此，这 4 个要素应该按其与企业认识的差距，在后续的课程体系构建过程中通过相应的办法优先进行强化。

四、工业机器人应用与维护专业的课程体系构建

课程体系目标是课程体系为实现人才培养目标而设定的总体目标，它由课程结构目标和课程目标构成。课程结构目标是课程编制的根本，是各门课程按一定规律构建，学校依此对学生进行有组织、有系统的培养，最终达到培养要求的、所需的阶段性目标。教学内容的选择与增删、教学实施的组织与安排、教学评价的贯彻与执行，都服务和服从于课程体系目标。

学校的教育目标、专业目标和课程目标，由抽象到具体地反映了课程体系目

标构建的 3 个层级。学校的教育目标统合各专业的办学方向，专业的教育目标指引专业的结构布局，课程目标负责人才培养规格的落地实施。目标层级的表述详略与目标的内容诉求呈负相关关系，目标级别越高则表述越抽象且宏观，级别越低则表述越具体且明晰，但这 3 者都是课程体系目标不可缺少的部分。课程体系目标上承职业院校高等教育培养目标，反映专业人才培养目标诉求；向下指导各门课程的衔接与具体操作，把专业的培养目标落小、落细、落实到具体的教学活动中，让培养对象所受授的专业能力、方法能力和社会能力满足专业岗位应用所需。培养目标不是一成不变的，它要反映区域企业和经济结构的变化，反映生产方式的变革，并且需要一个与之相适合的课程组织结构。能全面准确地反映人才培养目标要求的课程组织结构，应具备科学性、系统性与开放性 3 个特征。科学性要求培养目标反映人的认知规律和技能人才的成长规律；系统性要求各门课程及其具体内容的衔接遵从由单一到多元、由简单到复杂、由具象到抽象的原则设置；开放性要求教学内容的开放、教学场地的开放、教学时间的开放，甚至教学队伍的开放都源自高等职业院校培养高素质技术技能型人才规格。因此，课程体系目标是高等职业院校各专业课程体系设计之“纲”，专业各门课程的选择和组织是“目”，课程组织结构目标及具体课程所要达成的目标围绕“纲”展开。

确立课程体系目标应坚持与区域经济发展相适应的对应性原则，科学取舍、力求单一的规范性原则，特色发展的独特性原则及可操作性原则。这是课程体系建立的依据，剔除那些与大学教育目的矛盾或相冲突的目标，力求把泛泛而谈的统合性目标化多元为单一、化抽象为具体，同质异构、依托行业发展专业特色，坚持不落小不落细的目标不落地，表述准确而全面，操作明晰而具体。

课程体系目标来源于并服务于学校的办学宗旨，与学校办学理念相符的则保留，不符的则剔除。同时，课程体系目标要服从并反映学习心理学的要求，区隔长远目标与阶段性达成目标的不同量度，根据学习心理学过滤试验性目标，保留可达到的，变革可化繁为简的，舍弃过高过快的。基于“需要评估”的课程理论要求，课程体系目标的确立按以下 4 个步骤来进行。第一，确立目标。召开实践专家访谈会，系统而全面地反映本行业企业对技术技能人才的培养要求，并围绕这些要求确定培养这类人才所需的课程目标。第二，排定目标主次。把课程体系目标按非常重要（5 分）、重要（4 分）、普通（3 分）、不重要（2 分）、非常不重要（1 分）5 个等次加以排列，确立主要培养目标、次要培养目标和拓展目标。第三，测量目标差值。由于学生的性格、学习习惯、学习基础、学习动机不一样，这就要求客观地测量每一目标与具体学生达到设定目标的差值。差值越大，则目标考虑的优先级越靠前。第四，编制授课进程。依据每一具体目标，把该目标所要求的知识技能素养情感态度分解开来，条陈并列，按平行递进包容关系所属合并同类项，集成相应的教学任务，确立相应的教学策略。

课程体系设计，以达成专业教育目标为要求，以产教融合为主线，基于“并行工程”理论对课程体构建的要求，按学生的认知规律和技能人才的培养规律，构建高职工业机器人应用与维护专业课程体系（表 3-6）。

表 3-6　工业机器人应用与维护专业课程体系

课程类型	序号	课程名称	备注
专业基础课	1	机械制图*	
	2	机械基础*	
	3	SolidWorks 应用	
	4	电工基础与安全作业*	电工基础+电工作业证实习
	5	电子线路识读与制作*	电子技术+电子 CAD
	6	电气控制与 PLC 应用*	
	7	钳焊实习	钳工入门+点焊、气焊实习
	8	触摸屏与变频器应用*	
	9	工业控制组态与现场通信	一体化
专业核心课	10	工业机器人装配与测试&△	一体化
	11	工业机器人工作站维护与保养&△	一体化
	12	工业机器人工作站安装与调试&△	一体化
	13	工业机器人工作站调整&△	一体化
	14	工业机器人工作站仿真设计&△	一体化
	15	工业机器人多工作站联调	一体化
	16	工业机器人工作站故障诊断与排除	一体化

*表示理论性的考试课程；&△表示一体化的核心课程。

五、专业认证的目标达成度

为了调查专业课程体系对人才培养目标达成度，基于 WATLQ 模型，于 2015 年 5 月设计了要素调查问卷，要求被访者（只限广州及珠三角地区）根据自己的认识对各要素在技术技能型人才培养中的重要性按照“非常重要”到“不重要”5 个等级进行评级。调查对象包括已毕业 3～5 年的毕业生及企业管理人员、技术技能人员等。该调查对毕业生共发放问卷 80 份，回收有效问卷 64 份，回收率 80%。回收的有效问卷中，2009 级毕业生 24 份，占总数的 37.5%；2010 级毕业生 17 份，占总数的 26.6%；2011 级毕业生 23 份，占总数的 35.9%。企业有效问卷 20 份，回收率 80%。本书对所有问卷进行了分类统计，结果如图 3-8～图 3-10 所示。

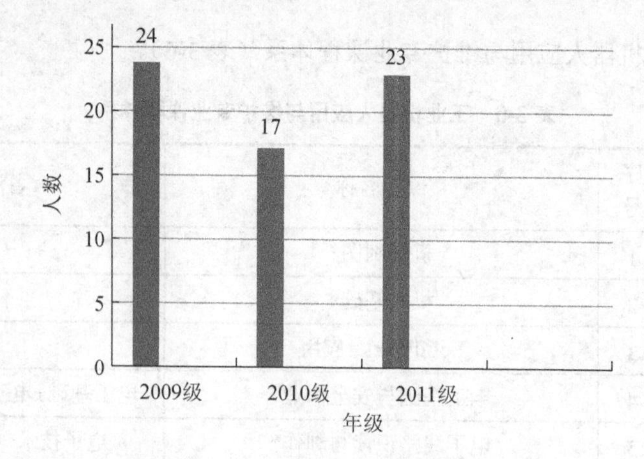

图 3-8 调研人数分布统计

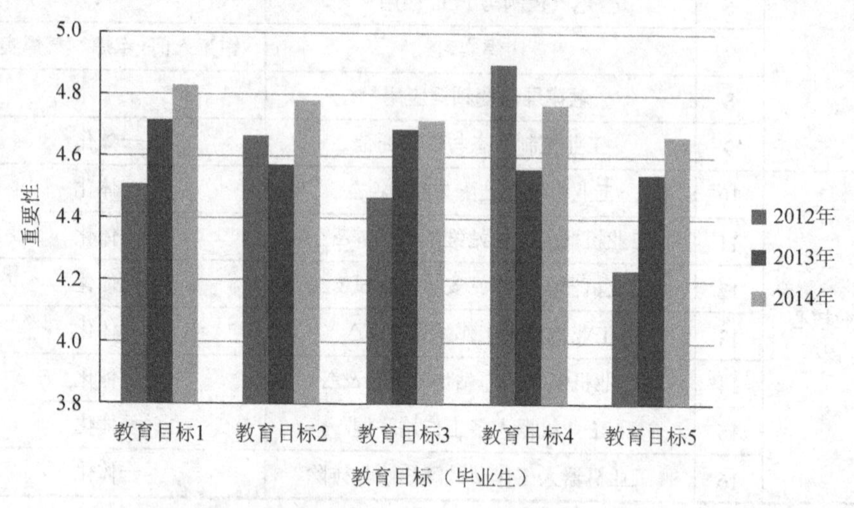

图 3-9 教育目标（毕业生）重要性调查结果

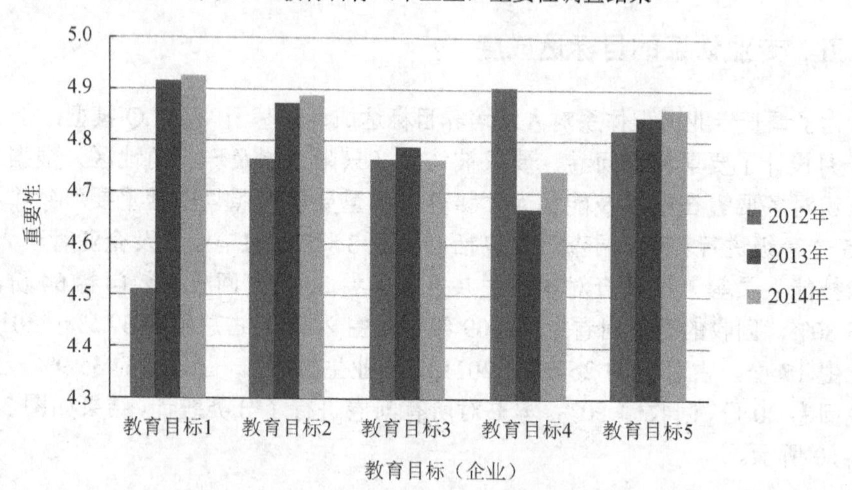

图 3-10 教育目标（企业）重要性调查结果

图 3-10 横坐标为 IEET 认证所规定的 5 个教育目标，按认证规定，各目标依“非常重要 5、重要 4、普通 3、不重要 2、非常不重要 1”给定权重。重要性得分＝Σ各等级票数×等级权重分/总票数。

本书使用 SPASS 20.0 软件进行分析，得出二者的差别，如图 3-11 和图 3-12 所示。

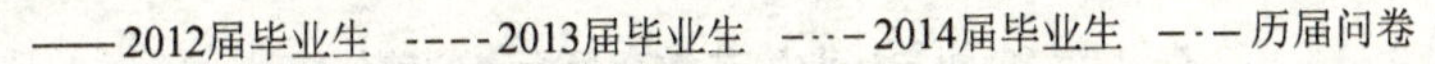

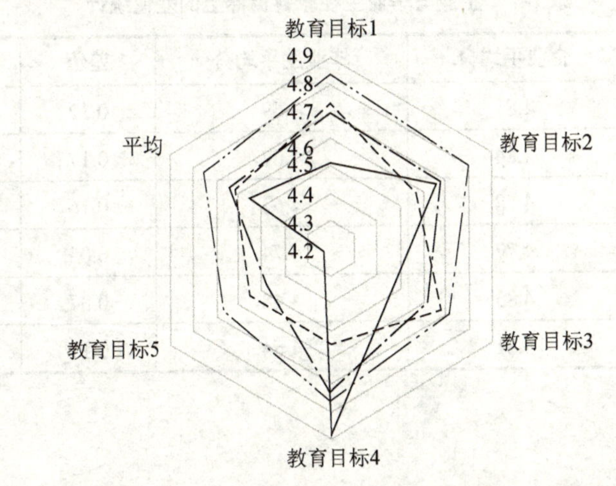

图 3-11　毕业生（毕业 3～5 年以上）教育目标重要性调查结果分析图

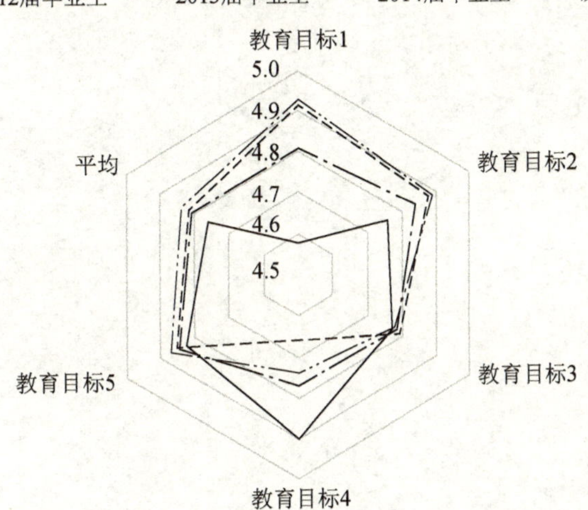

图 3-12　毕业生企业教育目标重要性调查结果分析图

由图 3-11 和图 3-12 可知，各要素重要性的分布不尽相同。总体来看，毕业生方面对教育目标 1、教育目标 2、教育目标 3 和教育目标 4 各要素重要性的打分相对均衡。企业与毕业生在教育目标上的差值统计（表 3-7），可以得出：企业方面对教育目标 5 的打分普遍较高，高出毕业生方面 14.8%，对教育目标 1 和教育目标 3 要素的分数则要普遍高于毕业生方面。由是观之，毕业生对人才培养的认识较为全面，比较注重专业基本素养、专业技能和知识的均衡发展；而企业更看重职业伦理、社会责任意识和国际化视野（可能与广州及珠三角地区比较发达有关），培育理性沟能与团队合作能力等。

表 3-7　企业与毕业生在教育目标上的差值统计

项目	企业平均分	毕业生平均分	差值	差值率/%
教育目标 1	4.81	4.69	0.12	2.249 5
教育目标 2	4.84	4.67	0.17	3.512
教育目标 3	4.78	4.62	0.16	3.347
教育目标 4	4.77	4.74	0.03	0.629
教育目标 5	4.85	4.48	0.37	7.629
平均	4.81	4.64	0.17	3.534

第四章

职业教育课程开发的内容观

在实施行动导向教学模式中，教师已由传统的传道、授业、解惑转为教育活动的促进者、设计者和引领者。这对教师的素质提出了更高的要求：如何以工作过程为考核重点，提高学生资讯的广泛性、决策的正确性、计划的前瞻性、实施的高效性、检查的全面性、评估的规范性等各个教学环节的效率。

以工作过程为导向的课程体系，要求教师以工作过程为主线，以工作任务为载体，在完成具体工作任务的同时，引导学生自主学习与工作任务相关的知识并培养学生的职业能力。目前课程开发的现状是，专业课程在以工作过程选择及序化教学内容并取得成功的同时，专业基础课在进行基于工作过程开发时滞后于专业课，专业课程体系缺少系统思考、整体规划。教育部高等教育司《国家精品课程申报指南》要求申报课程“为全国各高职高专院校所开设的侧重专业领域的课程，同时兼顾职业化特色鲜明的基础理论课程”。只有把特色鲜明的基础理论课做实做强，专业领域的课程实施以工作过程为导向进行课程改革时才会取得事半功倍的效果，否则就是本末倒置、事倍功半。

“高职的课程体系和课程内容必须要按工作过程的要求进行设计，从学科性的课程体系到以工作过程为导向的课程体系，这种改革是脱胎换骨的，是颠覆性的改革”。[7]

本章根据当前机电系数控专业技术课程体系的现状，列出了构建专业工作过程系统化的课程体系的基本步骤，说明了其指导思想，提出了“专业载体”的概念，建议专业内的各门课程采取“载体一致”原则，积极构建以工作过程为导向的专业技术课程体系。

一、成熟的课程体系源于调研

课程开发要实现职业教育目标，体现职业能力培养，首先要保证课程设置的源头——课程体系源于岗位工作任务分析。在职业教育专业课程的开发过程中，只有颠覆传统的学科教育的理念，对每个环节进行反复调研论证并经实践检验，才能形成比较成熟的课程体系。基于工作过程的课程体系开发，有效地保证了专业教学目标能够从市场需求的逻辑起点出发，最大限度地满足职业能力培养的目标要求。在课程体系开发中，关键要遵循“确定专业面对的工作岗位或岗位群—岗位典型工作任务分析—行动领域归纳—学习领域开发”这样一条逻辑主线[7]。开发过程中，要从专业服务的岗位（群）工作任务调研入手，并依据典型工作任务的能力要求，分析、归纳、总结形成不同的行动领域，再经过科学的分析，实现行动领域到学习领域的转化，构成专业课程体系。

岗位（群）工作任务调研具体步骤如下：

1）调研毕业生就业岗位具体工作任务和职业素养要求。

本着“既关注初始就业又兼顾岗位升迁”的原则，专题调研参加工作 6 年以内毕业生的就业岗位、升迁经历及岗位具体工作任务，并了解他们对教学工作的意见和建议。

根据由调研资料得到的毕业生就业岗位分布，并综合考虑因技术发展而形成的新岗位，确定 2～3 个主要就业岗位、2～3 个次要就业岗位，并征集这些岗位的 80～100 个具体工作任务。

2）归纳出典型工作任务和职业能力发展的不同阶段，形成专业课程。

由企业生产、管理等一线的技术和管理人员组成专家组。专家组根据岗位的实际工作状况，将 80～100 个具体工作任务归纳为校内学习的 10～15 项典型工作任务。根据一一对应的关系，将典型工作任务转换成同名称专业课程。

企业专家和学校教师根据新学徒、普通技工、高技能人才 3 个职业能力发展阶段，共同提出了对应的入门、专项、综合 3 个学校学习阶段。根据高职学生入学时的知识与技能水平，提出在入门学习和专项学习阶段应设置必要的基础课程和基础技能实训项目，在综合学习阶段还要开设专业技能考证选修课程。

3）按 3 个阶段的职业能力培养要求对专业课程进行排序。

专家组和学校教师一起根据专业课程知识与技能的综合程度和在教学过程中获得物化学习成果的难易程度，对专业课程按照入门、专项、综合 3 个学习阶段进行评级分类；同一阶段的课程，再根据课程之间的衔接要求进行排序。

为使学生初步了解专业的就业前景、工作环境及岗位工作任务，在入门学习阶段要设置 2 周的“看企业、讲专业”认识实习。为促进学生工作与学习的有机结合、培育职业素养，并为后续专业课程学习积累感性认识，在专项学习阶段设置10～16周的顶岗实习，一方面学生进入企业从事与本专业相关的普通技工工作，另一方面同步学习岗位生产工艺、企业质量管理等相关课程。综合学习阶段设置 12 周的毕业实习，根据实习岗位任务，结合毕业设计课题，综合运用所学知识、技能解决工作岗位具体问题，以提高专业技术应用能力和职业素养，实现预就业。以上实习与专业课程一起构成了职业素养与职业能力培养的 3 个递进台阶。

4）以具体工作任务为载体重组专业课程教学内容。

教师将每门专业课程的主要教学内容组织成 3 个以上的实训单元，每个实训单元都以具体工作任务为载体，融入专业理论和工作对象、工具、工作方法、工作要求等工作过程要素，按“由浅入深、由易到难、由单一到综合”的认知规律进行重组。

二、按循序渐进、关联驱动、有所突破的原则构筑课程体系

从课程体系构建的可能性和必要性来看，必须要区分主次缓急，把长期目标分解为阶段目标，先做容易的和有条件的；待条件和时机成熟时，开发更深层次的专业和课程，使课程体系建设更加适应企业现在发展的需要[8]。

针对课程在课程体系所发挥的作用，以关联驱动为目标，注重对前序课程的综合运用与能力提高，突出实用性；同时，注重后序课程对职业行动的能力提升，突出突破性，保证高技能型人才培养目标的实现。

现在各专业学生对于本岗位的胜任素质要求还缺乏明确的目标认定，应该进行必要知识和理论的补充强化，以提高岗位胜任能力。但是，面对企业的快速发展和专业知识更新的加快，岗位对在岗人员的适应性要求很高。课程体系的构建必须兼顾资格性和适应性两种要求，并充分体现资格性与适应性对岗位任职能力目标的一致性，既要保证岗位的基本需要，也要突出岗位的发展需要。要将资格性培训内容与适应性培训内容有机地结合起来，每门课程、每个项目既要有资格性的常规内容，又要有适应性的现实内容，并且要成为每次考核的重点。

因为先有职业后有资格，并且资格一旦制定出来就固化了，它是一种过去时的能力、格式化的能力、固化的能力①。因此，仅仅以职业资格作为标准开发的课程，将总是滞后于职业的发展，职业的动态特性没有体现出来。

三、建立课程载体与专业载体

职业教育要立足于行动体系，更多地关注过程性的知识。开发工作过程系统化的课程，要解构与重构知识。解构与重构知识的关键在于如何在学科体系中提取适度的知识，并与工作过程进行整合。适度够用的理论知识在数量上没有发生变化，但在排序的方式上发生了变化；适度够用的理论知识的质量发生变化，不是知识的空间物理位移而是在工作过程中的融合。这就要求我们去寻求凸现职业教育特点的课程载体，以实现我们的培养目标。

借助课程载体，知识传授和实训必须“落地”。这个“落地”必须通过一个可以看得见、摸得着的载体来实现。知识的传授不能“空对空”，实践的训练也不能“空对空”。

载体承载着课程教育目标、完整工作过程、学生素养等，以数控机床装调课程载体的作用为例，如图 4-1 所示是载体与能力关系图。载体应该是开放的、可操作的，它应该是一个技术集成体。它承载着学生专业能力、方法能力及社会能力的养成。

很显然一门学习领域的课程无力承载这些硬技能与软技能的培养。一个基础

---

① 姜大源．工作过程系统化课程开发方法[Z]．2009-03-21.

知识不扎实的学生，有“不堪承受之重”的感觉。其结果是资讯不详、决策不断、计划不周、实施不了、结果不明、评估不行。因此，建立专业载体势在必行，并且可以大幅度地提高学习与工作效率。

职业和职业不同是因为工作过程不同。专业与专业不同是因为技术领域不同。在“载体一致”的原则下，各学习领域课程分担了同一载体的不能功能，承担着不同的工作过程，学生的资讯、决策、计划、实施、检查、评估等各个环节可以在不同的工作过程中有效地进行“分散”与“聚合”，最后的综合实践课程进行基于工作过程的开发时，可以有效地发挥前导课程的基础作用，取得“1+1>2”的功效。

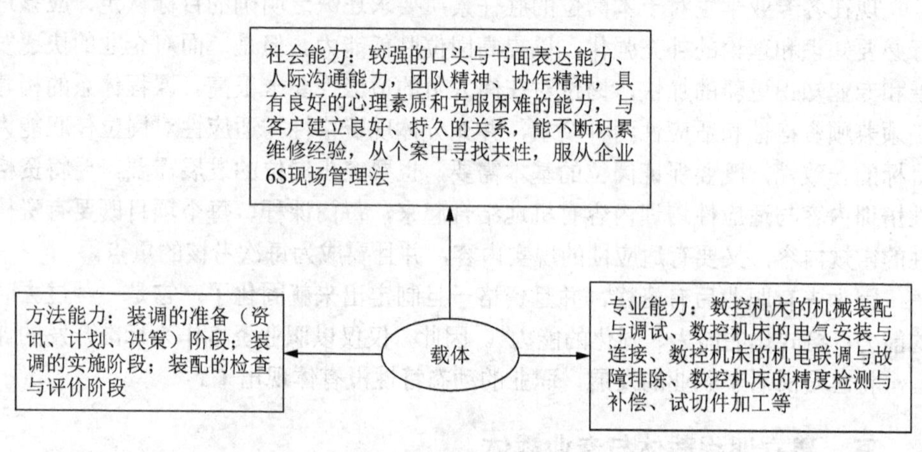

图 4-1　载体与能力关系图

四、注重“软技能”（soft skill）的培养

《现代汉语词典》对技能的解释：技能是“掌握和运用专门技术的能力”。所以，不能把对技能的理解局限于动作技能，这里还有心智技能的存在。

从学生能力培养上看，通过体系内一系列课程而不是一门课程的训练，学生具有较强的口头与书面表达能力、人际沟通能力，具有团队精神、协作精神，具有良好的心理素质和克服困难的能力，能与客户建立良好、持久的关系，能不断积累维修经验，从个案中寻找共性，服从企业 6S 现场管理法，从而使学生具有现代企业的软技能，具有在职业生涯中的能力迁移及可持续发展能力。

因此，适应新趋势的发展，专业面向岗位（群）工作任务的能力要求，是学习领域课程开发的出发点和基本要求。专业课程体系的开发，在基于此的同时要考虑社会发展、科技的进步及学生可持续发展，使学习领域所涵盖的知识、技能和素质要求具有前瞻性，最终达到高职教育培养的人才在层次上体现出“高”、在类型上体现出“职”、在素质上体现出“优”的目标。

第五章
职业教育课程实施的教学观

慕课（massive open online course，MOOC）正在吸引越来越多人的关注，显示出强劲的发展势头。然而，在 MOOC 的推广的过程中，MOOC 的先天不足也广受诟病。具体表现：注册率高与通过率低；预备知识准备不够系统与导学环节缺失；课程视频所呈现的学习手段单一；内容设计只满足就事论事，深度学习不具备材料支撑；课程设计陷入“唯技术论”的窠臼，育人效果不明显。师生、生生互动缺乏，与教育所要达成的社会能力、方法能力培养目标相差甚远；学习评价机制亟须完善；成绩认证尚须时日，学习诚信难保证等。如何面对和解决这些问题，使学习者保持对 MOOC 的热情，以及如何利用 MOOC 的优质资源，推进教学改革、提升教学质量，已经成为高职校教学管理者和教师面对的一个重要课题。笔者在广州铁路职业技术学院开设专业“机械设计基础”课程，引入 MOOC 资源，辅之以 SPOC（small private online course，小规模限制性在线课程）面授和“雨课堂”智慧教学，经过两年的实践，积累了一些经验，又通过实证研究获得了一些数据。

一、MOOC：基于人工智能技术和大数据的大规模开放在线交互学习的优势与不足

MOOC 的优势，在于它根据特定知识体系构建的知识树，上下一体，预先录制视频和在线实时播放。MOOC 不设门槛，不分专业、学校、年龄甚至不分国界，面向各类学习者。为吸引学习者的兴趣，MOOC 的一个讲授视频约为 7 分钟，让学习者在短时间内能完成一个“微知识”或“微技能”的学习；各个视频之间又遵循人的认知规律和技能人才的成长规律，保持内在的逻辑联系。学习者可以自主选择学习时间、学习内容、学习方式、学习进度。“通关型”知识树的构建，便于学员不仅可重复学习，甚至可以“跳关”学习，极大地提高了学员的学习效率。

“通关型”知识树 MOOC 的制作，要求课程负责人对课程内容统筹规划、脉络分明、详略得当。所谓脉络分明，就是保证相邻知识点前后搭接有序，前一个知识点对后一个知识点起基础性的支撑或明显的促进作用。各知识点按从简单到复杂、单一到多元、具象到抽象排列，不能没有顶层设计。所谓详略得当，是指 MOOC 的在线学习面向并满足社会学习者的需要，要讲精讲透，进行鞭辟入里的分析，深入浅出的刻画。这就要求课程负责人或讲授者先做好“编剧”，对课程整体谋篇布局，对课程内容按学习性工作任务有效分割，绝不能搞传统课程实录，

必须经过精心设计，选择合适的镜头语言。为防止讲授者因熟悉课程内容而流于疏忽，因不熟悉课程内容而陷于琐碎，讲授者要“话有所依”，事先准备脚本。2018年教育部公布的490门国家精品在线课程，主讲人大多脱稿讲授，轻松自然地与学员分享知识技能点，做到不让知识僵化。不念讲稿，可以充分反映主讲人的人格魅力和课程特质，同时也要求主讲人把功课做实、把状态调准，自然发挥以使让人想学乐学。这样制作的MOOC，保证了MOOC不仅仅是一种资源，更是一种服务；MOOC不是课堂的“搬家”，而是一种全新的教学模式。MOOC基于人工智能技术和大数据大规模开放在线交互学习的优势，是其得以推广的主要原因。

高水平的后期制作也是MOOC的优势。一般而言，普通MOOC只需按课程标准录制拍摄即可。但高水平的MOOC大多采用蓝箱/绿幕作背景，为后期抠像及再加工作做准备。据笔者观察，2018年上线的中国精品在线课程上的MOOC其拍摄与后期制作都聘请专业团队来完成。笔者的“机械设计基础”课程就是聘请的专业团队来完成的。仅前期拍摄阶段花了6周时间，出动了6个团队、4台摄影机，还进行了灯光、音响的布置与调试。为使画面生动，营造“个性化”授课的效果，4个机位同时拍摄，不同视角来回切换。画面的剪辑，字幕的添加，视频、图片、动画及实景素材的嵌入后期制作，则耗用了4个多月的时间。特别值得一提的是，视频中加入了丰富多彩的影视元素。比如，讲到屈服强度概念时，则使用专业的影视片段，配上一个人从坚定的原旨主义者到背离最初的理想与信念精彩画面，以具体的、可感受的视觉来理解抽象的概念原理。加入时尚元素，让学生在类比中加深对专业术语的理解与运用。讲到弹性、塑性时，无原则地加入“任性”；讲到刚度、强度时，从形象文字入手，强度配以“弯弓射雕”的画面，把“弓弯”与“强”度结合；刚度配以“利刃削铁”的画面，把“削铁”与“刚”度结合。在不少地方还配上背景音乐，如讲到淬火、正火、退火与回火时，配上《十送红军》的音乐，大大增强了所讲内容的质感。经过这样的精心制作，“机械设计基础”MOOC上线后，增强了画面的可视感，拉近了学习内容的距离感。

MOOC的丰富内容与表现美感、多元一体，是传统课堂难以企及的，却正是处于这个碎片化的信息时代的学生希冀学习的方式之一。就高等职业工科基础类课程而言，在校学生普遍要求增加课程内容的形象性与生动性，把抽象思维的知识转化为可触摸可感觉的实体；要求基础课老师在讲授中结合所讲内容把抽象的知识概念原理用生动的形象语言传达给学生；要求契合学生的认知特点，绘声绘色，由表入里，把学生的注意力从概念原理吸引到对人性的表现和对人生的审美表达上。从这一角度看，把MOOC资源引入高职课堂，也是一个很好的选择。

优势与劣势相较而存在，相对立而发展。当MOOC的优势被发挥得淋漓尽致时，人们对它的诟病也指摘入微。其一，课前制作意味着内容固化，灵动不足；其二，缺少教师在课堂讲授时与学生的情感交流与现场互动。这不仅仅是你问我答的交流，而是教师可根据学生的反应对所讲内容进行适度调整。它存在于教师的表情和肢体语言中，体现在师生间的情绪互动中。教师可以通过营造“小气候”

把课堂变成思维激发的阵地、学生视野拓展的“高地”。在这样的师生互动中，学生获得的不只是纯粹的专业知识，还有教师社会能力与方法能力的亲身示范。MOOC 作为一种基于技术进步的新的教学模式，虽然设计了一些交流渠道，如“老师答疑区”“课堂交流区”“综合讨论区”等平台，加强师生间、学员间的交流，但依然缺少课堂上师生间的那种即时交流。这种影响，有时是比较严重的，因而一些在校学生不愿意接受 MOOC 这一新的教学形式。笔者对 10 所学校的专业人士进行调研，通过 SPASS 软件分析得出 MOOC 与 SPOC 的优劣分析，如表 5-1 所示。

表 5-1 MOOC 与 SPOC 的优劣对比

项目	学生规模	学业完成度	教学效率	教学观念	教学多样性	学习方式	学习自由度	及时反馈	师生互动
MOOC	5	1	5	1	1	1	5	3	3
SPOC	1	5	1	5	5	5	3	5	5

注：好、中、差的得分分别以 5 分、3 分、1 分表示。

可见，目前急需寻找一种融二者之长的教学方式来提高教学质量，既能引导学生线上自主学习，又能增强师生互动，让“教学”向“教育”转变，达到教育的育人成效。而将 SPOC 用于课堂教学，可以有效地解决教学手段单一、学生被动参与及知识不够深入全面等问题。

二、SPOC：慕课进入高职课堂的方式

由美国加州大学伯克利分校的阿曼德·福克斯教授最早提出和使用的 SPOC 很好地解决了优质教学资源与课堂师生实时交流互动不足的问题，可抽象定义为“Classroom+MOOC”。二者都是在线课程，能满足在线课程的一些基本要求。相对于 MOOC 的大规模（massive）与开放（open）属性，SPOC 强调小规模（small）和专有（private）。课程专有，意味着对选修的学生有准入条件限制，特别是有先修课程条件限制，达到要求的申请者才能进入 SPOC 课程。学生规模小，不要求跨界、跨年龄、跨专业和跨区域，一般限制在本校相近专业的学生学习，从十几人到几百人不等。把 MOOC 资源引入高职课堂，利用“雨课堂”“试题推送”在平台上开辟一个专区进行测试，达到测试要求的学生，可以进入 SPOC 学习。利用手机微信“雨课堂”动态管理学生，制订可塑性的教学计划（弹性计划），学生课下自主学习，课上强化已有知识并拓展未知领域以完成学习任务，可选择小组讨论的方式进行。明确 MOOC 的定位重在知识的获取，SPOC 的定位重在交流互动与情感沟通。要有效地实施二者之长，需要注意以下几点。

1. 多、快、好、省地激发学生的学习兴趣

微时代，要求碎片化的信息与知识服务学生个性化与体验性学习。由于知识点细分，学生可通过MOOC关键字搜索即可发现相应的知识视频。优势与劣势相比较而存在，相对立而发展。只有突显SPOC的优势，拉开与传统教学的差距，让知识变得易学、让学生乐学，做到开卷有益、学有所得，学生才有兴趣接受这种新的教学方式。我的方法是突出“快、好、省”三个字。

学生可利用手机微信“雨课堂”快速注册，推送考试题与课件，开启弹幕功能，课堂实时匿名反馈，真正做到不懂就问。向学生展示SPOC的“好”：一是可以在线学习，观看视频、小组讨论、在线测试等都可以以网上互约的方式自主进行。二是观看即审美，避免重复单调，让学习与审美完美融合。教学内容制作精良，知识点明确，重点突出，脉络清晰。三是课程测试全学期全进程时段任选，学生只要通过学习测试就可以随时终止学习。

2. 问题导向，即学即考，考学互相渗透，及时反馈

以问题为导向，以MOOC资源为根本，利用SPOC促进师生间的互动交流。具体的操作，就是设计若干个环环相扣的问题，把SPOC一分为二，既学“大纲规定的知识”，又学“牵延拓展的知识”。一是“学进去”，通过SPOC组织学生在线学习，学习MOOC讲授的知识技能，完成随堂作业和单元测试，并在“发帖区”和“答疑区”参与课堂交流。二是“学出来”，以课堂面授时学生所反映的共性问题和代表性问题为主线展开，以小组探讨为基本学习方式，并在随堂考试中展示自己的学习成果，把部分课堂交给学生，以成果的展示增加学生学习的获得感。这种基于MOOC的丰富资源与基于SPOC的互动交流的教学设计，取二者之优，把过程性反馈和终结性检验有效融合。

3. 基于“问题导向—聚众分类—民主讨论—结果驱动”的课堂面授

面对MOOC的不足，补短板与强弱项是SPOC的课堂面授的主要内容。主要针对的是学生基础与MOOC所设定的内容衔接有落差及学生学习后在知识方面延伸所遇到的问题。如果MOOC是半个学期（如“机械设计基础”课程每周6学时，共计8周），则面授要有2周次；如果MOOC是一个学期，则面授以3～4周次为宜。面授时数为总时数的1/3～1/5。

以48学时（8周）的“机械设计基础”课程为例，第1周以教师面授为主，完成课程学习的准备工作，并让学生了解MOOC的学习方式。教师演示MOOC视频，学生完成MOOC学习注册，熟悉师生与学生间的互动方式。第2周的教学内容视选课的学生而定，如选课学生增加的人数较多，也安排面授，重复第1周的内容；如选课学生增加人数较少或没有增加，则让学生熟悉MOOC的各二级栏目和“互动区”的操作。第3次面授安排在课程快结束的第6周，以小组讨论形

式进行。讨论以解决问题为要，有的放矢，对准靶心，先在 SPOC 专区提前发布通告，以学生回复帖数决定内容讲授的优先等级，然后要求第一个提出问题的学生按“知识树”结构对问题进行细分。明确“树干”就是所提的问题，并对问题进行分类；“树枝”就是在每个分类下提问；“树叶”就是涉及的相关的知识技能点。对于问题的描述，应言简意赅，以定量化表述为先。为鼓励学生多提问题及提高问题的质量，对提问题的学生及高质量的回复都有分数奖励。对连续 3 次不提问且回复帖数不多的，则有扣分惩处。由于课程奖惩机制得当，主讲教师可引导学生知识体系向深化、细化方向掘进，倡导民主讨论，鼓励学生多视角多层次思考，向学生展示多路径解决同一问题的方法及得出的多种可能结论。这样基于“问题导向—聚众分类—民主讨论—结果驱动”的讨论，让 MOOC 的知识运用走进课堂，让师生的情谊在讨论中交流，让学生的思辨能力在碰撞中提升，很受学生和学校督导的欢迎。

4. SPOC 的课程评价：由幕课成绩+面授成绩合定

评价方式要能有效地解决并指导实际教学问题，促进学生思维提升和素养与综合职业能力的提高。基于“学生自评+小组评价+教师评判”的多元评价体系要易于操作[9]，而不是流于形式。由于 SPOC 兼有 MOOC 的视频资源学习和传统教室教学的面授学习，因此学生的学习成绩由 MOOC 学习成绩和课堂学习两部分组成。例如，“机械设计基础”课程共 6 个单元，其中 4 个单元是测试（客观题，偏重知识的理解），由学生独立完成，成绩由教师评判。2 个单元是作业（主观题，偏重综合能力），由小组合作完成，以实物的形式提交，成绩由小组互评。这两部分各占总成绩的 40%，另外 20%成绩则由学生在课堂“发帖区”的发帖数和回帖数的数量与质量而定。对在校学习 SPOC 的学生，则按 100%在校、80%在校和 60%在校 3 个档次评定，评价条件是要求他们完成 2 个单元、3 个单元、4 个单元的客观题测试和课堂交流区的讨论，占总成绩的 60%；免去其他几个单元作业所占 40%的成绩，由期末随堂考试的成绩替代；再适当考虑学生在课堂讨论中的实际表现。这样安排意味着学生既要认真学完 MOOC 的内容，又要参加随堂考试和课堂讨论。

5. SPOC 的管理手段：借助“雨课堂”的智能化管理

清华大学学堂在线办公室开发的“雨课堂”是基于 PowerPoint 的一个插件，以二级栏目存在于 PowerPoint 中，实现了 PowerPoint 与微信的完美融合。学生借助微信“扫一扫”能快速实现注册、创建班级、接收教师推送的微信手机课件等。在 SPOC 课堂上借助“雨课堂”，课件会逐页通过手机发送给学生，学生如果对哪一页有疑问，可以随时标记，用以课后复习巩固。而这些数据都能够立刻显示在教师手机上，教师可以在手机上随时了解当前学生的预习情况。其中最为重要的环节是完成教学活动与资源的组织，其次是对教学效果进行评价。

1）课前注册与课件推送。为适应“雨课堂”虚拟学习环境及移动、泛在化学习和个性化学习，课前准备要创建授课对象、制作手机课件、开通互动服务功能。进入课程界面—教师扫描登录—填写姓名、学校、身份等基本信息，点击“我要开课”—创建班级生成专属二维码及邀请码—学生通过微信“扫一扫”入班（对未即时扫码入班的学生，可令其输入邀请码）。教师可制作手机课件或电脑课件，于课前或课中推送到学生手机。课件的制作应着眼于学生学习兴趣的激发，基于“通关型”知识树内容体系的构建。要注意课件发送的数量与频度，因学生而异，避免“集中轰炸”引起学生反感和学习倦怠。为方便学生高效准确地获取学习资源，教师要利用微信公众平台的“关键词自动回复”和“消息自动回复”功能，按“关键词”把教学资源各类学习资源分门别类，学生通过“搜索”功能，就可以高效地获取所需资源。

2）课中教学。这是师生实施情感互动、克服教育“纯技术化”倾向的主要途径。在授课教师的主导下进行的教学进程，学生可随时通过手机端的“PPT 栏目”对每页课件进行批注，对不懂的知识点，点击“不懂”按钮标识，所有匿名标识的统计数据可即时有效地反馈给教师，教师视学情调整课堂进度或变更教学方法。教师也可以开启“弹幕”功能，让学生对所讨论的问题随时发表意见，教师可以对高质量的回答标记积分，所有的积分可以累积折算为学生期末成绩。基于问题导向的“通关型”知识树的构建，要求学生对所学知识点对应的问题能积极作答，为达到学习过程举一反三、触类旁通的目的，教师通过“雨课堂”“发布课题试卷”功能，让学生随时参与课堂练习，教师随时跟踪测试结果，完成重点难点内容的答疑解惑。

3）课后集中反馈与内容深化。“雨课堂”软件课后作业题的推送事关二端，一端是前面知识点的总结，二端是后面知识点的接续，为教师制定下一步教学策略提供参考。

三、“MOOC+SPOC+雨课堂”混合式教学的成效分析

1. 期末成绩分析

为了探究传统面授课堂与“MOOC+SPOC +雨课堂”混合式教学模式的教学差异和教学改进策略，通过对参加“机械设计基础”的动车检修 01 班和 02 班（01 班 43 人采用混合式教学模式、02 班 42 人采用传统面授教学）期末成绩进行了比较分析，其中 01 班混合式教学期末成绩分数用 DCV_01 表示，前期专业课成绩用 DCB_01 表示；02 班期末成绩分数用 DCV_02 表示，前期专业课成绩用 DCB_02 表示。引用前期专业课成绩，是为了折冲前期成绩对分析结果的影响。

两个班前期已有成绩和期末成绩的平均值和标准偏差，如表 5-2 所示。前期已有成绩 01 班的平均值和标准偏差分别为 76.97、8.13，02 班的平均值和标准偏差分别为 76、8.6，均值和标准差均在允差范围内，可以近似认为两班基本处于同一水准。期末成绩动车检修 01 班的平均值和标准偏差分别为 89.65、6.12，动车

检修 02 班的平均值和标准偏差分别为 80.99、4.05，均值和标准差的差值超出允差范围，并且 01 班显著优于 02 班。这说明混合式教学模式成效要优于普通面授课堂。

为了定量比较两种教学模式对学习成效的影响，引入协变量和单向协方差分析两个班的差距。协变量为已知成绩，单向协方差是各班期末成绩的待求量。从 Shapiro-Wilk 值看，$p>0.05$，成绩数据服从正态分布，但区隔并不明显。$p=0.329>0.05$，各组方差相等，符合 Levene 方差齐性假设，但检验效果不显著。对 DCB_01 和 DCV_01 进行相关性分析，$r=0.473$，$p=0.005<0.05$，说明两个变量是合理相关的，但相关性弱。对两个班级已知基础成绩进行独立样本 t 检验，$t=0.317$，$p=0.946>0.05$，说明两个班级基础近似相等，可以忽略对后期测试结果的影响。对 02 班已知成绩 DCB_02 和期末成绩 DCV_02 的回归斜率计算，$f=0.93$，$p=0.318>0.05$，没有观察到显著的变化。

表 5-2　已知成绩和期末后成绩比较

班级	人数	学期前		期末	
		均值/标准差	Shapiro-Wilk	均值/标准差	Shapiro-Wilk
01	43	76.97/8.13	0.932	89.65 /6.12	0.967
02	42	76 /8.6	0.958	80.99/4.05	0.942

对 01 班“MOOC+SPOC+雨课堂”混合式教学参与者的 DCB_01 和 DCV_01 成绩进行回归斜率分析，$f=6.058$，$p=0.032<0.05$，表明有显著差异。对两个班级期末成绩进行均值计算和配对样本 t 检验（表 5-3），01 班“雨课堂”开展后期末成绩均值及边际均值（以已知成绩为协变量），均大于 02 班传统教学期末成绩均值及边际均值，说明“雨课堂”开展后学生成绩有较为显著的提高。该结果充分说明应用“雨课堂”支持教学的方法对教学和学习是十分有帮助的。

2. 问卷调查结果分析

基于 WATLQ 模型，设计“MOOC+SPOC+雨课堂”混合式教学的评价问卷。学生通过“雨课堂”在线填写问卷 60 份，问卷测试项如表 5-4 所示。最终问卷结果如表 5-4 所示。由 SPSS 20.0 统计计算，Q1～Q11 所涉及的 11 个问题的 Cronbach's Alpha 系数为 $\alpha=0.831$，表明问卷所涉及的 11 项指标一致性高，基于“MOOC+SPOC+雨课堂”混合式教学的应用效果及可信度较高。

因素分析要求各变量之间的共有因素较多。由 SPSS 40.0 统计可得，问卷效度的 KMO =0.849>0.8，Bartlett 球形度检验的近似卡方值为 391.996，自由度为 363，显著性概率 P(.sig)= 0.003，条件适合。

表 5-3 期末两个班学生成绩配对样本 *t* 检验

成绩	均值	边际均值	成对差分（95%置信区间）		*t*	d*f*	Sig
			下限	上限			
01 班	89.65	88.56	−8.851	−2.03	−3.246	33	0.003
02 班	80.99	81.93					

由表 5-4 可知，Q1～Q11 的均值为 4.58～5.91，都高于六点式李克特量表的平均值 3.0，这说明"MOOC+SPOC+雨课堂"混合式学习接受度较高。

表 5-4 调查问卷结果分析

编号	选项	平均值/SD
Q1	"MOOC+SPOC+雨课堂"成为学习方式的接受度	5.38 /1.155
Q2	"MOOC+SPOC+雨课堂"提供新的学习机遇的认可度	4.58 /1.314
Q3	"MOOC+SPOC+雨课堂"能有效提高师生的互动交流	5.91 /0.389
Q4	"MOOC+SPOC+雨课堂"能提供学习中的即时反馈	5.25 /0.389
Q5	"MOOC+SPOC+雨课堂"学习可以不受时空限制	5.92 /0.389
Q6	"MOOC+SPOC+雨课堂"可支持多媒体学习，学习者能利用它来交换图片、音讯和影像内容	5.25 /0.718
Q7	"MOOC+SPOC+雨课堂"支持由 50 人以内成员的讨论组，有助于协作学习	5.25 /0.937
Q8	"MOOC+SPOC+雨课堂"可以保存和记录多媒体内容，有助于学习者更容易复习其中内容	5.25 /0.389
Q9	"MOOC+SPOC+雨课堂"可以让学习者仔细思考答案后再做出回复	5.25 /0.389
Q10	"MOOC+SPOC+雨课堂"比较适合以直接或资源链接方式提供简明扼要的学习材料	4.91 /0.718
Q11	"MOOC+SPOC+雨课堂"能满足传统教学方式、面对面的课堂学习	5.25 /0.937

四、混合式教学观

文章首先对"MOOC+SPOC+雨课堂"混合式教学活动过程所涉及三个关键词 MOOC、SPOC、雨课堂及由它们开展的教学活动详细阐述，并提出各自的优缺点。其次探讨了 3 者融合进入高职课堂的方式、教学的干预及对高职"机械设计基础"计算机课程传统面对面教学的支持。然后以动车检修专业的两个班级（混合式教学与普通教学）为例进行测试，课程前成绩协方差分析表明，"MOOC+SPOC+雨课堂”混合式教学在教学课程中的运用，显著提高期末成绩。最后实证研究了基于“MOOC+SPOC+雨课堂”混合式教学应用于教学时，学生的认知度和接受度明显高于普通授课形式。调研表明，“MOOC+SPOC+雨课堂”混合式教学可用于大部分教学和学习，“MOOC+SPOC+雨课堂”混合式教学可以带来新的学习机遇，不受时空限制，并可进行小组讨论学习。

在两年多的实践中，笔者认为基于“MOOC+SPOC+雨课堂”混合式教学需要关注的两个问题：其一，SPOC 的教学方式受 MOOC 的影响较大，适用度有限。MOOC 的讲解少而精，对学生的前期基础要求较高。并不是所有课程都适合于 MOOC 的形式，因而也不是所有的课程都可以引入有 MOOC 的资源。专业课程因其专业性强，内容步进性小，需要教师详细讲解与学生精雕细磨才能完成，不适合采用 MOOC 的形式，也不适用 SPOC 课程。“MOOC+SPOC+雨课堂”混合式教学比较适用通识性的课程和社会应用度较高的课程。其二，“MOOC+SPOC+雨课堂”作业抄袭比较常见，防不胜防。学生互评会助长“你好我好大家都好”的不良学风。以客观题居多的试题所出现的抄袭现象更是屡禁不止。

第六章

职业教育课程实施的现代学徒制观

国家开展现代学徒制试点已经有 4 年多的时间，试点结果表明，现代学徒制不仅是一种基于师徒关系的人才培养模式，也是职业教育的制度创新。现代学徒制的本质属性体现为“二元”，一是时间性，是现代而不是传统，是基于现代工业和现代服务业而提出的。二是制度性，制者，刀也；度者，量也。它有两个参与主体，即学校和企业。二者在校企合作、工学结合、产教融合的基础上，师徒结对，实施技术技能人才培养和职业教育人才培养机制创新。理解的偏差导致行动的偏向，我国发展现代学徒制的主要目的不仅仅是缓解“就业难”“招工难”，更是为优化城乡二元结构、升级区域产业、变革劳动生产方式提供技艺精湛的技术技能人才，这是我国职业教育实施供给侧改革、提升工业产业就业竞争力的使命担当。在今天网络学习空前发达、虚拟现实日益逼真、智能制造变为现实、人机交互更加密切的时代环境下，其价值不仅仅聚焦职业教育的人才培养，更是职业教育主动作为、推动社会变革、服务区域经济转型发展、站稳教育阵地及提升教育和产业话语权的重大选择。本章以广州铁路职业技术学院与广州铁下铁路总公司深入推进现代学徒制为例，分析了时代背景、企业需求、人才培养模式、人才市场细分及人才质量观对现代学徒制培养的要求。

一、深入推进现代学徒制面临的时代背景对策分析

现代学徒制是职业教育工学结合实践走向“深水区”的必然。德国现代制造业所体现出来的“硬度”与“韧性”表明，数以千万计的技能精湛、技术深厚的创新人才是现代学徒制引领职业教育的实力之源。“工业 4.0”最早由德国提出，既是德国工业历史发展的必由之路，也是各国制造业比较后的实然。智能化不是对传统工业的驱逐，而是对传统工业的融合与创新。在深化传统技术技能的基础上，加强各门学科的横向联合，它需要的是掌握机电液气及信息化等各门技术技能的复合型人才。这种人才所需知识的内部体系更加多维、布局更显多层、内容更加芜杂；外部联系更显理实一体、虚实相生、有无互通、万物互联。基于行为主义原则而构建的职业学校各门课程各个专业的条块分割，已经越来越滞后于企业的生产现实。由此，对它的掌握必须借助主体联系更加紧密的学与教的现代学徒制。现代技术的日新月异要求技术技能人才不仅具有较强的动手能力，还要具有与时俱进、系统完备、实践开放的知识与技能。发展现代学徒制，既是基于“企业是先进生产力的创造者与执行者”这一论断，也是基于职业教育走向服务社会

的必然。

“中国制造2025”是我国今后30年内抢占现代制造业制高点的战略选择。改革开放40年以来，我国产业升级和新旧动能的转换已迫在眉睫，到了不依靠创新就不能发展的紧要关头，创新活动既包括科技创新，也包括技术技能创新，后者的创新需要千百万高素质的劳动者和技艺精湛的技术技能人才。德国和日本的现代制造业是技术创新的产物，更是技能创新的结果。

二、深入推进现代学徒制面临的企业需求对策分析

促进青年就业和技术技能创新是我国发展现代学徒制的初衷。我国劳动力市场的中、高端人才普遍存在结构性短缺。2017年人才蓝皮书《中国人才发展报告（NO.4）》报告显示，我国高级技工缺口高达上千万人，面向现代制造业和服务业的劳动力缺口日益增大。技能人才总量不足，仅占就业人员的20%；高技能人才仅占就业人员的6%左右，质量不高，结构不合理，人才断档现象严重。培养高素质产业技术工人已是当务之急。企业要求职业院校的“2+1”培养机制所需的“一个前移”，即岗位职业能力培养前移，已转而求诸“3+n”储备与锻炼实践。在招聘员工时，更看重学生的基本素养，至于技能的提升和素质的养成则寄希望于入职后的多年实践。实际上，为了使新员工更快适应工作环境和具体企业岗位能力，广州地下铁路总公司每年都为新员工提供至少为期8个月到两年的在岗培训，花费在新员工的培训每人约为6万元。对广州地下铁路总公司的调查显示，该公司每年新进和流失的技能型人员总和约为10 000人，并且二者的比例接近1∶1。企业需要的是“招之即来、来之能战、战之能胜”的“战将”，但总体来看，“留得住”才是企业需要换位思考的战术选择，即如何“放低姿态、加高薪资”进行情感投资。广州地下铁路总公司有着国有大型企业的荣光、有着计划经济时期招工“百里挑一”的优势，每年可以向高职院校大规划招聘，但为什么无法避免技术技能人才就业的高流动性态势？企业并不担心不与职业院校合作或合作不深入会对员工的工作岗位能力产生的影响，因为对新员工的入职与任职训练，企业有自己的安排和考虑。基于此，企业把职业院校的功能定格在基本文化素质与基础职业能力的培养上，对于专业岗位能力，无论通过什么渠道招聘的员工，都需要经过企业一段时间的再培养。职业院校开展现代学徒制试点的目的，不应是国家政策导向的被动行为，而是基于现代制造业和现代服务业提出的对技术技能人才创新性发展的主动自觉接受。它应是在校企合作的基础上，以持续性的师徒结对为导向，职业院校以新型学徒为手段的一个技术技能人才的培养机制。

三、深入推进现代学徒制面临的职业教育人才培养模式对策分析

广泛存在于个体和微型经济体的民间学徒是学徒的最初形态，它的基本表现形式为师徒以人身依附关系为基础，以师傅的言传身教、口授心传为传艺形式。

以行业或企业内技工学校为依托，以半工半读为主要的人才培养模式，企业学徒制走过了从1949年到1978年近30年的摸索时间。这类学校的共同特点是单口径招生、体制类就业，以血脉关系为承依，不参与市场的分工与竞争。数以千万计的技术技能人才成为体制内的员工，他们的单项技能针对性强、基础文化素质较低，能胜任计划经济体制下规定的单一岗位的工作。但要适应职业流动性日趋频繁的市场经济条件，这类员工的生存和发展能力明显赶不上时代需要。上述两种学徒制形式，师傅可以教会学徒一些简单的技能，但无法获得程序更为复杂、时间更为持久、结构更为繁杂、组织更为严密、分工更为具体的技术技能。现代学徒制应运而生的另一重要原因是，现代社会职业变动日趋频繁、岗位能力日趋泛化，显性的、单一的“硬”技能从市场上消退的周期越来越快，技术手段的日新月异把依靠时间积累而成就的经验抛弃的周期越来越快。因此，技术技能水平的提升，不仅需要精湛的操作技能，也需要精深的专业理论。以血脉关系为承依的企业学徒制培养人才的短时、单一、迅速，让位于市场经济条件下的现代学徒制所能提供的内容丰富、手段多样、方法科学的学校职业教育。

现代学徒制首先外显为一种人才培养模式，在学校获得通用性的知识和技能，在企业获得专业性的知识、技能和综合职业能力。但社会是一个矛盾的综合体，现代学徒制不是教育主管部门主观设计出来的，而是职业院校、企业及各种社会力量此消彼长综合构建成的。在我国目前的教育体系内，理论上能满足企业所需的应用型人才有 3 类，即中等职业技术学校、高等职业技术学校和应用型本科。其中，应用型本科现在只停留在概念性阶段，各地原有本科和新升格的本科院校转型为应用型院校的行动“雷声大、雨点小”，主要原因是主办院校没有招生的压力；此外，人才培养的滞后效应也让主办方没有转型的动力。不少被教育主管部门纳入应用型本科的学校，在实行招生方式多元化的同时，如中本衔接试点、高本衔接试点等，以本科的人才培养方案生硬地切割中职、高职的课程体系，导致学生水土不服、升学意愿急剧降低。应用型本科院校现阶段进行转型试点的首要任务是基于学情分析、改革教学内容、变革教学方法和手段，实现评价主体和评价方式的多元化。而不是指令中职或高职学校提升人才培养规格，以升学为“集结号”勒令对口职业学校的改变人才培养方案。但从国内外技术技能人才创新性和发展性来看，对于现代学徒制试点的成功与优化，应用型本科院校不应也不能缺位，但这是一个长期的过程，需要社会人才观的重新建构[6]。目前，现代学徒制应着重在高等职业学校和中等职业学校与对口的企业基于工学结合、师徒结对的人才培养模式开展试点。但中职学校的现代学徒制试点，大多集中应用层面基于课题的需求，提出一些解决问题的应急措施。把现代学徒制试点从一种单纯的人才培养模式上升为现代职业教育制度，不仅需要中等职业学校操作示范，也需要高等职业教育的理论提升与机制创新。

四、深入推进现代学徒制面临的人才市场细分对策分析

精湛的技术技能人才的培养，越来越需要校企双方的“精耕细作”。从工学结合、产教融合概念的提出，到校企“双主体”育人机制的建立，有不少顶层设计和亮点成果的汇报与展示但鲜有成功的案例。现代学徒制不仅仅是校企合作的一种展示，更是把校企合作引入纵深的一种战术安排——把人才培养的要素落小落细落实，深入学校与企业的微观层面，把师徒结对作为一个可观测、可考核的指标。从以往多年推进校企合作的经验来看，师傅这一角色的介入及介入程度，是企业、师傅、学徒 3 方合力共谋的结果，不是任何一方主观事愿的结果，它事涉学徒制的成败。

劳动力市场可以细分为自由市场和配对市场。在自由市场，一个劳动力对应的是整个市场，一个企业也面对所有求职者，需求供给平衡所形成的均衡价格取决于双方（企业与企业、劳动力与劳动力）的比较优势。但因为信息不对称，人才流动性过强，企业、师傅、学徒互相防范，实施现代学徒制很难推进。如果企业可以轻而易举地在市场上找到替代劳动力，它就没有必要把精力财力花在劳动力的前期培养培训上；面对成长成熟的劳动力，企业也担心能否留得住。师傅会因担心自己随时成为下一个替代品，也就不会尽心尽力承担义务。学徒也面临发展的机遇与选择，可能会因在企业空耗时间和精力失去耐心而离开，也可能因为学徒对市场人才的理解偏狭而难以持续钻研。专业配对市场是个性化的市场，专业性强、人才流动性滞缓，现代学徒制的试点较易获得成功。于企业而言，专业性狭窄，人才的可替代性较差，企业实施现代学徒制可取得立竿见影的功效。于师傅而言，应企业的需求接收学徒可以实现自身的功利要求，因此乐意做好“传帮带”工作。于学徒而言，点对点的教学减少了企业人事制度的杯葛。

广州铁路职业技术学院作为行业内的特色院校，在推进现代学徒制试点过程中，有前期校企双方的制度性安排，有中期师徒激励措施，从满足企业的现实需求到实现人才的自主发展。地铁的“半军事化”管理体制、较高的员工福利和较稳定的人事关系为现代学徒制的试点成功奠定了前期基础。一个地铁司机的培养，就前期设计而言，不但要有师傅，而且其性格、专业也要与岗位匹配，否则师徒结对不可能存续。为使师徒双方都满意，校企双方依托“现代学徒制网上信息系统”，在企业招生端的设计中，利用延迟接受算法系统，由学生列出他们想实训的岗位名单及企业师傅；企业则会选择延迟接受，直到优先权更高的学生出现，但企业不会拒绝任何学徒的申请，师徒双方在充分协调、尊重各方权利的基础上进行利益构建。为顺利推进，校企双方制定相关政策予以协调。

五、深入推进现代学徒制面临的人才质量保证体系构建对策分析

人才质量保证体系是现代学徒制得以成功实践的根基。纵观传统学徒制的满

师考核条件，我国古代，“凡徒弟自进师日起，至三年届满日，为出师学徒，多于投师字内载明，出师须帮本号一二年不等者”[11]。及至民国，上海总商会会长荣德生回忆学徒生活，“学习珠算，每日二归，四十一天学会八十一归，后教除法、乘法、飞归法、开方、积算、推钱，以计算计之尚准。……17岁时，每日照常学业、更加努力、全店各事均学之”。[12]

横看资本主义发达国家的成功实践，专业的国家资格框架的建立与完善是传统学徒制和现代学徒制得以成功运行的保障与前提。与传统学徒制不同的是，现代学徒制的人才培养质量不仅要让企业满意——“肯出力、能出活”；还要让学校满意——“立德树人、精技可塑”。在标准完善前，作为过渡，校企共商采取企业学校各管一段的考核方式，并由二者分配权重。只有学校、企业及二者考核的总分全部达到要求，学徒才能满师任事。有压力才能激发动力，这种分类与汇总相结合的考核方式，有效地激发了师傅、学徒及企业的积极性。一是消除了学校与企业的芥蒂，让成绩说话，把培养效果落小落细落实。成绩合格的学徒，凭合格证在企业对口岗位上岗，避免了出现因企业对学生成绩怀疑，以“中看不中用”为由招录廉价劳动力的现象。也减少了部分学校为换取噱头，以试点为名套取国家资金的违规违纪的现象。二是加大了师傅的培养责任感。按照标准考核，以考核论绩效。但在试点中也无法避免出现师傅因教会学徒而自身地位不保的危机感，从而少教甚至拒绝带徒的现象；也无法避免企业因害怕学徒跳槽而不履行权利的现象。三是增加了学徒学习的动力。学生在校企共招共录时，就签订了“责任共担、过程共管”的培养协议，学生知道为什么而学，箭中靶心，箭离弦，能主动规划自己的职业发展生涯。

构建“日常考核+阶段测评+综合考评”的评价体系。日常考核重出勤和工作表现指标，上下班“刷脸”打考勤，师傅评价定表现。阶段测评侧重于课程/任务完成度和阶段职业能力测评，前者由车间班组长决定，后者是学校便于即时了解学生的生理、心理及职业能力的发展情况。综合考评由合作意识和结业出师能力测评二者核定，班组评价学徒的合作意识，结业出师能力测评则要求学徒在规定的时间内按企业的生产任务单完成生产任务。综合考评得分高低决定了学徒的带薪工资。根据学徒学习、实习、生产等表现，每月对学徒进行日常绩效考核，考核结果作为学徒月工资计发的依据，以激励学徒的学习积极性。评价主要内容包括“行为规范”“工作态度”“生产质量”“学习作业”“产能业绩”。其中，“行为规范”20%、“态度表现”20%、“生产管理”15%、“学习作业”20%、“产能业绩”25%，如表6-1所示。

表 6-1　广州地铁现代学徒制班日常绩效考核表

行为规范（每项 5 分，20 分）				工作态度（每项 5 分，20 分）				生产管理（每项 5 分，15 分）			学习作业（每项 5 分，20 分）				产能业绩（每项 5 分，25 分）				
不注重仪表、穿戴工作服不完整	存在串岗、离岗、做与工作无关的事	工作时间内无故关闭手机	按时出勤不迟到不早退	工作拖拉、效率低下、不主动	工作不认真主动，服务意识差	工作中出现互相推诿的现象	纪律差、没遵守值日安排规定	突发事件不主动处理	车间环境管理不到位	工作表格登记不详细	每周生产实践小结完成到位	生产实践零件图纸整理完整	学徒生产实践工艺卡填写完整	月度总结按时完成	生产质量受批评 2 次以上	工作过程无序、出差错	生产质量数量达不到要求	工件产品或作业上交不及时	生产质量存在问题不改进

课程考核融入企业要求，企校共同制定课程考核评价标准，将公司对员工的岗位资格和晋身考核标准纳入课程考核标准中来，实现学徒课程考核与岗位资格考核相贯通。

选取企业生产项目开发测评试题，确定职业能力测评项目，从职业人、职业效度的视角来评价学徒的学习效果。

结业考核在职业能力测评的基础上，增加答辩环节，结合学徒的实习岗位，设置两个专业问题和一个职业核心能力问题，答辩的内容主要包括：学习或生产中涉及的专业知识、技术难点（如刀具、装夹、材料、冷却等），工作岗位的适应情况，工作中遇到问题的处理方法、技巧，专业发展趋势的关注等，考察学徒的自我反思和自我总结能力。

六、现代学徒制小结

1）现代学徒制培养的企业师傅事关学徒制试点的成败。在目前如何建立一支权利与责任对等、品德修为与技能水平双高的师傅队伍，仍是学徒制要突破的关键环节。师傅制度的建立，大到国家宏观层面、小到企业班组，都处于真空状态。

2）升学渠道的拓展要面向不同的群体并有条件地开放。现代科技的发展与技术设备的升级对技术技能型人才的要求越来越高，拓宽学徒的升学路径，针对不同的学徒，采取不同考试手段和学习方式，优化学徒的学历上升通道，开放技术技能硕士试点，于目前而言，显得更为迫切。

总之，以企业的真实师徒关系为基石的现代学徒制是基于我国经济社会长远发展而提出的构建技术技能人才体系的治本之策。将学徒制重新纳入职业教育改革范畴，为当前职业院校如何深化职业教育供给侧改革，不断提高技能人才供给与企业需求的适配性，如何完善校企合作育人机制、创新技术技能人才培养模式指明了方向。对现代学徒制的内涵、特征与价值追求、运行机制构建、课程体系建设、评价方式与评价指标、师资队伍选拔与培养等进行较为系统的研究，还需要在理论上丰富、在实践中完善。技术技能人才一时的充沛和短缺，人才个体水平的高低，是现代学徒制追求的短期目标，但应切记，需要从机制上构建，从社会环境上营造，从群众观点上突破，从个体的行动上尝试。

第七章 职业教育现代学徒制实施的路径观

2015年8月，广州铁路职业技术学院与广州地下铁路有限公司（以下简称地铁公司）达成合作开展企业新型学徒培养协议，正式组建“广州地铁企业新型学徒班”（以下简称“地铁班”）。“地铁班”经历了冠名班、订单班、传统学徒制班、企业新型学徒制班四个阶段，逐步走向成熟。

一、“地铁班”企业新型化学徒制的主要内容

为贯彻中共中央、国务院《新时期产业工人队伍建设改革方案》《关于推行终身职业技能培训制度的意见》，企业新型学徒制重回企校“双主体”共管模式，成功地规避了外部企业“挖人”风险，既没有沦为企业“用工荒”的速成班，也没有被外部培训机构“一着鲜、吃遍天”的技能形成机制取代，反而成为企业新型学徒制试点班——“地铁班”生产性实训和技能积累的一项必备的制度安排，并对其规范化、标准化起到了推动作用。从内容上来说，就是企业新型学徒制的内容的标准化、开发的科学化、管理的制度化与工匠精神的培育。

（一）内容的标准化

内容的标准化主要包括行业基础技能水平的有序化、企业岗位技能水平的工艺化和课程设置的标准化。企业新型学徒制的标准化进程是在冠名班和订单班时期，率先从数控专业多轴制造方向开始的。2013年，地铁公司牵头组建了企校学徒培训工作小组并制定了一份适用于“地铁班”定向培养的标准化学徒合同范本；同时，着手制定了数控铣工培养大纲，并根据大纲编写标准化培训讲义。到2017年，数控专业多轴制造方向已经成为“地铁班”第一个广泛采用标准化技能体系的学徒制试点班组，也认可、丰富并完善了学徒制技能培养的技术标准培养大纲。

为提高人才培养方案的适用性、针对性与科学性，提高学徒培养质量，企校共同确立人才培养目标、共同修订人才培养方案、共同调整人才培养规格。学院每年春秋两季委派专业骨干教师深入地铁公司，对公司生产组织、岗位设置、技术技能需求和文化建设等方面开展调研，通过对一线骨干、车间主管、技术工程师、人力资源主管及公司高层等不同群体发放调查问卷，进行现场访谈。问卷、访谈共设置了包括岗位能力要求、企业文化、职业素养等27个问题，以厘清企业对学徒职业能力需求，明确培养目标与定位，构建课程体系，调整课程标准，序化教学内容，细分教学难易，安排教学场所。“地铁班”人才培养方案以地铁公司

编制的《数控不落旋轮机岗位操作要求》为总纲，融入《数控铣（中级工）国家职业资格标准》，借鉴德国“双元制”课程的职业分析方法，首先把每个岗位按工步划分为5～6个简单工作任务，每个工作任务按“咨询、决策、计划、实施、检验、评价”进行流程分析，然后列出每步所要求的工作岗位、工作过程、工作任务的对象、工具、方法与工作组织、对工作和技术的要求进行排序融合，构筑文化素养课程、岗位技能课程、车间管理课程3级课程体系框架（图7-1）。

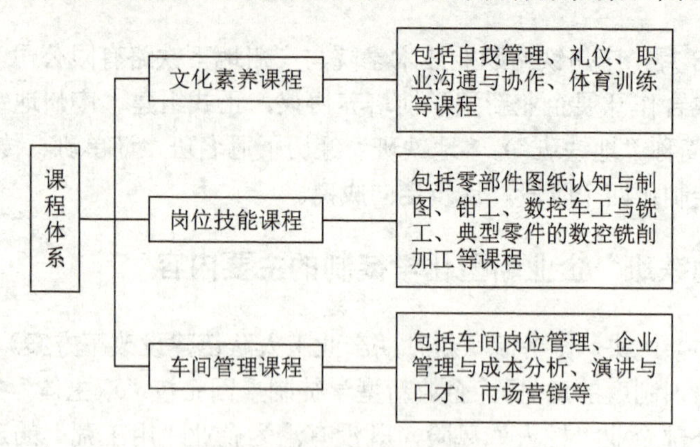

图7-1 三级课程体系框架

（二）内容开发的科学化和管理的制度化

为了使学徒技能培训质量可测可控，在冠名班和订单班晚期，企校学徒培训工作小组（以下简称工作小组）开始推动学徒制技能培训内容开发的科学化。传统学徒制大多以血缘关系或熟人关系为纽带，以师傅言传身教为手段，学徒边干边学，评价以师傅满意为主，具有较强的人身依附关系，培训内容、培训时间、培训手段及评价效果的测量具有随机性、个体化，培训质量的高低不仅取决于师傅的手艺高低与情绪好坏，徒弟的学习意愿与学习的内驱力、将来从事工种的个人好恶、工作与学习环境也是培训质量高低的影响因素。

工作小组是根据地铁公司及岗位技能要求的不同，由简单到复杂、由单一到多元、由具体到抽象划分培训序列，确立培训类别，并据此开发培训内容，把内容进行学科分类，按平行递进包容的属性合并同类项后制定技术岗位培训讲义，编出目录，明晰岗位技能（或工种级别）间的边界。

按照《关于开展企业新型学徒制试点工作的通知》精神，学院对地铁公司87名新进员工的培养定位为“企业新型学徒”，学习期间，企业按照正式员工标准发放工资，购买五险一金。该87名新进员工在接受1个月的入厂教育后，参加“2+1”弹性学制数控加工专业学徒培养。即第一、二学年在学院，进行系统的专业学习、技能训练和素养培育。第三学年在企业进行生产实践，训练其知识与技能综合运用能力和创新能力。培养期内按如下实施流程（图7-2）开展，并纳入企校双方签署的合作培养协议相应条款进行规定。

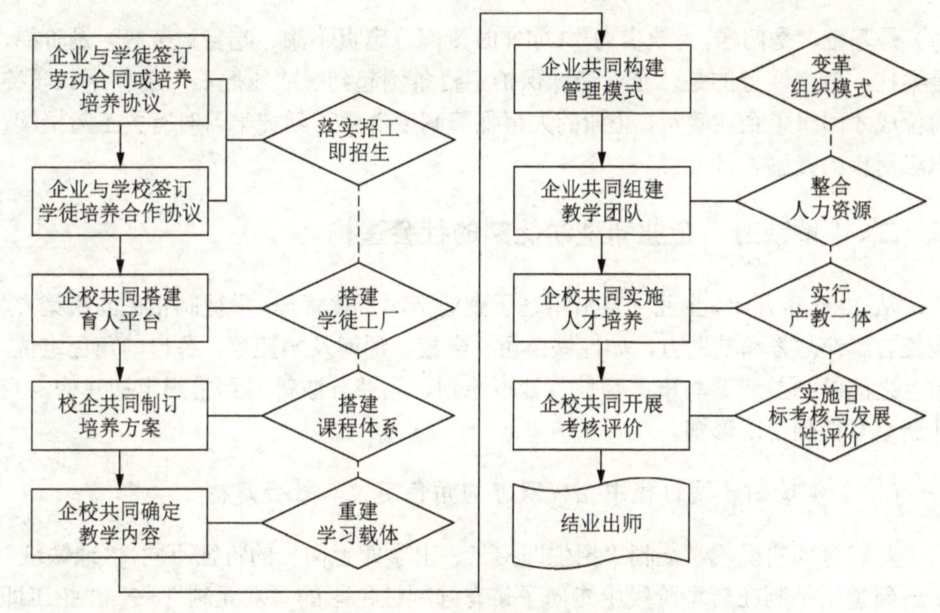

图 7-2　企业新型学徒制的实施流程

为保障“地铁班”培养实践的顺利进行，企校双方联合设立专门的管理机构（即工作小组），负责企业新型学徒制试点工作的资源统筹、方案策划、教学实施、过程监控与考核验收等。确定专人负责具体试点工作的对接与协调，学校对接人员一般为相应专业系的中层管理干部，企业对接人员一般为人力资源主管，他们主要职责在于研究运行过程中出现的系列问题，并协调双方专业技术力量的创新解决。同时，结合“地铁班”运行实际，按照“边实践、边研究、边推进、边总结、边提升”的原则，制定相关的教学运行与管理、“双导师”选拔与聘用、学徒管理与考核等系列规章制度，形成了一套科学的基于学徒利益保障和学习秩序维护并重、企校分工合作有序的企业新型学徒制运行机制。

（三）工匠精神的培育

为破解“用工荒”问题，企业只要认定对方有一技之长的“硬”技能，便招聘为企业所用。在市场力量的支配下，学徒被定位为企业所雇用、所支配的一方，理性思考就会被一时的利益高低得失所驱逐，学徒的工匠精神便被实用工具技能所剥离。企业的急功近利导致学员的见异思迁，在不断地“挖人”与“被挖”中一次次重新定位。在学校方据理力争下，企业新型学徒制被定位为一种教育制度，工匠精神的培育应首当其冲、责无旁贷。到 2015 年年初，企校共同管理小组要求学徒制社会教化功能提升，以培育工匠精神为主的核心价值观的产业工人，并要求学徒把抽象的工匠精神落实落小落细到日常的生活生产活动中，制定“精益求精、唯实求新、不忘初心”的工学原则。企业方认为，市场经济条件下的产业工人，欲求完整，必先完备。硬技能（如装备知识、生产工艺、设备操作与维修能力）是基础、是门槛，“软实力”（如守时爱岗、忠贞不渝、吃苦耐劳等）是阶梯、是梁柱。值得注意的是，企业最低保护工资条例起到了“压舱石”的作用。学徒岗位成才回报了企业政策，企业的人事保障制度消解了学徒学习时有关工龄接续、职级衔接的疑惑。

二、“地铁班”企业新型学徒制的社会建构

从2005年开始，企业一直沿用基于企业半军事化管理。学徒制相关的决策方、实施方、参与方和辅助方，如地铁公司、学校、师傅及学徒等，各自的角色定位、相互之间的利益纠葛与事务牵扯、处事原则、利益分成等得到了规定和建构，企业新型学徒制得以形塑。

（一）学徒制转型过程中企校双方的角色定位与社会建构

与教育部的现代学徒制“招生即招工、上学即上岗”的特征不同，“地铁班”企业新型学徒制在转型阶段中走向了带有强制性色彩的“双元制”——“招工即招生、入企即入校、企校双师联合培养”，并且一直延续到新型化转型阶段。“地铁班”企业新型学徒制得以形塑的张力主要表现在师徒与企校两个层面。

1. 师徒层面

为适应培育壮大新动能、产业转型升级和现代企业发展需要，师傅与学徒的关系绝非旧与新、落后与先进、保守与开放之间的泾渭分明，而是广州地下铁路有限公司在产业升级换代过程中不同技术与利益阶层之间的分割：师傅代表技术中的经典派，学徒代表技术中的智能派。技能培训利得和技能培训的考核与认证话语权是二者攻防的“桥头堡”。

（1）培训利得之争。

从20世纪50年代工厂组建到80年代公司组建之初，新入职的技工初手一般在企业班组的领导下，由经验丰富、人品厚重的师傅“一对一”地强化技能训练。企业规定师傅可以获得一定的物质和精神奖励，并可以免除一定的额定工时，这种奖励措施极大地激发了“以老带新”的传承效应。

为适应社会经济的发展、生产方式的变革和技能手段的更新换代，国家人力资源部门和教育部门极力推动技工技能培训“双元化”，其中职业院校是最主要的一元。与企业不同，职业院校承担社会培训任务，主要面向退役军人、下岗工人和无业群体等，开设适岗技能培训和文化素质提升课程。采取的方式，如弹性向学、忙时做工、内容接续、学分认证。“工”的实施方式主要依靠学校的先进实训设备，培训内容主要在基础技能领域和专业先进领域。在智能化浪潮的推动下，广州地下铁路有限公司在工业机器人领域取得了长足进步。随着智能化进程的深入和生产方式的变革，大规模机器生产取代了早期的分包制生产方式，逐渐动摇

了"师徒传承"的经济社会基础，"以老带新"的技能培训方式渐次式微。但师徒传承的困境使公司管理层认识到，技能形成渠道的多元化应取代单一化。更重要的是改革传统师徒制，让培训者接受再培训。2003—2005 年，师徒制培训出来的 25 名学生转岗接受工业机器人操作与维修培训，实施"2+1"的培训方案，即 2 年在学院培训，达到企业规定的人才培养规格，1 年接受企业"以老带新"的适岗方案。2006 年，为了优化了"地铁班"整体的技能培训质量，提升企业生产效益，企业人事部门联合学院制订了《新进员工培训方案》。该方案成功调和了学院与师傅之间的矛盾，一是双方就技能培训展开合作，企业新型学徒制开始成为企业生产岗位稳定的技工供给源。2003 年以前，广州地下铁路有限公司制造业的技工几乎完全采用传统的"以师带徒"方式，即使到了 2008 年，新进的年轻技工中仍然有近半数通过师徒传承学习技能，但多集中在对传统技能要求比较高的岗位。二是激发了公司部门建立企业新型学徒制的动机，以摆脱对传统学徒制的依赖，加快实现劳动生产方式转化的进程。2009 年以来，以学院培训为主体的企业新型学徒制所培训的学徒工数量在大幅上涨。

（2）考核与认证话语权之争。

对师傅而言，学院办学力量的集团效应、办学方向的社会化及企业优胜劣汰的师傅遴选制使它们无论在学徒资源争夺，还是在培训效益上都无法与学院培训部门和企业导向相抗衡。这种情况下，在学徒企业适岗阶段，部分师傅选择"消极抵制"，传统学徒制呈现低技能化趋势和学员岗位迁移能力低的问题：一方面师徒承诺的可信度降低，师傅对学员学习质量的操作空间越来越实利化，导致传统学徒制广为诟病；另一方面为了满足扩大化生产的需要，促进新进员工早日上岗，企业对师傅采取"师徒结对、限时结业"的高压方针，技能培训质量受到影响。但在实际操作层面上，为了维护自身学徒制培训的地位，以及缓解企业"用工荒"，考核部门有可能降低上岗门槛。师傅的本位主义和学员倚轻避重的考证心态给企业新型学徒制的发展带来了后果：一是客观上推动了企校工作小组的建立，笃行培训内容的规范化、教学进程的标准化和技能考证的"同轨制"，为后来学徒制的现代化转型奠定了基础。二是夯实了校方办学的话语权，企业联合培养学徒自愿性得到了极大提高。双方委托企校共同管理小组进行学徒工技能资格的考核与认证奠定了基础。

2. *企校层面*

在合作层面上，"地铁班"劳动共同体制度就是学校、企业、学徒三方达成的一种权责契约，在"岗课融通"基础上的劳动共同体和企业职工同级最低薪级制是学徒制实施的兜底保障。在"地铁班"，在工作小组内部，与企业委员相对应的学校委员是一支重要力量，在不同阶段发挥着配合、建言、参与和引导的工作。在参与动机上，"地铁班"企业委员从对学校培养质量存疑的立场积极转向寻求学校配合、参与和共建，这是基于合作性的"劳动共同体"的基础。这种价值理念在学徒班成立的 2016 年企业高层与学校管理层签订的《“地铁班”临时规定》中得到了集中体现。具体而言，企业与学校围绕学徒制的行政管理权和学徒属性认定主要集中在如下两点：

1）学徒制的管理权。在冠名班成立之初，针对地铁公司牵头组建的企校共同管理小组所掌握的学徒制管理特权，教学教务处就坚持“协商机制、岗课互通、教考分离、各展所长、责任共担”的立场，提出分阶段管理的合理诉求，以宜地为原则，以学习内容为导向，主张实行“协商式”的管理结构，分工明确，企校共同管理小组着重于学员的选拔、员工福利的实行、教学大纲的制订与修订及职业资格的考核认证方面等。学校方面则充分发挥学校在教书育人上的特长，将学徒班教学内容的组织与安排、教学质量的监控权纳入麾下。学院教务处提出的学徒制五大原则立场构建了“劳动共同体”管理模式的雏形。“地铁班”之所以能够与学校在技能培训上达成“双主体”共管、培训内容共订、培训形式共商、教学组织共决、评价主体共担，是因为冠名班、订单班时期，“劳动共同体”模式为企校双方协调、师徒双方协调利益提供了一个制度平台。2015 年 2 月 18 日，企校共同管理小组扩大会议上通过的《“地铁班”学徒学习管理规定》，对双方管理权做出了详细规定，校方委员不但有参与企业管理决策的权利，而且可以就学徒工的工资、福利待遇、职级衔接等方面向企业建言献策，反映学徒合理诉求。依照《管理规定》，校方委员与企业委员在企校共同管理小组的框架内能够调和企校、学徒等的利益冲突，而由此形成的合作主义框架下的共决方式一直是学徒制良性发展的基石。

2）学徒制属性的认定。师徒关系的界定是企业新型学徒制的焦点，是企业新型学徒制做实不做虚的应有之义。毫无疑问的是，学徒制首先应着眼于“学”，理论上是一种教育制度，具有教育的本质属性；但在技能形成过程中，实践上又必须借助“徒”这种方法和手段，具有劳动力雇佣的应有属性。一定的社会政治经济文化形态左右二者的此消彼长。订单班成立之初被界定为补学徒基础文化教育之不足的功能，定位为“补基础、强素质”的基本功能，学徒制仅是一种企业用工制度，学徒制的教育属性被逐渐淡化。但《“地铁班”学徒学习管理规定》实施后，企业新型学徒制的教育属性开始回归。当时，围绕学徒制属性认定的争论主要是在企业与学校共同组织的企校共同管理小组之间展开的。一直以来，企业委员都试图将其认定为一种企业用工制度，即照搬企业与员工的劳动力雇佣关系：一是可以将学徒工纳入企业日常管理之中，壮大企业委员自身的组织力量，提升企业委员在学徒培养中的话语权与决策权；二是能够借此压缩学校委员在学徒制上的管理权，扩大企业培训“指挥棒”的作用范围。对于学徒而言，一旦将学徒制界定为企业用工制的延续，就意味着学徒在学员身份上的不认同，企业可能随时因用工的需要或人事调整，变革或终止学徒的培养需要，学徒满师后，受企业“累计追责”的用工制度影响，其相关工作条件及工资待遇会受到企业委员的干预。学徒班因受制于企业的培养经费和学校社会培训工作量的考核要求，工作小组的企业委员起到了“说一不二”的作用。“地铁班”基本上接受了将学徒工认定为一种企业用工制度的主张，这种认定为企业参与学徒制的管理提供了依据与空间，为企业方的“隔空指导”提供了便利。

3）劳资集体协议的签订。在“地铁公司”技能依赖型的机械制造部门中，集体劳资协议覆盖的学徒工数量从2013年的21人增加至2017年的131人，约占巨能智能装备制造有限公司所有学徒工总数的81%。劳资集体协商制度为企业管理带来便利，企业视同一级学徒为整体，学徒们荣辱与共、于事共商、于责共担、集体进言，培养服从能力与大局意识，促进可信承诺的达成。劳资集体协议细化了技术工人工资级差，区隔了参与学徒培训与没参加学徒培训的基本起薪，缩小同工种间工人的工资级差，从而对内维持厂内学徒制技能形成体系的稳定，培植了学徒间的集体归属感；对外能够有效阻止企业间的挖人行为。

三、基于劳动共同体的企校共决模式

在企业半军事化管理体制的背景下，“地铁班”学徒制新型化转型过程中，企业、学校和学徒的角色扮演为学徒制新型化转型奠定了制度基础；学校与企业之间、师傅与学徒之间的利益和事务纠葛使后来的学徒制内容的标准化、运行的制度化和组织的规范化得以形塑，从而形成了劳动共同体的共决模式。

（一）劳动共同体制度

劳动共同体制度是一种基于协商式民主的企校“双主体”交替共管机制。其核心表现为教学内容和教学安排上要求“岗课融通”，学员选拔要与学徒制技能形成相关的其他制度安排挂钩，如学徒工培训期限、学徒工数量、学徒工工资待遇和劳动福利等，都是劳动共同体制所协商决定的内容。当然，围绕学徒制的劳动共同体需要如下现实条件作为支撑。

1. 一个机构管总，一部制度统揽

机构即企校共管小组，制度为《“地铁班”学徒学习管理规定》。“地铁班”具有企校共同管理传统，企校共同治理小组有强大的自主实施人才培养方案的能力，这是“地铁班”“岗课融通制”达成的前提条件。企校共同制定并实施的《“地铁班”学徒学习管理规定》明确了企业和学校对学徒权责的界定，规范管理学徒的日常生活行为、车间安全生产行为及专业技术生产、学徒参与教学的管理和评估上进一步赋予企校共同管理小组以更大的话语权。在“地铁班”，企校共同管理小组是企业与学校行政的常设机构，可以依规督促、约谈、警告并处理学徒，对严重违规的学员，甚至可以终止合同。就学徒制学习而言，从入学开始，企校共同管理小组对事关学徒制技能形成的教学内容、教学安排、师资配置、实训设施、教学考核与评价等都具有不经第三方的直接管理权限。“地铁班”企校共同管理小

组的依规、理性与决断减缓了学员与企业方的张力，一方面，企校共同管理小组能够成为学徒利益可信任的代表；另一方面，企校共同管理小组的直接管理权限保证了自身的权威性。这些特征为学徒制技能形成过程中的可信承诺和劳动力市场的管理提供了解决的制度框架。

2. 打通学徒的职业生涯发展通道

与企校共同管理小组相对应，支撑“岗课融通”另一端的是学徒代表。广州铁下铁路有限公司成立学徒班的目的，主要是解决因公司地处偏远、公司招工难招工贵、主要招收公司内部子弟以解决生产一线人员短缺的重大难题。一是教学内容与培养规格全由公司主导，由此带来的人岗不匹配、学成离岗的现象屡见不鲜。“地铁班”的真正成形是在 2015 年《在岗职工接受继续教育章程》实行之后。2016 年后，学徒业务骨干不但在公司职位晋升得到提拔，而且得到企校共同管理小组的认可，学徒职业生涯的渠道得以打通，在公司中高层管理层级中被得到提拔重用。学徒在公司政策保护下主动放弃了违约跳槽立场而转向采取守岗待时立场。学徒的立场转向使“地铁班”学徒工人数量随之大增。这种合作关系培植了劳资互信，加速了企校互助，为企校共同管理小组的发展赢得了机遇。二是学徒制初期，学员急功近利的离岗行为使企业管理层有了打通“生产层”与“管理层”通道的愿望。2016 年后，“没有本科及以上学历的技术人员不得进入企业管理层”的用人立场逐渐发生了松动，这为学徒的发展提供了空间。三是企校共同管理小组的介入与支持。无论是 2006 年的“管理规定”还是 2015 年的《“地铁班”学徒学习管理规定》，广州地下铁路有限公司的一个基本动机就是保证人才储备不断档，保证公司永续健康发展，而企业高层认为个人职业生涯的打通是实现该动机的必要条件。

2015 年，广州地下铁路有限公司职工代表大会颁布《在岗职工接受继续教育章程》，将“岗课融通”制正式制度化和程序化，“岗课融通”制的组织基础是企业方组织的实践专家访谈会，共决的内容从传统的企业经济产业政策、职工福利延伸至学徒制人才培养方案的制订与修订。在学徒制逐渐迈向新型化转型的过程中，“岗课融通”制实际上为学徒制搭建了一个结构主义管理框架。这种新框架摒弃了传统学徒制中指派主义式的管理方式，是一种适合理性化市场经济需要的协商式管理方式。以职业培训包为教学主线，企校分片包干教学，以企业为主导确定具体培养任务，以学徒为主体确立培养内容和序化教学的组织，主要包括专业知识、操作技能、安全生产规范和职业素养及企业工匠精神的培育。

（二）规避外部企业的“挖人”风险的兜底保障机制

适当的企业福利、薪资水平可以减少劳动者对市场的依赖。企业同级最低薪级保障制是企业为员工规避市场风险的一种自我保护机制，以增强抵抗市场风险的能力。作为一种内部技能形成体制，学徒制的投资方和受益方都面临风险，一是企业投资企业新型学徒制后，学徒学成走人，企业面临才财俱失的外部性风险；二是学徒因企业需要而接受特殊技能训练，在市场上没有竞争优势，只能适用某一特定的企业或行业，面临着因迁移力不够而失业的内部风险。显然，在职业岗位日趋淡化、职业能力日趋多元的今天，市场对劳动力资源配置日益完善，理性的学徒工对是否以低薪的形式选择参加企业新型学徒制培训是存在疑惑的。这中间需要企业提供学徒维持最低生活成本的兜底保障机制，以及建立打通与技能等级相衔接的职业生涯发展通道的机制，从而弥补学徒制技能形成中企业的过度干预而导致市场缺位的现象。这种兜底保障机制和职业生涯发展通道的机制与企业技能体系的构建和持续发展密切相关。就业与失业保护政策的实施是一体两面的，企业通过抑制劳动力市场弹性而实现学徒培养，一方面为受训者过滤市场风险，培养了企业生产所需的特殊技能人才；另一方面激励学徒投资参与企业新型学徒制培训的动机。再者兜底保障机制加大了学徒投资学习特殊技能的热情；企业还通过发放学徒工实习补贴、节假日福利及临工雇佣补贴等方式，多途径激励年轻人参与学徒培训与技能习得，从而达到"待遇留人、情感化人、岗位要人"。这一方面有利于维持企业技工人员结构的稳定，另一方面也有助于培养学徒对企业的忠诚、对岗位的热忱、对同事的感情。

四、现代学徒制的路径观

本章以"地铁班"企业新型学徒制为例，梳理了企校合作培训中学徒制演化轨迹。学徒制从传统学徒制、冠名班、订单班、企业新型学徒制班 4 个阶段，逐步走向成熟。一方面，企校共管的市场管束方式为学徒制奠定了适宜的制度环境，劳动共同体模式和企业职业同级最低生活保障薪资制奠定了学徒制有效作用的经济社会基础；另一方面，在企业新型学徒制形塑的实践中，无论是企业半军事化极权主义管理方式，还是协商民主式中的"岗课融通"，都较好地解决了劳动力市场资源配置与学徒制可信承诺达成、职业承诺的实践等问题。企业新型学徒制能够在新型化和现代化转型过程中成为一种重要的技能安排，并构建为一种技能形成体制，从而促进地铁制造产业在全国乃至全世界成为一张名片，成为支撑"地铁班"技能创新的重要制度安排。技能形成机制不以企业的主观愿望为转移，而是企业、学院、学徒和师傅四方张力微妙平衡下的制度性妥协。

第八章

职业教育中高职课程衔接观

中高职课程衔接涉及课程目标、课程内容、课程实施、课程评价 4 个方面。当前这 4 个方面同时或单独存在诸多问题。这些问题的存在和加重会影响中高职课程衔接质量的提升，进而影响人才培养规格。只有深度归因分析中高职课程衔接的问题表征显得尤为迫切，找出问题归因，提出对策及改进措施，才能进一步改善中高职课程衔接水平与人才培养质量。教育场域中的问题和现象往往不存在简单的线性因果关系，任何一个方面都可能是其他 3 个方面或几个方面造成的，原因和结果不是一一对应关系，应是一对多或多对一或多对多的映射关系。课程在整个职业教育场域中处于微观层面，因此在宏观层面，中高职课程衔接不畅的原因或可追溯至职业教育社会地位、现代职业教育体系、职业教育政策制度保障支持力度、职业教育课程管理机制内外动力等方面，或可追溯至课程内容设置、教学内容组织与安排、课程团队结构和教学水平、支撑课程教学的实训条件等。本章既从宏观方面进行归因分析，也从课程执行层面加以解剖，但并不意味着这几个维度可以独立存在，中高职课程衔接中的问题是诸多要素并发而产生的。

一、中高职课程衔接面临的问题

通过问卷调查和数据分析，当前中高职课程衔接中同时在课程目标、课程内容、课程实施、课程评价等方面存在问题。本章运用特尔菲法将中高职衔接课程标准、课程目标、课程内容、课程实施和课程评价 5 个方面存在的问题提供给专家，由专家对各个问题在中高职衔接中的主要表现做出“非常普遍、普遍、一般、不普遍”的客观评价，专家意见统计结果如图 8-1 所示。可见，专家普遍认为，中高职课程衔接在课程标准、课程目标、课程内容、课程实施和课程评价 5 个方面不同程度地存在问题，前期调研将这 5 个方面定为中高职课程衔接存在问题分析的一级指标。在此基础上，项目研究小组通过教学研究和实践，对每项一级指标进行科学分解及实证研究，先期拟定中高职课程衔接存在问题的二级指标，通过网上专家问卷咨询论证及特尔菲专家咨询法的再次运用，论证、筛选并修正中高职课程衔接二级评价指标，以获得较为系统的二级指标体系。之后，运用 Yaahp 层次分析软件构建指标权重系数，结果如表 8-1 所示。调研显示，中高职课程衔接在课程内容选择上的分歧最大，权重指数为 0.336 1，呈现的问题达 9 条；其次是课程评价中的问题，权重指数为 0.264 3，主要指向多元评价机制向传统评价回归的趋势，评价视角单一；最后，是权重指数为 0.204 的课程实施，表现为知识技能倒挂、中高职教学计划不接续及教学模式陈旧单一；后两者依次为课程目标与课程标准体现出的问题。

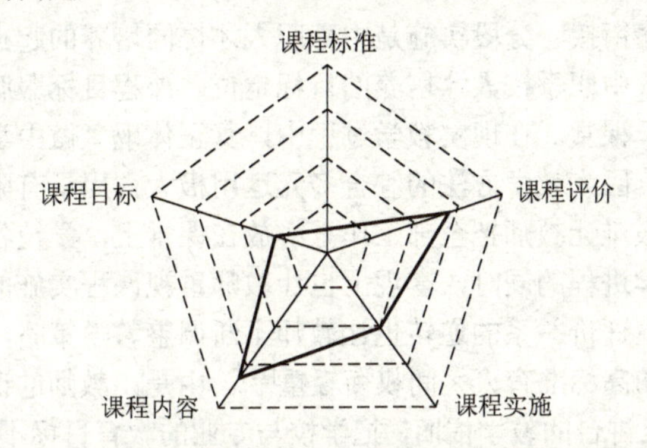

图 8-1　运用 Yaahp 层次分析软件构建中高职课程衔接存在问题指标权重系数

表 8-1　中高职课程衔接存在问题调研权重表

一级指标	二级指标	权重	一级指标	二级指标	权重
课程标准（A）0.061 5	标准不统一（A1）	0.051 8	课程内容（C）0.3361	课程体系脱节（C1）	0.044 7
	标准不清晰（A2）	0.009 7		课程开发模式书本化（C2）	0.072 3
课程目标（B）0.134 1	目标断层（B1）	0.069 8		课程设置缺乏梯度（C3）	0.003
	目标不衔接（B2）	0.064 3		专业理论课程重复（C4）	0.012 7
课程实施（D）0.204	知技倒挂（D1）	0.069 2		实训课程重复（C5）	0.064 9
	教学计划不接续（D2）	0.078 4		文化基础课脱节（C6）	0.055 6
	教学模式单一（D3）	0.056 4		课程内容重复（C7）	0.012 7
课程评价（E）0.264 3	教师评价（E1）	0.061 2		课程教材陈旧（C8）	0.068 2
	没有学生参与评价（E2）	0.066 4		专业不对口（C9）	0.002
	没有企业参与评价（E3）	0.066 8			
	没有多元评的机制（E4）	0.069 9			

（一）课程目标：中高职取向不一，就业与升学难兼顾

课程目标有序衔接、分段实施是中高职人才协同培养的起点。以就业为主、兼顾升学是大多数中职学校人才培养的目标定位，课程目标服膺于专业人才培养规格，教师服务于课堂。在现实教学过程中，真正体现“做中学、做中教”的教学过程很难推进，因为教学方法的综合多元运用极大占用了有限的教学时间，对教师多元考核也很难让教师把全部工作重心放在课堂上，学校各级督导及教学反馈系统在规范教学进程的同时，客观上也让教师重视课程实施的进度而忽视课程效度。此外，师生评价关系的逆转也让教师不断调整教学策略，在约束课堂、严格把握教学质量和高标准育人之间权衡轻重[15]。由是，教师的课程目标不断地小而化之，严守三尺讲台的教学依旧，把学校与专业的教育目标不断落小落实落细。再者学校教育宏观目标的提升，也让课程目标不断变换新的标的。中高等职业教育的教育目标以培养生产管理服务一线的高素质劳动者为依托，分际在于中等职业教育定位于培养中级职业技能人才，高等职业教育定位于培养高端技术技能人才。从培养层级的定性表述来看，高职教育是中职教育的拓展与深化，是中职教育的更高层次。高职课程兼具高等性与职业导向性，中职课程强调实用性与职业定向性，以岗位就业目标为旨归，非为高职课程打基础、埋伏笔。中职教育没有义务也没有职责按高职教育的培养目标来重塑标的。其次，不同中职学校依区域经济发展态势也在不断调整教育目标。某行业人才需求旺盛，则以就业为主导；经济疲软下滑，对人才的需求减少，就改变口号，主推升学。因为主导中职教育目标的动因始终只有一个，即学生就业率考核。由“三改一补”转制而来的职业高中、排他性较强的行业特色鲜明的技术学校，由于历史或现实原因，更希望学校能升格为高等职业院校，以此摆脱“双师型”教师缺乏、实训设备老旧、产学研用脱节等为中等职业院校办学命脉的节制。

为了加快“多元立交”现代职业教育框架建设，国家对中职生开通了诸如“文化+专技”考试、单独招生、“3+2”对口招生考试、五年一贯制等多种招录方式。但近几年的实践证明，高职教育的吸引力远没有想象中那么大，报到录取率不到总量的 5%，中职教育也明确摒弃了将学生升入高职业院校作为主要选项的优渥。高职院校招录，中职生报考率高、报到率低，近几年由中职升入高职的人数持续走低，高职课程目标的起点也重点聚焦由普高经高考升学上来的人群，面对中职生的课程目标也只是根据学生的培养基础进行策略性的转换，或者只是前者的简化或删节。

由此观之，中高职课程衔接要中等职业学校和高等职业学院的相互同向用力，高职以技能为抓手求得与中职办学理念的认同，中职以知识强化为支撑获得进一步提升的空间，二者互求最大公约数、聚同化异。职业高中也要立定办学思路，强化内涵建设，做优人才培养规格，做强办学特色。条件具备时，做好中高职衔接一体化培养；普通高等职业教育要厘清自己的使命，为职业教育的系统化发展

借势谋力，让中高职课程衔接的“握手见面”互相赢得好感和尊重。

（二）课程内容：中高职向度不一，岗位技能与升学基础找不到平衡点

课程内容有组织、能序化、成系统、不封闭，是中高职课程衔接“即插即用”的基本保证，也是课程衔接的主体。教学内容取材于生产实践，生产实践素材经教学化处理可转化为课程内容，包括即时更新的教材、课程学习活动、课程学习经验 3 个方面。无论中职教育还是高职教育，当前的课程体系结构都由 3 个部分搭建而成，处于最低端是通识教育和文化素养课程，居其上的是专业平台课程或职业基础课程，最高端是专业方向课程。中职的方向课程指向专业岗位技能，高职的方向课程则以产业链上技术技能培养为主。无论何种课程其内容的安排：一是要有组织，任何丰富多元的生产实践案例，都要按一定的组织原则重构才能转化为教育教学案例。二是能序化，只有经过序化的素材才能满足受教育者的要求，按人的认知规律和技能人才的成长规律，遵循由简单到繁杂、由单一到多元、由具象到抽象的编排逻辑，才能形成最终课程开发的文本而不是任务操作流程或操作手册。三是成系统，只有结构才能传递动能，只有系统才能发挥功能作用。单个任务的完成可能会培养受教育者的单项技能，但只有各单项技能形成教育合力，才会突显对社会性人才培养的促进和支撑作用，即中高职课程目标围绕教育目标，系统化构建知识技能，让人才培养的专业能力、方法能力、社会能力形成教育合力。四是不封闭，课程内容不封闭是对课程开发的最基本要求，是课程开发的底线。工业化与信息化的快速发展与高速融合，使外显的、单一的传统技能与多元化社会对人的“跨职业、跨岗位”的综合能力要求相去甚远。建构主义和人本主义的兴起，也让固守传统课程内容的教师逐渐失去市场。这就要求课程内容按工作过程系统化原则重构，而不是简单地依工序按约定的工作步骤使用规定的工具完成指派的工作，应与实践相接，重点突出任务的迁延性与可拓展性。

中高职课程衔接主体多元，内容缺乏必要的沟通。课程衔接缺乏统一组织管理，中职教育一般划归各省市中学管理范畴，高职教育划归高等教育管理，未由国家制定统一的课程分段标准，也没有因此标准形成系统化的配套教材，各教学单位存在因需施教、因师施教、因熟施教的可能。近几年来，有关政府部门采取委托研究的方式调研有关中高职业院校，理论上的课程体系论证取得了不少的研究成果，实践贯彻过程则相对落后。课程评价主体的随意与虚无，亦使中高职内容的衔接无客观评价尺度。教学内容的开发是长期的、无期限的，不存在“结题”。区域经济的多元与更新让教学内容不可能穷尽生产实践的所有，实事求是、探求规律是教学内容不可推卸的职责，让有限的教学内容反映无限的客观实践是教育者的责任。把现实复杂的生产任务简化为单一的学习任务的“化学”融合、把抽象的原理用具体生动的案例表现出来、把多维的立体用多重一维平面加以耦合，授学生以“渔”，让中高职教学内容无缝衔接，是一名教育者的基本的工作。现阶段中职教育存在单纯技能化的操作向度，高职教育存在技能虚无的工艺向度，中

高职教学内容衔接在由技能取向向技术取向转换的过程中，内容的取舍与序化要借助企业中既懂生产又懂工艺的高级工艺师或高级技师。教育不是培训，系统性是对教育的必然要求。教学方法与手段要呼应教学内容，教学内容要呼应人才培养规格，人才培养规格要呼应教育教学目标。中职岗位技能可能比较注重工具的精熟性操作与技能精准考核，而高职技术性岗位更注重人与社会系统的双向多元交流。在中高职教学内容系统化构建过程中，中职教育要摒弃科学主义与行为主义统驭殖民一切的简单思维，辅之以人文主义的人本思维；高职教育要寓技术于技能之中，走由技能管用向技术致用的经世之途。

（三）课程实施：中高职心志各异，客观条件受限与主观不作为并驾齐驱

切实摒弃课程实施过程中的陋习“理论课学生学不好，实操课教师做不好”。教授学生以实用为主并加重价值取向，立德树人的总要求要落实到课程目标中；化繁为简，把繁杂的课程内容化解为多个简单项目的组合；删减课程内容，对不反映技术技能现实的进行删减；同化课程内容，统一好个人的现实与大众的道德理想。摆在讲桌上的授课计划、教案、课程编制与实施等，应成为教学目标达成的“指挥棒”。按“多元立交”的现代职业教育体系构建思路，中职学生升入高职、本科甚至就读研究生多途径分类招生。切实提高“3+2”中高衔接、还是“3+4”中高本衔接，招生的学生含金量和培养质量。

我们必须客观地看待我国的职业教育现状。纵然我们的办学条件已得到了很大的改善与提高，但职业教育的补充地位仍然得不到“扶正”。毋庸讳言，中职教育的就业性依归导向远胜于高职教育所倡导高质量就业“诱饵”。面对不收费的中职教育，能选择直通就读高职院校的学生，其家庭一般能支撑其基本的学费与生活费，并且不在乎 3 年或 4 年在校学习沉没成本，但这些学生的学习基础与学习习惯并不优于他们已就业的同学。一个从经高考录取进入高职院校的学生，高中与高职的正常教育年限为六年（3+3），而一个读完初中进入中职再就读高职的学生，其正常的教育年限却为 5 年，那就意味着基础较差的学生少接受高职学院的在校教育。依次类推，基础较差的学生可以少接受本科学校的在校教育 3 年。体系设计的“高速度”培育了课程实施“极速成”。与整体的招录学生人数相比，现阶段在任何职业院校招录的中高职衔接生人数是少之又少的。以广州铁路职业学院为例，2012—2016 年，招录中职生的比例依次为 8.6%、8.3%、7.3%、5.3%、4.9%，呈逐年递减趋势，招录专业也从最初的 8 年试点专业锐减到目前的 3 个专业，且全是文科性较强且对基础要求不高的专业。与学校录取的庞大学生数量及众多个专业相比，中高职衔接专业及招录的学生微不足道，甚至接近归零。无论从办学成本还是课程效度上，高等职业教育院校不可能投入更多的物力、人力、财力等关注中高职课程衔接，更没有必要指涉中高职课程内容衔接改革或者深化发展。最后，国家和各省市为了鼓励中高职课程衔接，在重点专业等奖项评选上给予一定的政策倾斜，但学生培养质量的低效又让这部分“捡得”的分值得而复

失。国家中高职课程衔接相关的政策影响，更多地体现在奖励性指引与杠杆撬动，缺乏微观层面可操作规程和评价标准。

由于深受儒家文化“中庸”之道和社会整体认知感的影响，个性化教学或创新性教学尚未完全被学校认可或认同，无论中职学校还是高职院校，各级各层教学督导对教师教学的考核，既要重视课程进度又要课程效度。于是中职学校对教师的培训虽然年年开展，利用各种示范工程送相关教师国内外进修，可结果却鲜见满意。高职院校教师多以强调职业教育的“高等性”为主，故此高职院校课程实施普遍存在“两不”现象，学生课堂上不学与教师实操上不做。学生不学是因为教师缺乏必要的教育教学手段与方法调动学生学习积极性，教师不做是因为一者教师缺乏实做经验，二者有关文件对教师的评聘考核导向也让教师疏于动手。中高职课程教学实施衔接的不协调归因于“以学生为中心”的教学理念失位。

由“三补一改”转制而来的中等职业学校，需要在夯实办学基础、开拓优质生源，提升教师教学育人水平上多方面下功夫。改革办学体制机制、变压力为动力、以发展谋生存，丰富办学内涵，而不是以“生源就是生命”的生存法则来搪塞一切，以教育教学改革来谋生存、求发展。再者，学校要应用好“家委会”这个家校沟通机构，家校两方齐抓共管，来自学生家庭的对培养要求的升格以待——“能谋事、可成事、能成长”，也让学校图谋远虑，真正从“大国工匠”的角度来铸魂育技。我国高等职业教育从无到有，大部分是由普通中等职业学校升格而来，有少部分是从原普通高等学校的大专部分离出来，无论是教学内容还是教学手段和方法，都带有母体的深深印记。其次，职业院校实习实训设备“量多质次”的基本格局没有改变，缺精度、少硬度、无准度，以到位掩盖精准、以累加代替深化、以重复否定多元的非工作过程实训广泛存在各级各类职业教学中。学校的实训教师能“出力”的不少，但能“出活”的不多。以上种种，极大地限制了中高职课程衔接的规模、范围和质量。中职生进入高职院校想巩固技能而得不到深化，想补强基础而赓续无力。课程实施的多维向度所形成的教育合力日渐消减。

我国目前的校企合作现状也严重影响和制约着中高职课程实施的广度与深度。从社会传统上看，我国各行各业条款分割严重，“各人自扫门前雪”的农耕生态文化一直扎根在个人、单位与集体中。让企业触角前移至学校学生的培养的做法（类似订单培养、现代学徒制培养）受到诸多体制机制的制约，企业无义务也无责任伸入学校里。让一个企业一次性大规模地接受一所学校的众多毕业生也行不通，企业需要接受不同学历、不同学缘、不同地域的学子共融共生，才有利于企业生态的良好形成。校企合作双方从无到有、从有到优都需要时间逐渐打破壁垒、需要精力软磨硬泡、需要能力证明自己、需要价值奉献岗位、需要补位互相成事，只有在对等的基础上才可以谈条件谈合作。在“企冷校热”合作局面中，职业院校也不可无所作为。教师可以深入工作现场，应企业技术进步和生产方式变革而贡献工厂、组织课程内容。深度分析企业技术技能等级，并按工作过程与学习过程对接、工作内容与学习内容对接有序推进课程实施。可以说，教师的社会服务能力应是校企合作的排头兵与先锋队，以低质量及没有实战经验的学生为廉价劳动力作噱头为校企合作的幌子的时代一去不返了，以有名无实的职教集团、技术联盟装点校企合作的门面的作态在这个求实认真的年代也日显老迈。

日渐老迈的还有各级各类职业资格考证。2014 年以来，国务院已陆续取消了70%以上的职业资格证书，这是社会和个人的发展必然。为完善职业教育和培训体系，深化产教融合、校企合作，加快构建职业教育高水平人才培养体系，《国家职业教育改革实施方案》中提出普遍实行启动 1+X 证书制度试点工作，1 是指学历证书，X 是指若干职业技能等级证书，旨在通过育训结合、书证融通，真正培养出产业亟须的复合型高质量技术技能人才。学校与企业联合完成的“人才共育、过程共管、责任共担、成果共享”的“双主体”育人，为职业教育与企业在专业课程开展 1+X 证书制度探索，提供了有益启示和重要经验。

（四）课程评价：中高职评价模式单调，多元与多样评价难成行

课程价值由课程评价来判定。按课程行进的不同阶段，可把评价分为诊断性评价、形成性评价和总结性评价 3 类。中高职院校目前较为简单易行的是总结性评价，其评价主体单一、评价手段简单、评价模式静态。其思想根源是长期以来“师道尊严”的认知作祟，既做裁判员又当运动员，上课、出卷、给分三步曲由任课教师一人完成。在中高等职业教育领域，“评价”和“能力”这两个概念是被狭隘化并被不加区分地过度等同使用，当前对“课程评价”的认识在很大程度上都是普通教育分数本位的翻版，这样一种只追求在“行为”和“表像”层面进行判定的解读，不仅去除人的“内在复杂性”也去除了人的“主体性”。中高等职业教育课程就是围绕单一岗位技能反复做、做反复，课程体系构建围绕某种职业资格考证反复练、练反复，上课即为培训，上学即为上班，对象即为“无大脑”的人。是以，用纸笔形式客观化试题判定传授后的知识复制和记忆的测评得以大行其道，用行为主义的可观察、可测量的评价方法对技能的评价也就理所当然。评价手段的粗糙令人怀疑评价结果准确性，评价信息的单薄也令人怀疑评价结果的公正性。显然，要求总结性评价全方面服务甚至促进基于综合职业能力提升的中高职课程衔接多少有些力不从心，即加快中高职课程衔接的保障体系建设刻不容缓。

二、中高职课程衔接的对策

职业教育吸引力与职业教育的办学质量互为因果，呈现正相关的关系，或相互促进或相互消减，目前的情势表现为职业教育吸引力不足、针对性不强。分头管理、各自为政，形不成教育合力，是造成中高职教育衔接不畅的政策因素。教育目标矮化、教学效果近视，没有前瞻性的育人远景，是参与衔接构建的职业院校实施不当所致。教师社会地位低下、评价关系的逆转、教学手段与方法陈旧，是职业院校教师面对中高职衔接的现实处境。求学欲望下减，为考证而学、为及

格而学、为毕业而学，是参与衔接学生的底线需求。当前中高职衔接在课程目标、课程内容、课程实施、课程评价 4 个方面都存在问题，并且互为表里。某一方面的问题或并发问题会严重影响中高职课程衔接质量的提升，构建层次显著连贯一体的中高职课程衔接体系已成为我国职业教育发展的应然之路。强化中职教育对技能人才培养的基础性地位与高职教育的支撑地位，深入市场、满足需求、贴近社会，充分发挥市场对人才配置的决定性作用。通过制定中高职有效衔接的课程目标、建立多方联动的课程内容设置机制、制定符合职业教育特点的课程实施方案和建立多元参与的核心能力课程评价机制，构建层次显著连贯一体的中等职业教育课程与高等职业教育课程的有效衔接体系。

（一）中高职教育目标衔接

适应需求、就业导向是我国职业教育的主导原则，这一原则体现了兼顾社会和个人发展的总体部署，但占“半壁江山”的职业教育培养不出“中国制造”需要管量够质的能工巧匠，这说明职业教育的培养机制与基于“新常态”下的具体经济结构存在落差，职业教育的课程体系和课程目标与市场需求的人才培养规格断档。经济结构调整催生传统产业的升级、战略性新兴产业、现代农业和现代服务业的发展对职业教育提出了更高的要求，要求进一步提升技能型人才培养质量、改善人才培养结构、明晰人才培养规格。中高职课程目标接续完成技术技能型人才培养的不同规格，与具体的经济结构和市场需求相匹配，需要国家从制度和顶层设计推进，更需要不同区域中高职院校协同创新、彼此沟通，既要放眼长远，又要立足现实，不能搞“九龙治水、各管一段”条块分割的本位主义。

为生产服务管理一线培养技术技能型人才，是中职和高职院校的共同目标。中等职业教育既具有民生性，也具有基础性。基础性强调要为高等职业教育强本固基，兼顾学生升学、就业及再教育的不同价值取向，为培养高端技术技能型人才发挥好引领作用。适应产业结构升级和生产方式的变革，中高职教育要同步调整专业结构、优化专业布局、更新专业课程体系。根据职业教育的层次特点，明确各个层次的培养目标和课程目标，依据平行、递进、包容的课程开发原则，高职课程目标选择在平行中分解工作要素、在递进中深入工作现场、在包容中接近工程实境，做到课程目标各有分工、层次分明、相互衔接、协调统一，既有层次阶段目标，也有层次整体目标；既能实现中等职业学校目标，也能实现高等职业院校目标，更要符合学生个人生涯发展规划和市场经济对人才的需求。在目标分工合作的过程中，要避免基于“学校本位”两种倾向：高职院校以“高等性”“老大哥”自居，肆意审视中职专业的课程目标与课程体系，动辄对中职课程目标和培养规格“耳提面命”；中职学校则安于现状，对高职的合作要求不思考、不合作、不改变。随着区域经济的转型升级，中高职人才培养规格也要作相应调整，二者分工协调，不可因循守旧。特别是高职院校应正视经济发展的新常态，当中职的人才培养规格高移后，应正确处理基于培养目标高移后的知识和技能。

（二）中高职课程内容衔接

首先，当前基于岗位职业能力提升的课程开发理论体系单一。工业化以降，科学主义因其实证中立的特点而被人们广泛接受并心甘情愿地“被殖民”，行为主义则把科学主义原理运用推广到极致，英国的国家职业资格证书体系、我国的职业资格考证都顺承这一原理，并被广泛运用至今。行为主义成为课程开发的首选原则并在职业教育领域大行其道也不无道理，因为科学主义注重课程开发流程材料的系统性、有序性和客观性，与人的认知规律与技能人才的成才规律相符。在人文主义和建构主义日益并重的今天，在职业岗位概念日趋模糊与多元的工业信息融合时代，复制与解构典型工作任务离不开人的主观能动性。在课程开发过程中，人文主义要求课程开发者与开发对象协商对话、与开发工具互利共处，与开发理论（如心理学和管理学）互融共生，从而达到对事件真理性的认识。多维度设计典型工作任务，重构学习性任务，结合工程实境实施学习情境，不断丰富基于岗位职业能力提升的职业教育课程开发的理论水平。

其次，提升课程开发主体动力。企业兼职教师与学校专任教师是课程开发的“双轮”，前者导向，后者兼有驱动与修正的双重功能，因而任务更重。适配性变革课程目标、认知性构建课程体系、课程内容结构性调整、课程文本的可读性修饰等繁重琐碎的事务，都需要专任教师亲力亲为。中高职业院校要赋予课程开发人员与责任对等的权利，健全保障、响应与激励机制，调动教师课程开发人员的主观能动性，变被动开发为主动开发，协调组建课程开发团队，完善课程开发的主体构建体系，形成学校行政层、学校教学层、企业行政层、企业工技层良性互动的局面。

最后，提升典型工作任务开发高度。经实践专家访谈会所获取的典型工作任务，基于样本的有限及专家的水平，都只能是对个人工作任务的“回忆”与“再生”，典型也只是局部的。课程开发小组要回到工作现场，与当事人多交谈，与具体工作任务多接触，对工作过程多分析，在条件许可下多动手，从多侧面思考、分析并解决问题，以便为后续教学过程中为实现工作任务向学习任务、工作情境向学习情境转化创造便利条件。

（三）中高职课程实施衔接

长期以来，“学而优则仕”“劳心者治人、劳力者治于人”的传统观念深入人心且影响深远。《国务院关于加快发展现代职业教育的决定》虽然明晰了职业教育是一种类型教育，职普体系的构建也昭示了职业教育可以与普通高等教育并驾齐驱，拥有同一话语权。由于多元化教学、分类教学、行动导向教学需要任课教师大量的时间与精力去课前准备、课中督促、课后检查，为技术技能型人才的成长提供另一种通道。再者，把各种的评奖评先项目真正与课堂质量相关；加之，多维度多角度观测课堂质量评价，减少主观性评价，增加客观性评价，多一点刚性指标约束。因此，提高专任教师课程主导权应成为当务之急，营造“劳动光荣、技能宝贵”社会外部环境应是长远之责，加强课程实施模式革命性变革应有攻坚之志。

行动导向教学要求“以学生为主体，以教师为主导”，其首要前提是成果导向与持续改进机制的建立。专任教师通过对区域经济的调研和国家宏观政策的研判，制定与学校教育目标相适切的专业教育目标和毕业生核心能力目标。为了达到核心能力目标的要求，专任教师要规划课程教学内容与教学方法，并通过逐年比较已毕业学生的核心能力达成度，提出改进与完善机制，落实落细落小每一节课堂，以期全部实现学校教育目标[16]。因此，在课程实施中强化强调教师的“话语权”，放弃各种大大小小的形式检查与督促，小则关系到每节课的教学任务的保质保量落实，大则关系到学校教育目标的达成。以典型工作任务的高效完成为抓手，以教学成果的及时高效完成为评价节点，让教师自主选择课程场所与教学内容组织方式，自主配备教学小组，自主选择考试考核方式，学校行政部门做好后勤服务和机制保障。这是对教师的尊重，也是一个学校责任。

“劳动光荣、技能宝贵”的口号，不仅止于口、动于心，更重要的是要落实到手。近几年，国家为营造职业教育良好的社会氛围，年年办成就展、开展技能竞赛、举办职业院校开放周活动；也有党和国家领导人出席全国职业教育大会，或讲话、或批示；能从国外借鉴来的，我们一概收纳效仿，但影响与辐射力仅限于职教圈内，圈外人知之甚少。职业教育是否不作为本科教育的“备胎”之选，已引起了社会的普遍关注。目前所提供“多元立交”的职普沟通模式是否有进一步优化的空间，从中职走向高职再到本科、研究生这条职业生涯发展路径或上升通道是否是唯一？多元化的用人观与取才观需要国家社会作进一步的探索。

人才培养质量的长期性和滞后性影响不了教学模式的优劣，况且教学模式本身也无优劣一说。但不断提升课程实施过程中职业性、实践性和开放性是中高职课程衔接的基本要求，为此必须对目前的教学模式进行根本性的变革，变革教学模式中基于学科本位的人才培养方法与手段、变革基于精英教育模式下的教学内容组织与安排、变革基于研究型人才成长的教学条件与环境。建立起崭新的课程设置体系、崭新的教学内容、适合的教学方法与手段、“双师”结构良好、专兼比例合格的师资队伍，校内外实训基地能满足学生职业能力培养的要求，学生的动手能力得到企业认可，人才培养质量能让社会满意。教学内容开放，向工作现场要教案；教学师资开放，把企业工程师、技术人员、能工巧匠请进课堂；教学场地开放，形成学校与企业现场两个教学环境互补的优良格局。

（四）中高职衔接课程评价

单纯总结性评价或形成性评价都不适用于中高职课程，应综合运用各种评价模式，采用多元主体评价、多类方式评价、多维内容评价、系统过程评价相结合的评价模式来评价中高职衔接课程。采取何种课程评价模式、何种手段是根据评价者和评价对象的不同而不同，没有统一或者必然一致的标准。引入企业评价，根据企业的价值取向决定课程评价模式。

制定原则统筹与分类指导相结合的课程评价标准，评价模式不能因评价歧见和难以执行而回归一元。课置设置评价应反映职业岗位诉求，专业课程体系符合中高级技能人才培养目标和专业相关技术领域职业岗位（群）的任职要求；课程对学生职业能力培养和职业素养养成起主要支撑或明显促进作用，且与前、后续课程衔接得当。专业课程以职业能力培养为重点，与行业企业合作进行基于工作过程的课程开发与设计。中高职教学内容的评价应能满足职业岗位实际工作任务所需要的知识、能力、素质，中职教学内容还要特别能反映为学生可持续发展奠定良好基础的一面，否则中高衔接就成无源之水、无本之木。根据课程内容和学生特点，灵活运用案例分析、分组讨论、角色扮演、启发引导等教学方法，引导学生积极思考、乐于实践，提高教、学效果。这是教学手段与方法的必然要求，现代化信息教学也是必不可少的组成部分。对课程质量的评价，还必须强调技能性结果显性的一面，技能型人才的动手能力与社会认可度，国家和各省市技能竞赛儿获奖率也是重要的评价指标。

中高职课程衔接是中高职衔接和我国职业教育改革的重要内容，是我国构建以“职技沟通、职普沟通”为特色的现代职业教育体系建设的重要一环，而中高职教育课程衔接是现代职业教育体系下实现中高职有效衔接的枢纽，职业教育生生不息的源泉。构建“层次明晰、相互衔接、系统开放”的中高职课程衔接体系已成为我国职业教育发展的应然之路。只有推进中等职业教育与高等职业教育的课程培养目标、课程内容选择、课程实施衔接、课程评价等方面的系统衔接，才能有效搭建促进技术技能人才职业素养与能力不断提升的成长通道，才能进一步有效提高职业教育培养质量。

第九章

职业教育课程测评观

2010年8月至2014年5月,笔者参与了学院国家骨干高职学院的申报与建设过程（建设总方案的策划、设计、撰写、答辩），并负责实施重点建设项目“数控技术专业的方案的设计、撰写及实施”（“国家示范性高等职业院校建设计划”骨干校高职院校第二批立项建设单位〔2010〕27号)。主体多元、方式多样、内容多维度对学生职业能力进行测评是人才培养与课程体系改革的一个必不可少的验收要点。

时间回溯至2005年，国家每年投入100亿元建设100所示范性高职院校，引领高等职业教育专业建设和课程改革。2009年又遴选100所高职院校推进以学生岗位职业能力提升为中心的校企合作体制机制创新。伴随着体制机制创新，一些长期困扰岗位职业能力提升的瓶颈正在逐步被打破，组建政行企校（政府、行业、企业、学校）4方联动的合作理事会，引企入校，建“校中厂”，推校入企，建“厂中校”，在学校建立技术服务研发推广中心、大学生素质拓展中心和职业教育创业园，改革人事制度，扩大企业兼职教师的人数和比例，联合组建“双师型”教师团队，进一步拓展优质学生实习就业基地，大力改善专业实验实训条件，对社会开展高技术培训等。

高等职业教育课程改革的根本目的是培养学生的职业岗位工作能力，而不仅仅是表面化的事实性的知识和操作技能。课程改革的核心内容以职业岗位工作能力培养为目标，以典型工作任务为课程基础，以完整工作过程为能力建构模式。建立在职业效度上的典型工作任务的课程内容开发以对完整工作过程的规划和实施来提升学生职业岗位工作能力作为知识手段的权变性运用。无疑对典型工作任务的认识和理解直接影响着学生职业能力评价的任务设计。而作为职业岗位工作能力表征的工作过程，其完整的工作过程模式至少应当涉及3个方面，即结构的完整性（获取信息、计划、实施和评价）、要素的全面性（任务、工作对象、工具、工作方法、劳动组织、工作人员与工作成果）和工作过程知识。调和课程效度与职业效度，在工作过程中努力实现融知识、技能与职业精神于一体职业岗位工作能力培养。只要教学内容来自职业及职业发展具有典型意义的工作情境或工作任务，课程内容才会具备职业效度。

2014年《国务院关于加快发展现代职业教育的决定》发布，推动5个对接，适应经济发展、产业升级和技术进步需要，建立专业教学标准和职业标准联动开发机制。学生职业岗位工作能力对课程内容改革的要求已成为必然之势。

《高等职业教育创新发展行动计划（2015—2018 年）》推动职业院校管评办分离与改革，也是基于提升学生职业岗位能力的需要，设计一个体系化、制度化的平台来支撑产教融合课程观在微观层面要深入面对的问题，将有力的外部评价与有效的内部评价相结合，把课程改革的实效落实在学生职业测评能力的高效上，形成和谐共振之功效。

一、对岗位职业能力测评的反思

在今天，社会的职业尺度愈加宽泛，层出不穷的新职业开始对每一个社会个体提出挑战。新职业主义的关注点从从业人员岗位技能转向不断发展变化的职业能力，强调个体适应未来社会发展的需要。在这个语境下，职业能力测评应当如何提供新能量，为个人和社会的现实生活服务？从技能化取向的能力本位转向为职业岗位工作能力的本位，高等职业教育对高技能型人才的培养必然要指向职业岗位工作能力，并依靠个体性的工作过程知识。而工作过程知识只能在具体工作过程中建构，从这个意义上看，针对跨职业、跨岗位的职业岗位工作能力评价的研究成为当代一种学术范式转换，其中包括理论、方法和整体精神面貌的变革。

职业能力测评是国际职业教育研究和革新实践中的一个重点，然而建立在朴素的主观感知和经验总结基础上的我国的实践，由于缺乏扎实的理论基础和实证依据，解释力有限。受西方行为主义影响，我国对职业能力的理解与运用，如国家职业资格证书体系采用了类似英国的 NVQs（国家职业资格证书制度）和美国 DACUM（课程开发）中的定义，但同时又有很多职业教育机构引进了德国建立在情境学习理论和建构主义基础上的职业行动能力和设计导向职业教育的概念[3]。对职业能力的不同认识，演绎出了不同的职业教育课程模式、教学和评价方案，职业教育机构建立了不同的工作策略与措施。

目前，我国高职教育主要偏重专业教学，忽视了对学生综合能力的培养。在市场和就业为导向的教学理念指导下，高职教育过分侧重于专业、技术培训，而忽视了学生的综合素质。越来越多的教育界人士已经充分意识到，教育不仅需将重心放在职业领域，更需要延伸到生活和精神层面。出于惯性思维，对职业能力的测评简单地以技能本位为反映，以可观察、可测量、可判断的数据和事实来呈现。其实并不是说仅仅将精力花在精确性与事实特征上，就能得到科学的结论，片面追求精确性反而会导致人们忽略现实生活的流变复杂，忽略职业生涯的外在冲击。

由于将一切问题奠定在中立科学性之上，职业能力测评表面上去除了人的“内在复杂性”，也去除了人的“主体性”。但恰如远见卓识者所看到的那样，技能训练或完成任务的过程就是展开自我心灵训练的过程。在此过程中，最终得出的结论对错是次要的，关键在于人们是否切切实实地磨炼了自己的理解力和科学探索能力。当然，这里的“科学”与中立的、实证的现代科学已经有了本质的不同，其确切的所指是“合于事”“合于道”，而非“合于我”“合于名”。不完全是为了技能娴熟，其更高目的是营造工匠氛围，促进个人良好的技能—社会实践，并由个人上升到共同体层面的大同存异。岗位能力测评很大程度上带有“面对事实本身”的性质：不仅要重视知识习得与技能获得，还必须有职业认同感与职业承诺和礼法维度的深思熟虑。在这种深思熟虑中，追求立场的绝对中立当然有其可取的一面，但任何中立都是在人的主导下的中立，有其积极可发扬的一面，也有其消极可质疑的一面。对创造典范的礼法效应的中立，对我们生活品质的提高并负有直接的责任的中立的职业能力测评观应予以支持鼓励。不难想象，这种中立导向会让追求荣誉与人生卓越的青年学生受到鼓励并投身其中。如今，学界对能力的解读见仁见智，我们当然可以从中体会到各式各样的意图。现在的问题不是哪一方更能够吸引青年学生，而是哪一方能更加贴合现实职业世界的真实内容。那么岗位职业能力应当如何“进入”青年学生”，成为一种未来向度的精神动力，也就成为一个问题。我们当然可以从中体会到各式各样的意图，现在的问题不仅仅是哪一方更能够吸引青年学生，而是哪一方的确更加贴合现实职业世界的真实内容。那么“岗位职业能力”应当如何进入“青年学生”，成为一种未来向度的精神动力，也就成为一个问题。

随着人本主义和建构主义的兴起，劳动者的价值及智能开发日益受到重视，这种新职业主义观主张：岗位职业能力的开发不是训练人的机械技能，而是为个体未来的工作生活做准备；岗位职业能力开发不是针对单一的、外显的具体工作的培训，而是跨岗位、跨领域的“工作过程”教育，其任务是在个体及其未来的工作世界之间架起一座桥梁。岗位职业能力开发的核心是让学习者获得他们未来职业世界中所需要的、重要的能力，即综合职业能力[17]。除了测评专业知识和技能之外，岗位职业能力测评还能对职业认同感的发展及在此基础上建立的职业承诺进行评价。而专业知识与技能仅成为对工作进行规划和反思的手段及基础性证据，传统的笔试及现场实操无法满足岗位职业能力测评的要求。这不是说不应该重视基础技能的训练和单一岗位下封闭性任务的工作，而是要让能力的训练落实在真正宝贵的向度，即为处于发展中的个人和社会创制新的典范与法则。在这个意义上，青年学生的职业能力的选择绝不能仅仅是机械的操作者及以理论技术和智力技能为主的技术应用性人才，还应当是“我意愿”“我创建”“我奉献”的大国工匠。

随着产教融合链日益延伸到当下的教学实践，迫使我们追问：开发或选择什么样的能力模型来对职业岗位能力进行评价和诊断？什么样的能力模型能在“培养目标”“能力测试题目开发”“利用测试结果为教育实践提供指导”三者间建立有机联系？具备什么样的岗位职业能力能让学习者通过对技术（或服务）工作的任务、过程和环境进行整体化的感悟和反思，实现知识与技能、过程与方法、情感态度与价值观学习的统一，从而最终实现提高职业教育质量的目标？

二、职业测评的趋势：由封闭到开放

现代社会历经工业2.0、工业3.0正向工业4.0时代迈进。工业2.0是指传统的机械与电力的广泛运用时期，把人从繁重的体力劳动中解放出来。以IT产业为标志，工业3.0把人从烦琐的重复性劳动中释放出来。简言之，工业3.0等于工业2.0加电气化。以信息物联为标志，工业4.0把人从繁杂的事务性劳作中解放出来，即工业4.0等于工业3.0加智能化。对岗位职业能力测评研究发轫于工业2.0时期，盛行于工业3.0时期，质疑于工业4.0时期。

工业2.0是机器化大规模生产时期，工业3.0是机械化大规模生产时期，二者强调时间控制、精度保证、秩序合理，以及工人工作行为的整齐合一。于岗位职业能力测评而言，受当时流行的行业主义影响，各国尤其是西方工业大国纷纷制定职业技能标准，推行职业资格证书，力求行为可观察、过程可控制、目标可度量。其核心是可观察的职业技能。其间，英国推行国家职业资格证书制度（NVQ），美国成立职业技能标准委员会，澳大利亚实施国家教育培训证书框架，法国成立职业认证国家委员会，欧盟制定欧洲职业技术教育通行证。我国职业技能鉴定的主要内容有知识要求考试和操作技能考核。根据国家职业技能标准、考试大纲来确定其考核内容，编制试卷是考核方式。职业技能鉴定考试的申报要根据申报的鉴定级别来确定相应的申报条件，如参加初级鉴定考核的人员需要相应专业的职业学校毕业证书或者在职人员需要完成相应专业学制的证明；参加中级鉴定考核人员则必须要有初级鉴定证书，并且同时拥有在取得初级鉴定证书后的5年专业技能工作经验；学校必须是致力于培养中级技能且经劳动行政部门审定的；高级鉴定人员资格需是取得中级技能证书5年以上或获得了经过正规高级技工培训的结业证人员。

技能的事实及实践造成一国及世界范围内的所有成员同台竞技成为虚无，于是便产生了技能竞赛。2008年起，教育部等6部委联合天津市人民政府于每年6月举办全国范围内技能竞赛。有“世界技能界的奥林匹克”之称的世界技能竞赛自1950年起，每两年举办一次，旨在促进青年和培训师的职业技能与能力水准的提升，推广职业技能，加强各国在职业技能领域的合作与交流。竞赛项目限定为“对应工种技能的展示与评估”，这一竞赛更能说明职业国际化发展的程度。由于竞赛具有天然的“入口级霸权”的属性及实施过程的“紧盯强化”战术，选手同台“巅峰对决”，因此从质量观的角度，以操作技能来衡量职业院校学生岗位职业能力是一个应然的选择。

工业4.0时代是智能化小规模订制生产时期，技术、经济、社会和生产组织方式正在进入一个以人为中心，工业化和信息化日趋融合，职业内涵日趋模糊，职业岗位日趋频繁，人们希望能够“持久被雇佣”，必须具备在真实工作情境中整体化地解决综合性问题的能力。从事一个（或若干相近）职业所必需的本领，以及在职业工作、社会活动和私人生活中的科学思维、对个人和社会负责的热情和能力。

KOMET 是“职业能力与职业认同感测评项目”的德文缩写，该项目以瑞士的职业教育目标导向理论为基础，系统化地处理跨专业能力和岗位迁移能力，成功地整合了职业认同感和工作动机心理模型。它包含 3 个维度，一是能力内容维度，即定向任务、程序任务、问题任务和不可预见的未知任务。在职业能力发展过程各阶段，需依次完成上述类型的学习任务，才能逐步由新手成长为专家。二是行动维度，即获取信息、计划、决策、控制、评价的完整行动过程。三是能力要求维度，由低到高分别是名义能力、功能性能力、过程性能力和设计能力。

KOMET 测评效度关注的重点是，一个职业的工作及工作所包含的各种能力，是检验学习领域课程实施效果的一个辅助手段，它可以分别对职业能力、职业承诺及职业认同感进行测量和评价，不但为职业能力及能力发展提供理论基础和方法手段，还可以对每个学生的多个能力发展维度进行评价，并发现它们之间的联系。

三、能力测评小结

随着社会经济技术的发展，企业组织与生产方式也发生着颠覆式变革，从工业 2.0 机器化大规模订制生产到工业 4.0 智能化小规模订制生产，岗位职业能力的内涵开始发生变化，从传统的机械式“整齐划一”岗位操作技能转向了包括知识、能力、人格、素质等的集成化领域。

目前，我国各级层面的技能竞赛都是以单一封闭型任务或简单叠加型任务完成作为评价的“话语及其实践”的主要甚至是唯一方式。职业资格考证以“笔试+现场实操”二元化封闭方式进行，对学生职业能力的评价深陷“价值虚无”的困境，因为评价意味着对训练后的肢体动作的动作频率与控制精度的记录与判定，笔试客观化试题意味着对传授后的知识复制的准确率与再现率的判定。技能可以被观察和以一张行为检验单写就，那么对职业能力的判定则采用事实性知识和点状技能分出是非高下。评价信息的单薄忽略了现实生活的流变复杂与人的多重社会属性，评价结果的公正性也令人疑窦丛生。

KOMET 引进了建立在科学能力模型基础上的能力诊断系统，人们可以获得大量关于职业教育的数据和认识，从而为有可能代之以有理有据的、以量化数据为基础的评价，为职业教育所有参与者展开建设性的对话和合作提供实证基础。KOMET 测评技术是在基于典型工作任务基础上，在实际测评中模拟真实工作情景，采用开放性测试题目、背景问卷，针对测试者的测试动机问卷、针对评分者关于能力指标权重的问卷及对基本认知能力测试，权衡涉及工作任务的所有标准（如技术标准、美学标准、环保标准、成本意识等），最后采用“妥协性”原则来完成任务，而“妥协性”原则是 KOMET 测评技术对人的主观性在职业能力表征中的综合反映。但 KOMET，开放式的测试题目只是对真实的职业工作世界加以权变性应用。但按照现代教育理论，只有学生有机会论证并评价解题方案和解题方案的多种可能性，才能发展职业能力，理解自己的职业行为并对自己的行为负责。因此现代基于 KOMET 测评技术对职业能力的判定是“封闭中的开放”。

第十章
职业教育课程创新观

高等职业教育到底要培养什么样的人才？伴随着技术进步和生产方式的变革，以及社会经济的发展，新职业主义者对人内在、可持续职业发展与成长的关注也在不断走向深入。从实用技能型人才到高端技能型人才，从强调动作技能精熟为主的机械操作者到强调融入智能制造技能为主的技术应用性人才，从传统的外显高级技能型人才到适应信息化要求的现代技能技术型人才，从以解决就业为导向的守成型人才到岗位创造、职业创新型人才。教学内容的选取从单一岗位的封闭任务下的“会操作”到基于职业领域典型工作任务下的“会工作”、从注重经验层面隐性知识的口授心传到基于综合职业能力培养的知识体系创新，其实质是高等职业教育能力本位的重构，从技能化取向的人才培养质量评估转向为职业岗位创新能力的评估，以职业岗位工作能力和创新创业能力重构高等职业教育体系，以岗位创造、职业创新的综合职业能力来评价学生培养质量，势必要纳入创新创业教育。

目前，我国的创新创业教育正处于勃发之时，就创新创业教育整体状况而言，仍处于“传道”阶段，创新思维的自由伸展仅限于在课堂上“论道”，大多创业实践仅限于在校园开办“跳蚤市场”和学生实习超市，没有足够的空间与成熟的渠道让创新创业教育做好做优。大学生创新创业的实践表明，高职院校创新创业教育应与专业教育应结伴而行，做到创新创业教育理念植根到位、创新创业教育环境具有人情味，创新创业教育体系有效补位。

2015 年 5 月，国务院《关于深化高等学校创新创业教育改革的实施意见》指出“创新创业教育理念落后，与专业教育结合不紧，与实践脱节”是当前我国高校创新创业教育存在的不容忽视的突出问题。

一、创新创业教育的理念面临的问题

创新是一个国家的灵魂，是一个民族生生不息的源泉。要实现人们对创新创业教育的认可和接受，其内驱力是科学的教育理念、良好的环境制度设计及实实在在的成就感。现阶段，人们还很难将被誉为“第三本教育护照”的创新创业教育与专业教育、职业教育等量齐观，忽视创新创业教育理念的培育。我国起步于 20 世纪 80 年代的创新创业教育，大步走进大众的视野是近十多年的事情，它还处于探索与求证的初级阶段，人们还不清楚它会给社会经济、民生福祉及学生健康成才带来何种影响，因此观望气氛较浓。人们认为它是缓解就业压力的一种应急之策，是迫于无奈的一时之举。在大多数家长和学生的眼中，学生毕业时寻求一份稳定的、有较高收入的工作是踏入社会的第一要务，创业则被置于“先就业、再择业”后的第三选择。如何在教育意识上引起社会整体对创新创业教育的重视与共鸣、如何在教育观念上引导社会整体全面与深刻理解创新创业教育内涵、如何在教育价值上引发社会整体对创新创业教育的审视与再认识、如何在教育认知上引领社会整体把握创新创业教育真正航向，消弭短视与偏见，不是仅止步于学生学习时的职业发展规划讲座、就业前的入职指导、职场生存技巧等一揽子“快餐”，而是要上升至创新创业教育的初衷及最终价值是国家的一种创新行为进程，以及国家培育卓越人才和复合人才的思想哺育行为，是一种长远而非眼前的、深邃的而非浅表的培养学生创新创业综合职业能力的宏大系统工程。

在目前高校开展的创新创业教育活动中，大多重视精英学生创新创业能力的培养，而忽视大部分学生创新创业能力的培养需求；只重视创新创业表层职业能力的培养，而忽视创新创业观念的树立与创新创业教育思想的渗透；只重视就业与就业人格的塑造，而忽视学生就业观念重塑及就业与创业渠道的打通；只重视择业与择业观的树立，而忽视择业观与创业观辩证统一、相互转化契机与条件的孵化与催生；只重视对职业适应与指引的教育，而忽视职业创新创造的教育。高校创新创业教育要面向大众，培育创新的“土壤”、孕育普适化的创新“种子”，不能只单纯地理解为参加共产主义青年团、教育部等联合举办的年度“挑战杯”创新创业竞赛为学校及个人赢取荣誉。要把学校的学习资源为大众所用，让那些学习能力强、创新能力强的“尖子生”发挥良好的带头作用，板块轮动，带动全体学生创业创新。这种教育不仅仅是学校为未来可能成为企业家这一类特定生源定制的技巧性学习内容，更是培养大众创业人才的“良友利器”，与全体学生息息相关。当学生得到认可与关爱后，就直觉性地与这种活动渐行渐近，这就固化了创新创业教育活动的初衷，光大了创新创业精神，让大部分学生与创新创业活动接交。创新创业精神的植根与传播、企业家与企业家精神的孕育与培植是福泽中华的百年大计。应在学校人才培养的全过程中融入创新创业精神，面向大众群体，培养大众群体的岗位创新能力与职业创造能力，这种能力具体体现为在重视挖掘和提升学生的基本素质、创造性思维、预见能力、创新精神、风险意识、辨别机遇能力的同时，更重视不断提高其他素质和实践训练能力。

二、创新创业政策面临的问题

政策具有强烈的导向性。创新创业教育的成效与政府软环境的支撑力成正相关的关系：力度越大，成效越高，反之亦然。政府的政策引导越到位、资金越及时充沛、后续服务越周到细致，创新创业教育目标就会越清晰、人才培养规格就会越具体，教学内容就会越深入，教学组织就越会因人而异，师资培训的针对性就会越强，教学评价的指导性就会越具体，最终创新创业教育开展的效果就会越好。

1. 创新创业政策政出多门，可操作性不强

为鼓励、推动、开展大学生创新创业，改善创新创业的整体环境，社会、政府和高职院校陆续出台了一系列优惠政策和相应配套措施，但这些政策和措施政出多门，各自分割，应急而不完善、零碎而不系统，从己方考虑过多而从他方考虑过少，缺少“一站式”帮扶各自应尽的义务和承担的责任。部门之间缺少统一协调和调度，各类信息无法相互支撑，导致政策的可操作性受限，指引不够明确，出现隐性缺失。如果没有统一的大学生创新创业信息管理平台和管理机构来整合现有资源、理顺操作程序，让政策体系和服务体系相得益彰，那么大学生创新创业政策的有效性会打扣、权威性会受损、长效性会快速衰减。

创业师资短缺、扶持资金不能及时到位、教学条件简陋、实训基地不达标是目前制约大学生创新创业教育展开的四大瓶颈。具体体现在政策体系宽泛化、服务体系碎片化、宣传力度弱化 3 个方面。就业是民生之本，很多就业政策以解决就业难作为出发点，遑论以提升学生综合职业能力和综合素质为出发点，关注创业目标的生成、运行与保障机制的构建、创业成效的高低、创业成本的核算等针对性与操作性极强的政策指引。出现问题时及时有效的帮扶措施不到位，如大学生创业公司存活率总体偏低的原因及解决思路；如因经营不到位，出现负资产时的违约、债权如何免责等问题，都不适合运用同一规则来处理。一项政策的出台，要针对特定的惠众群体，系统完整周密地指导学生创业，变监管为扶持，变出工为出力，变忽视为重视。例如，资金扶持、税收减免政策，但有些申请条件的门槛过高，让人望而却步；有些因执行程序烦琐，学生被迫选择中途放弃。这种没有实际考虑高校毕业生的特质，对大学生创业行业、创业团队、创业资金、创业场所、经营项目、生产内容等方面都提出过高的要求和限制条件的做法，结果是优惠政策的发挥空间受限，大众的认可度较低。社会、政府与学校 3 个层面相互沟通、政府各部门相互协作，帮助学生简化办理手续、为学生提供相应的金融支持、提供“一站式”操作服务，把政策的优惠点落实到位，实行“零距离”衔接办理，让学生在各种创业优惠政策中受益。信息的闭塞、传播与宣传渠道的不畅通，落实和宣传力度不到位，传播受众受限，对学生的帮助效果不理想。

2. 创新创业实践的功利性太强，前瞻性不足

高职工科类院校的创新创业实践首先要服务于区域经济和社会发展的需要，个人的发展服务于社会的发展。以就业为导向的职业教育不是低水平的生存教育，而是以服务发展、适应技术进步和生产方式变革的创业教育。由于历史、社会及个人的原因，对职业学生创新创业环境的支持力度相对较小、对学生的要求偏低，院校的创新创业专业链没有与区域社会经济发展的产业链对接；政府的配套政策没能更好地引导创新创业教育深化产教融合、校企合作、服务发展；社会提供的创新创业平台或者资质要求较高，或者手续烦琐而致设备设施闲置。创新创业配

套体系中的响应机制、激励机制、保障机制未能有效联动，家庭、学校及社会既要从战略上认识创新创业教育的重要性，也要从战术上拿出真抓实干的功夫啃“硬骨头”的能力，增强高职工科类创新创业教育的前瞻性，既要在各类创新创业大赛的表演中有所斩获，也要在教育效果的提高上下功夫。

因此，学校、政府、社会要三方联动，积极探索创新创业教育的发展路径，加强相互合作，既要清醒地看待存在的问题，又要切实增强改善政策环境。高校应正确认识创新创业教育向中高端“爬坡”的复杂性和难度，应立足现实，放眼未来，久久为功。

三、高校创新创业教育体系面临的问题

1. 创新创业教育与专业教育相融合所面临的问题

高职工科类专业创新创业教育浮于浅表，自成一体，没能与专业教育相融合，人才培养规格没有绳墨之矩。创新创业教育被视为技能操作层面的业余教育活动，以选修形式开设课程、以课外活动组织实践、以讲座推进教学进程、以赛项代替成绩，或是以政策指导、贷款咨询、手续办理等事务性操作类的教育活动，与专业人才培养体系脱节。面向高职院校工科类专业大多数学生群体并结合高职生的人才成长规律及他们的群体特征和个性化需要，采取理实结合教学方法，将创业教育体系的教育目标、教学内容、教学实践环节和评估考核内容有机融合，真正形成教育的合力，缩短与真正意义上的创业教育实践差距。不要让学生认为创新创业教育可有可无，不要把创新创业教育单纯地理解为“理论讲授+实际操作”，以为在“管用、够用”理论基础上，加之创业的工具性操作、技能的娴熟性运用，就能实现创新创业教育的目标。如果将创造和创新视为工具精准型与技能精熟型的认识和实践，就会使创新创业教育陷入误区，认为这是对创新创业教育工具化的应用，这一认识会使创新创业教育失去活力与生机，学生也将面临创新能力枯竭和创业激情消退的尴尬处境。可见，创新创业实践活动既有低层次操作层面的工具的应用，也有高层次的蕴含在人文素养和专业知识之内的文化精神的熏陶与浸染。学生潜在的创新和创业能力并非像技巧与技能一般能手授身传。重实利轻信念、重眼前轻发展的创业教育忽视了价值教育对学生的激发和促进作用，因为创业动机、意识、观念、激情等都源于价值教育的激发和引导。遑论多数高职院校开设创新创业教育或为解决就业难或迫于形势而提出的应对之策，现有的创新创业活动不能只为少数优秀学生的教育活动而开发，要面向全体学生。专业教育是创新创业教育的重要构成部分和核心内容之一，也是提高创新创业教育实效程度的基础途径。高职工科类院校应依托专业背景选择创业教育观念与模式，否则“无源之水”的创业教育不仅是对专业教育资源的浪费，也会让创新创业教育陷入价值虚无的困境。

创新现有的教学内容与评估考核体系是创新创业教育融入专业教育的重中之

重。明晰基于创新创业人才培养目标的人才培养规格，为大部分学生量身订制其所适合的创新内容、创业途径，校正创业就是赚大钱的狭隘观点，增加创新创业中的风险意识，在课程中多加入扰动因素，让学生明白创新创业不是一蹴而就的事，仅凭激情是不够的。不少高职工科院校为了激发学生的创业激情，由学生工作部或各类协会开展机电设计创新大赛、桥梁设计大赛、创新计划编制竞赛、创业沙盘演练等，往往赛时轰轰烈烈，赛后跟进乏力，缺少可持续探索与发展的机制与实践，对于置身事外的学生则缺乏关爱与挖掘。建立从课堂上理论讲授到企业孵化"一站式"帮扶的务实性教育活动亟须加大力度。

2. 创新创业教育的学科面临的问题

创新创业教育在国家专业目录代码分类中没有明确界定，没有成为一个独立的学科体系，没有学科支撑和依托，专业定位模糊，或依附于企业管理学科，或依附于经济管理学科，身份的模糊导致地位的边缘化，边缘化的地位进而导致可支配的资源有限和受重视程度减弱。这严重偏离了创新创业教育开展的初衷，是对支撑新经济新业态的创新创业教育的误判，是对日新月异的职业解构与重构现象的熟视无睹。当教育者把"+互联网"当作一种工具使用时，不会产生新职业，不会产生创新驱动的源动力，也不能培养出适应社会经济发展所需要的创新人才；但当把"互联网+"视作一种社会属性，其他各种资源围绕这种社会属性进行资源配置时，新的职业就会产生。

各高职院校依托各自的行业特色，准确调整办学定位，规划人才培养进程，定制人才培养规格，设置独立的、系统的课程体系，在专业课程教学中融入创新创业内容及思维训练，不仅要培养已有岗位的适应者、岗位的创新者，也要培养未有岗位的创造者、未来职业的创造者。因此，在高校教学工作中，必须统筹规划好创新创业教育和专业教育，将二者融合，理念融合，渗入专业培养的日常；内容融合，以产品和服务的改进作为学业成绩评价的要素之一；实践融合，设定与专业课程相关联的实践项目，让创新创业教育价值落地生根，从而使创新创业教育与专业教育两者相互连接、互为倚靠。只有这样，高职院校领域的创新创业教育才会因自己的努力而占据教育的高地。

3. 课程设置面临的问题

课程是人才培养的"微细胞"，各门课程相互关联、分工明确，从而实现对人才培养的最大效用。高职工科院校有关创新创业的教学内容量少质次，没能构建科学有序的课程体系，教学组织缺乏针对性。很多高职院校工科类专业的人才培养方案和教学进程或多或少地体现了创新创业的课程，有些学校把诸如"创业指导课"纳入学生入学的基础课程，但是后面的接续课程不见踪迹。创新创业教学体系随意闲散，缺乏创新创业教育理论指导与实践的深耕细作。创新创业教育课程设置与人才培养成效不匹配的状况是高校把创新创业教育的人才培养目标定位模糊、师资缺乏、实训薄弱、评估缺失所致。软硬件资源的缺少导致创新创业教育深入开展的难度大，长久跟踪培养的教学成本严重不足，对区域经济的贡献自然而然就被当地政府鲜少提及。

现代社会发展日新月异，新经济新业态层出不穷，以培养人的创业意识、创业理念和创业技术力能等各种创业综合素质为最终目标的创新创业教育于20世纪80年代就被联合国教科文组织提到了与学术教育、职业教育同等地位，它已是现代教育中不可缺少的一部分。独立的专业门类设置、系统的课程体系构建、可操作性的教学进程规划、基于现实需求的教学内容提炼、适切的评估考核体系运用，是提升创新创业教育实效的现实需求。

4. 创新创业教育教学资源面临的问题

1）现有师资力量严重不足，水平参差不齐，创业指导缺少中枢。高水平的师资团队是顺利开展和实施创新创业教育的关键和基本保障。由于起步晚、认识不到位等原因，高职院校教师队伍在数量上难以满足大众创新、万众创业的教育形势，高端领军学科人才更是匮乏。大多教师没有创业的实战经历，综合素质较高的兼职教师又受限于学校的财力、物力及人际关系而难以长时间坚持下去。这就需要大批具有一定的专业知识，而且又具备较高的跨学科的综合知识和创业实践技术能力的专业师资。目前这类教师在高职院校中十分稀缺，大多数教师因教学任务需要，由专业课教师临时转岗而来，更有甚者，由学生工作部或招生就业办公室人员从事，但他们缺乏满足创新创业教育教学需要的思维知识结构，使创新创业教育由创业实践引导转为创业理论灌输、创业实战转为纯粹的创业学术研究。创新创业教学与创新创业活动分离的结果是，很少有教师能对学生群体以更负责任的态度，以学生成才为导向进行更专业、更深入、更系统的实训、实践指导工作，授课质量与学生培养质量大打折扣。更深层次的创业指导缺少中枢，由于专任师资或来自教务处、或来自系部、或来自学生处等不同的职能部门，他们服务于不同的部门，站在各自的利益考量点，从不同的出发点和视角理解创新创业教育，学生则在不同的路径、不同的思路、不同的体系、不同的考核中穷于应付。对教师的多元考核也很难让教师把全部工作重心重点放在课堂上。师资匮乏问题已经成为高校创新创业教育更好更快发展的瓶颈。创新创业教育的师资质量，加重了学生的创业焦虑与就业压力，削弱了高校学生自主创业的能力。

2）专业机构和运作项目不足、资金扶持力度不够。高职院校工科类专业在实训基地、“校中厂”、“厂中校”等强化学生实践技能训练的载体方面，拥有深厚的企业资源和社会人脉。但学生的创新创业教育实践所依托的专业机构和运作项目得不到保障。笔者对广东省18所高职校工科类专业的调研表明：有创新创业基地或园区的占11.68%，参加过创新创业园区实训实践的占13.25%，参加过创新或创业活动的占3.75%，创新创业项目转让或被采纳的占1.44%，与企业对接完成的占0.33%。

高校创新创业项目运作比较成功的是全国中英“一带一路”国际青年创新创业技能大赛。它要求参赛学生深入市场调查某一产品或服务项目的前景，开展竞争性分析、技术可行性论证和财务状况说明，向风投公司 CEO、银行负责人和法律界从业人员等提出详细的创业实施方案，并通过书面和口头答辩，接受市场可行性、财务运行状况、社会规范化许可等方面严格评估。这类竞赛高度模拟了实际商业项目投资评估的运作过程，对参赛学生的综合职业能力提出了很高的要求[19]。“挑战杯”的两项赛事，从组织、运作、协调到成功合作，推动了我国高校大学生与社会的交流、沟通与合作，是促进高科技成果向现实生产力转化的有效方式，是体现高校学生自主创新能力的全国性的重大赛事。这是目前衡量各高校创新创业水平成功的运作项目。

5. 创新创业教育实践项目面临的问题

我国内的一些高职工科院校由于条件限制，多数大学生喜欢选择“挑战杯”竞赛，而对于区域经济关联度较深的项目，参与学生人数较少且不长久。参与指导教师科研项目的学生只能从事一些简单的事务性工作；参与社会实践和企业实习之类的创业实践活动，学生根本没能表现出应有的见地和强烈的进取欲望，而被排斥创业团队之外。

创业教育实践的社会化程度不高。社会实践是检验创业教育成效的标尺，高职院校以“产学研用”为纽带连接政府和企业，并以此来拓展创业教育的社会空间、深化创业教育的社会适应性。但由于仅是“纽带”而不是紧密合作的主导者，其社会辐射的空间有限、专业化程度受阻。因为“产学研用”关注的是产品的社会功效，注重区域经济社会发展和民生领域的合作而很少顾及人才培养问题，所以创新创业教育的实践体系很难在社会和企业中落地生根，很难系统化地落实到人才培养的全过程。即使依赖熟人社会的情面关系，能维持暂时的合作，而无稳固的、长久的合作保障机制的结果是合作随时可能因人因事发生改变。

综上所述，职业教育服务区域经济发展的需要，专业伴随区域产业的生存发展而转变，以生产知识、传播技术、应用技能为主要活动，以教育反哺社会成为高等职业教育社会服务职能的重要内容。高职创新创业教育理应服务区域产业。

将理论知识与技术技能应用到岗位和市场，进行岗位创造和行业创新，这是创新创业首要、最根本的任务。创新创业教育本质上要求教育自身创新，将创新时刻融入创业教育中。将素质教育从创新创业教育中剥离，无异于把教育等同于培训；将创新创业教育与专业教育分离，另起炉灶的极端化做法，无形中加大了创业教育成本。

高职院校工科类创业教育在实践上存在的问题，反映了创业教育在具体实施过程中面临的一些困境。实际上，这是对在创业教育过程中充分发挥工科专业优势、系统开展实践活动、实现创业教育课内外贯通和校内外衔接提出要求。

第二部分

实 务 篇

第十一章
汽车电器与电子设备

一、课程定位

“汽车电气与电子设备”课程是我院汽车专业群的技术平台核心课程，是学生考取“汽车维修工”证书所必需的科目，是学习其他后续课程和从事汽车制造与装配技术工作及汽车检测与维修技术工作的必备基础。学生前修课程有“汽车驾驶实习”“汽车电工电子技术”，后续课程有“汽车发动机电控技术”“底盘电控技术”等。

“汽车电气与电子设备”课程学习内容是面向汽车后市场细分岗位，从良好的职业素养、扎实的专业操作技能、生产管理能力及拓展业务能力等方面进行教学设计，重点是培养学生汽车电器与常见电子控制系统的认知能力、检测、调试及维修应用能力，培养学生成为能胜任汽车检测、汽车维修的高端技能型人才。

二、课程目标

1. 知识目标

1）掌握汽车电气系统的总体构造、各个电气子系统的构造和工作过程。

2）熟悉常见车型的电气系统特点，掌握电气主要元件的位置及检测方法。

3）掌握汽车专用万用表、示波器和故障诊断仪器的使用方法。

4）熟练掌握汽车电器常见故障诊断流程及故障维修方法。

5）熟悉汽车电路分析方法，熟练掌握汽车电路图的识读步骤。

2. 能力目标

1）能够根据汽车电器系统电路图进行线路检测。

2）能够按照正确方法检测、分析电器系统故障，提出科学合理的解决方案。

3）能够使用专业仪器检测故障，使用专用工具维修电器设备。

4）能够按照汽车销售服务 4S 店标准要求对电器设备进行维护作业。

3. 素质目标

1）独立完成岗位工作的设计建构能力。

2）通过自学获取新知识和新技术的能力。

3）不断总结，提升质量以满足岗位需求的能力。

4）信息获取、加工与处理利用能力。

5）计算机应用基本能力。

6）语言和书面表达能力。

三、教学设计思路

根据专业群整体设计确立的课程应承担的职业能力培养目标，本课程基于工作过程的“学习领域”课程内容框架，设计项目（或任务）形成课程结构，并通过教学活动的设计融入方法与社会能力的培养。设计思路如下：

（1）针对授课对象进行学情分析

该班为汽车高职一年级学生，第一学期已开设了“汽车文化知识”“汽车电工电子技术”等基础课程，本学期正在开设“汽车构造与维修”“汽车电器与电子设备”等多门专业主干课程。学生已能够读懂简单电路图，而且掌握了万用表使用的基本知识。为了能使学生多学一些专业知识和技能，为实习做好面试的准备，本课以理实一体进行教学。

（2）课程设计从以下方面考虑

1）对汽车行业情况进行分析，以汽车维修电工职业资格要求为标准，确定职业核心能力培养目标。

2）以汽车后市场岗位需求为出发点，设计典型的学习情境。通过深入的企业调研，设定了“蓄电池性能下降”“发电机不发电”“起动机无法起动”“汽车远近光灯不能变换”“汽车空调系统不制冷”“点火系统火花塞不跳火”“风窗玻璃刮水器和玻璃洗涤器不工作”7个学习情景。

3）以职业综合能力培养为核心，对学习领域进行描述，归纳行动领域。通过学情、学法的分析，细化每个工作情景的学习内容，并制定若干学习单元。

4）以企业实际工作过程为导向，以典型工作任务为载体，系统化安排课程内容，引导学生完成任务。

5）以强化过程监控为原则，根据教学过程反馈情况，进一步完善课程考核模式。

四、教学内容（表11-1）

表11-1 教学内容

学习情境	序号	学习情境	学时（理论+实训）
	1	蓄电池性能下降	4+2
	2	发电机不发电	6+4
	3	起动机无法起动	6+4

续表

	序号	学习情境	学时（理论+实训）
学习情境	4	汽车远近光灯不能变换	4+4
	5	汽车空调系统不制冷	8+6
	6	点火系统火花塞不跳火	6+4
	7	风窗玻璃刮水器和玻璃洗涤器不工作	4+4
学生应有基础	学生应该先修相关的电工电子、汽车构造与维修等知识		
教学方法	1. 项目引导法：根据单元设计目标，制定工作任务及任务单。将学生分为若干小组，每组4～6人，下发任务单。教师示范指导后进行巡回指导，学生小组讨论、轮流动手操作，根据任务完成情况填写任务单；教师根据评分标准给每个小组打分。根据教学反馈情况，进行教学反思 2. 案例教学法：以实际工作过程为依据，挑选典型的案例，引导学生思考问题，制订合理的解决方案，通过实践的手段检验方案的可行性 3. 演示教学法：采用多媒体教学，结合实物、挂图、视频资源进行理论讲授；教师通过实际的操作进行演示，启发学生学习兴趣，加深学生对知识与技能的理解和掌握		

五、学习情境（表11-2～表11-8）

表11-2　学习情境1　蓄电池性能下降

学习目标	知识目标： 1. 掌握汽车蓄电池的结构和工作原理 2. 熟悉蓄电池的充电、放电等日常维护和检查方法 3. 掌握万用表、放电计的使用方法，检查蓄电池电量 4. 熟悉蓄电池的拆卸、更换、装配及测试等过程 能力目标： 1. 能够对蓄电池技术状况进行检查和维护 2. 能够按照正确方法对蓄电池充电 3. 能够进行电源系统电路的连接 4. 能够通过现象判断蓄电池的基本故障 5. 能够排除蓄电池常见故障					
学习内容	学习单元一　蓄电池使用性能检测 学习单元二　蓄电池漏电故障的检测与修复					
学　时	理论	4	考核评价	方式	任务考核+技能考核+期末考试+平时考核	
	实践	2		权重	20%+20%+50%+10%	

续表

<table>
<tr><td>教学方法</td><td colspan="2">1. 项目引导法：根据单元设计目标，制定工作任务及任务单。将学生分为若干小组，每组 4～6 人；下发任务单。教师示范指导后进行巡回指导，学生小组讨论、轮流动手操作，根据任务完成情况填写任务单；教师根据评分标准给每个小组打分。根据教学反馈情况，进行教学反思
2. 案例教学法：以实际工作过程为依据，挑选典型的案例，引导学生思考问题，制订合理的解决方案，通过实践的手段检验方案的可行性
3. 演示教学法：采用多媒体教学，结合实物、挂图、视频资源进行理论讲授；教师通过实际的操作，加深学生对知识与技能的理解和掌握</td></tr>
<tr><td>教学条件</td><td colspan="2">1. 多媒体教室、理实一体化实训室
2. 网络课程平台“汽车电器检测与维修”，包括相关教学视频、网上试题库、专业素材库等资源
3. 蓄电池、万用表、放电计、密度计等检测工具</td></tr>
<tr><td>教学活动设计</td><td colspan="2">1. 讲解：结合工作情景，从工作任务出发，围绕两个学习单元“蓄电池使用性能检测”“蓄电池漏电故障的检测与修复”，设定单元目标，明确学习的重点和难点。教师通过项目引导法、案例教学法、演示法让学生理解课程知识点
2. 计划：学生进行分组，下发任务单，结合课程相关知识，每组学生设计一个故障检测方案
3. 决策：通过小组讨论的方法，修正检测方案，并确定合理方案
4. 实施：根据工作任务单进行检测
5. 检查：教师对操作过程的安全情况、检测过程、结果动态进行检查
6. 评价：小组进行互评，最后由教师对结果进行点评</td></tr>
<tr><td rowspan="3">主要考核点</td><td>知识</td><td>汽车蓄电池的结构和工作原理；蓄电池的充电、放电等日常维护和检查；蓄电池的拆卸、更换、装配及测试等</td></tr>
<tr><td>技能</td><td>蓄电池技术状况进行检查和维护；判断蓄电池的基本故障并维修</td></tr>
<tr><td>态度</td><td>善于自我学习，不断总结和提高综合能力，团队合作精神</td></tr>
<tr><td>参考资料</td><td colspan="2">1. 朱彩云，张忠伟主编《汽车电气与电子控制系统的检修》，机械工业出版社
2. 娄云主编《汽车电器》，机械工业出版社
3. 王宪成主编《汽车典型电控系统的结构与维修》，高等教育出版社
4. 张吉国主编《汽车典型电控系统的结构与维修》，机械工业出版社
5. 毛峰主编《汽车电器设备与维修》，机械工业出版社
6. 李春明主编《汽车电器与电路》，高等教育出版社
7. “汽车电气与电子控制技术”精品课程网络教学资源</td></tr>
</table>

表 11-3 学习情境 2 发电机不发电

<table>
<tr><td>学习目标</td><td colspan="5">知识目标：
1．了解交流发电机的结构、工作原理和特性
2．掌握交流发电机的检测和试验方法
3．了解交流发电机输出电压的控制方法
4．掌握电子调节器的工作原理和检测方法
5．掌握充电系统的组成及电路
6．常见故障及诊断、排除
能力目标：
1．能够正确拆装发电机及检测发电机和调节器
2．能够根据电路图利用工具仪器检测发电机各端子信号
3．能够用正确的诊断方法解决电源系统常见故障
4．能够通过空载试验、失速试验和负载试验判断发电机工作情况</td></tr>
<tr><td>学习内容</td><td colspan="5">学习单元一 发电机和驱动皮带的更换
学习单元二 发电机不发电故障检测与修复
学习单元三 充电指示灯常亮的故障检测与修复</td></tr>
<tr><td rowspan="2">学　　时</td><td>理论</td><td>6</td><td rowspan="2">考核评价</td><td>方式</td><td>任务考核+技能考核+期末考试+平时考核</td></tr>
<tr><td>实践</td><td>4</td><td>权重</td><td>20%+20%+50%+10%</td></tr>
<tr><td>教学方法</td><td colspan="5">1．项目引导法：根据单元设计目标，制定工作任务及任务单。将学生分为若干小组，每组 4～6 人；下发任务单。教师示范指导后进行巡回指导，学生小组讨论、轮流动手操作，根据任务完成情况填写任务单；教师根据评分标准给每个小组打分。根据教学反馈情况，进行教学反思
2．案例教学法：以实际工作过程为依据，挑选典型的案例，引导学生思考问题，制定合理的解决方案，通过实践的手段检验方案的可行性
3．演示教学法：采用多媒体教学，结合实物、挂图、视频资源进行理论讲授；教师通过实际的操作，加深学生对知识与技能的理解和掌握
4．布置相关课后作业</td></tr>
<tr><td>教学条件</td><td colspan="5">1．多媒体教室、理实一体化实训室，捷达轿车、现代轿车等若干车辆
2．网络课程平台“汽车电器检测与维修”，包括相关教学视频、网上试题库、专业素材库等资源
3．交流发电机、发电机试验台架、汽车电器万用台架、万用表等检测工具</td></tr>
<tr><td>教学活动设计</td><td colspan="5">1．讲解：结合工作情景，从工作任务出发，围绕 3 个学习单元“发电机和驱动皮带的更换”“发电机不发电故障检测与修复”“充电指示灯常亮的故障检测与修复”，设定单元目标，明确学习的重点和难点。教师通过项目引导法、案例教学法、演示教学法让学生理解课程知识点
2．计划：将学生进行分组，下发任务单，结合课程相关知识，每组学生设计一个故障检测方案
3．决策：通过小组讨论的方法，修正检测方案，并确定合理方案
4．实施：根据工作任务单进行检测
5．检查：教师对操作过程的安全情况、检测过程、结果动态进行检查
6．评价：小组进行互评，最后由老师对结果进行点评</td></tr>
</table>

续表

主要考核点	知识	交流发电机的检测和试验方法；电子调节器的工作原理和检测方法；充电系统的组成及电路
	技能	分析发电机的组成及电路；发电机的拆装及检测发电机和调节器；正确的诊断方法解决电源系统常见故障
	态度	善于自我学习，不断总结和提高综合能力，团队合作精神
参考资料	1．朱彩云，张忠伟主编《汽车电气与电子控制系统的检修》，机械工业出版社 2．娄云主编《汽车电器》，机械工业出版社 3．王宪成主编《汽车典型电控系统的结构与维修》，高等教育出版社 4．张吉国主编《汽车典型电控系统的结构与维修》，机械工业出版社 5．毛峰主编《汽车电器设备与维修》，机械工业出版社 6．李春明主编《汽车电器与电路》，高等教育出版社 7．“汽车电气与电子控制技术”精品课程网络教学资源	

表 11-4　学习情境 3　起动机无法起动

学习目标	知识目标： 1．掌握汽车起动系统的组成 2．掌握常规起动机的组成及工作原理 3．了解电磁控制装置的结构及工作原理 4．掌握减速型起动机的组成及工作原理 5．了解起动控制电路 能力目标： 1．能够正确拆装起动机并进行零部件检修 2．能够对启动系常见故障进行检测与排除 3．能够正确分析启动系统的电路，并能正确排除电路故障				
学习内容	学习单元一　起动机总成更换 学习单元二　起动机无力检查 学习单元三　起动机不工作				
学　　时	理论	6	考核评价	方式	任务考核+技能考核+期末考试+平时考核
	实践	4		权重	20%+20%+50%+10%
教学方法	1．项目引导法：根据单元设计目标，制定工作任务及任务单。将学生分为若干小组，每组 4～6 人；下发任务单。教师示范指导后进行巡回指导，学生小组讨论、轮流动手操作，根据任务完成情况填写任务单；教师根据评分标准给每个小组打分。根据教学反馈情况，进行教学反思 2．案例教学法：以实际工作过程为依据，挑选典型的案例，引导学生思考问题，制订合理的解决方案，通过实践的手段检验方案的可行性 3．演示教学法：采用多媒体教学，结合实物、挂图、视频资源进行理论讲授；教师通过实际的操作，加深学生对知识与技能的理解和掌握 4．布置相关课后作业				

续表

<table>
<tr><td>教学条件</td><td colspan="2">1. 多媒体教室、理实一体化实训室
2. 网络课程平台“汽车电器检测与维修”，包括相关教学视频、网上试题库、专业素材库等资源
3. 起动机、起动机拆装工具、汽车电器万用台架、万用表等检测工具</td></tr>
<tr><td>教学活动设计</td><td colspan="2">1. 讲解：结合工作情景，从工作任务出发，围绕 3 个学习单元“起动机总成更换”“起动机无力检查”“起动机不工作”，设定单元目标，明确学习的重点和难点。教师通过项目引导法、案例教学法、演示法让学生理解课程知识点
2. 计划：学生进行分组，下发任务单，结合课程相关知识，每组学生设计一个故障检测方案
3. 决策：通过小组讨论的方法，修正检测方案，并确定合理方案
4. 实施：根据工作任务单进行检测
5. 检查：教师对操作过程的安全情况、检测过程、结果动态进行检查
6. 评价：小组进行互评，最后教师对结果进行点评</td></tr>
<tr><td rowspan="3">主要考核点</td><td>知识</td><td>汽车起动系统的组成；减速型起动机的组成及工作原理</td></tr>
<tr><td>技能</td><td>拆装起动机及检修；正确分析启动系统的电路；启动系统维护</td></tr>
<tr><td>态度</td><td>善于自我学习，不断总结和提高综合能力，团队合作精神</td></tr>
<tr><td>参考资料</td><td colspan="2">1. 朱彩云，张忠伟主编《汽车电气与电子控制系统的检修》，机械工业出版社
2. 娄云主编《汽车电器》，机械工业出版社
3. 王宪成主编《汽车典型电控系统的结构与维修》，高等教育出版社
4. 张吉国《主编汽车典型电控系统的结构与维修》，机械工业出版社
5. 毛峰主编《汽车电器设备与维修》，机械工业出版社
6. 李春明主编《汽车电器与电路》，高等教育出版社
7.“汽车电气与电子控制技术”精品课程网络教学资源</td></tr>
</table>

表 11-5 学习情境 4 汽车远近光灯不能变换

<table>
<tr><td>学习目标</td><td>知识目标：
1. 了解照明与信号装置的作用、组成及类型
2. 掌握前照灯的结构和类型
3. 掌握相应报警开关的结构、工作过程和特点
4. 掌握不同类型闪光灯的结构及工作原理
5. 掌握各种照明系统与报警装置的控制原理和控制电路
能力目标：
1. 能够按照正确步骤调整前照灯照射范围和光强度
2. 能够准确检测照明系统的常见故障并排除
3. 能够独立完成照明系统日常维护作业</td></tr>
<tr><td>学习内容</td><td>学习单元一 前照灯的检测与调整
学习单元二 汽车灯系常见故障的诊断与排除</td></tr>
</table>

续表

<table>
<tr><td rowspan="2">学　时</td><td>理论</td><td>4</td><td rowspan="2">考核评价</td><td>方式</td><td>任务考核+技能考核+期末考试+平时考核</td></tr>
<tr><td>实践</td><td>4</td><td>权重</td><td>20%+20%+50%+10%</td></tr>
<tr><td>教学方法</td><td colspan="5">1. 项目引导法：根据单元设计目标，制定工作任务及任务单。将学生分为若干小组，每组4～6人；下发任务单。教师示范指导后进行巡回指导，学生小组讨论、轮流动手操作，根据任务完成情况填写任务单；教师根据评分标准给每个小组打分。根据教学反馈情况，进行教学反思
2. 案例教学法：以实际工作过程为依据，挑选典型的案例，引导学生思考问题，制订合理的解决方案，通过实践的手段检验方案的可行性
3. 演示教学法：采用多媒体教学，结合实物、挂图、视频资源进行理论讲授；教师通过实际的操作，加深学生对知识与技能的理解和掌握
4. 布置相关课后作业</td></tr>
<tr><td>教学条件</td><td colspan="5">1. 多媒体教室、理实一体化实训室
2. 网络课程平台“汽车电器检测与维修”，包括相关教学视频、网上试题库、专业素材库等资源。
3. 车灯系统试验台、连接导线、捷达轿车、桑塔纳轿车、车大灯调整仪等</td></tr>
<tr><td>教学活动设计</td><td colspan="5">1. 讲解：结合工作情景，从工作任务出发，围绕两个学习单元“前照灯的检测与调整”“汽车灯系常见故障的诊断与排除”，设定单元目标，明确学习的重点和难点。教师通过项目引导法、案例教学法、演示法让学生理解课程知识点
2. 计划：学生进行分组，下发任务单，结合课程相关知识，每组学生设计一个故障检测方案
3. 决策：通过小组讨论的方法，修正检测方案，并确定合理方案
4. 实施：根据工作任务单进行检测
5. 检查：教师对操作过程的安全情况、检测过程、结果动态进行检查
6. 评价：小组进行互评，最后由教师对结果进行点评</td></tr>
<tr><td rowspan="3">主要考核点</td><td>知识</td><td colspan="4">前照灯的结构和类型；不同类型闪光灯的结构及工作原理；各种照明系统与报警装置的控制原理和控制电路</td></tr>
<tr><td>技能</td><td colspan="4">调整前照灯强度和照射范围；解决照明系统常见故障</td></tr>
<tr><td>态度</td><td colspan="4">善于自我学习，不断总结和提高综合能力，团队合作精神</td></tr>
<tr><td>参考资料</td><td colspan="5">1. 朱彩云，张忠伟主编《汽车电气与电子控制系统的检修》，机械工业出版社
2. 娄云主编《汽车电器》，机械工业出版社
3. 王宪成主编《汽车典型电控系统的结构与维修》，高等教育出版社
4. 张吉国主编《汽车典型电控系统的结构与维修》，机械工业出版社
5. 毛峰主编《汽车电器设备与维修》，机械工业出版社
6. 李春明主编《汽车电器与电路》，高等教育出版社
7.“汽车电气与电子控制技术”精品课程网络教学资源</td></tr>
</table>

表 11-6　学习情境 5　汽车空调系统不制冷

<table>
<tr><td>学习目标</td><td colspan="5">知识目标：
1．了解汽车空调系统的组成、类型及作用
2．掌握汽车空调暖风系统的组成及工作原理
3．掌握汽车空调制冷系统的组成及工作原理
4．掌握空调控制电路
能力目标：
1．能够按照正确步骤拆装压缩机并检修主要零部件
2．能够完成制冷剂的排空、抽真空及充注作业
3．能够完成汽车空调系统常见故障检测与排除</td></tr>
<tr><td>学习内容</td><td colspan="5">学习单元一　空调系统各部件的检查与调整
学习单元二　空调系统制剂检漏、抽真空及充注
学习单元三　空调系统无法制冷的故障诊断与检修</td></tr>
<tr><td rowspan="2">学　　时</td><td>理论</td><td>8</td><td rowspan="2">考核评价</td><td>方式</td><td>任务考核+技能考核+期末考试+平时考核</td></tr>
<tr><td>实践</td><td>6</td><td>权重</td><td>20%+20%+50%+10%</td></tr>
<tr><td>教学方法</td><td colspan="5">1．项目引导法：根据单元设计目标，制定工作任务及任务单。将学生分为若干小组，每组 4～6 人；下发任务单。教师示范指导后进行巡回指导，学生小组讨论、轮流动手操作，根据任务完成情况填写任务单；教师根据评分标准给每个小组打分。根据教学反馈情况，进行教学反思
2．案例教学法：以实际工作过程为依据，挑选典型的案例，引导学生思考问题，制订合理的解决方案，通过实践的手段检验方案的可行性
3．演示教学法：采用多媒体教学，结合实物、挂图、视频资源进行理论讲授；教师通过实际的操作，加深学生对知识与技能的理解和掌握
4．布置相关课后作业</td></tr>
<tr><td>教学条件</td><td colspan="5">1．多媒体教室、理实一体化实训室
2．网络课程平台“汽车电器检测与维修”，包括相关教学视频、网上试题库、专业素材库等资源
3．汽车空调试验台、空调检漏仪、制冷剂加注专用工具、空调拆装工具等</td></tr>
<tr><td>教学活动设计</td><td colspan="5">1．讲解：结合工作情景，从工作任务出发，围绕 3 个学习单元“空调系统各部件的检查与调整”“空调系统制剂检漏、抽真空及充注”“空调系统无法制冷的故障诊断与检修”，设定单元目标，明确学习的重点和难点。教师通过项目引导法、案例教学法、演示法让学生理解课程知识点
2．计划：学生进行分组，下发任务单，结合课程相关知识，每组学生设计一个故障检测方案
3．决策：通过小组讨论的方法，修正检测方案，并确定合理方案
4．实施：根据工作任务单进行检测
5．检查：教师对操作过程安全情况、检测过程、结果动态检查
6．评价：小组进行互评，最后教师对结果进行点评</td></tr>
</table>

续表

<table>
<tr><td rowspan="3">主要考核点</td><td>知识</td><td>汽车空调暖风系统的组成及工作原理；汽车空调制冷系统的组成及工作原理；空调控制电路</td></tr>
<tr><td>技能</td><td>拆装压缩机及检修故障；制冷剂的排空、抽真空及充注的方法；汽车空调系统常见故障检测与排除方法</td></tr>
<tr><td>态度</td><td>善于自我学习，不断总结和提高综合能力，团队合作精神</td></tr>
<tr><td>参考资料</td><td colspan="2">1. 朱彩云，张忠伟主编《汽车电气与电子控制系统的检修》，机械工业出版社
2. 娄云主编《汽车电器》，机械工业出版社
3. 王宪成主编《汽车典型电控系统的结构与维修》，高等教育出版社
4. 张吉国主编《汽车典型电控系统的结构与维修》，机械工业出版社
5. 毛峰主编《汽车电器设备与维修》，机械工业出版社
6. 李春明主编《汽车电器与电路》，高等教育出版社
7. “汽车电气与电子控制技术”精品课程网络教学资源</td></tr>
</table>

表 11-7 学习情境 6 点火系统火花塞不跳火

<table>
<tr><td>学习目标</td><td colspan="5">知识目标：
1. 了解点火系统组成、类型及作用
2. 理解对点火系统的要求
3. 掌握点火线圈、火花塞、点火信号传感器等的工作原理
4. 掌握普通点火系统和微机点火系统的组成和工作过程
能力目标：
1. 能够完成汽车点火系统的维护工作
2. 能够分辨火花塞的类型，能正确选用
3. 能用正确的诊断方法解决点火系统常见故障</td></tr>
<tr><td>学习内容</td><td colspan="5">学习单元一 点火系统各部件检查与调整
学习单元二 点火系统故障诊断与检修
学习单元三 微机点火系统故障诊断与检修</td></tr>
<tr><td rowspan="2">学 时</td><td>理论</td><td>6</td><td rowspan="2">考核评价</td><td>方式</td><td>任务考核+技能考核+期末考试+平时考核</td></tr>
<tr><td>实践</td><td>4</td><td>权重</td><td>20%+20%+50%+10%</td></tr>
<tr><td>教学方法</td><td colspan="5">1. 项目引导法：根据单元设计目标，制定工作任务及任务单。将学生分为若干小组，每组 4～6 人；下发任务单。教师示范指导后进行巡回指导，学生小组讨论、轮流动手操作，根据任务完成情况填写任务单；教师根据评分标准给每个小组打分。根据教学反馈情况，进行教学反思
2. 案例教学法：以实际工作过程为依据，挑选典型的案例，引导学生思考问题，制订合理的解决方案，通过实践的手段检验方案的可行性
3. 演示教学法：采用多媒体教学，结合实物、挂图、视频资源进行理论讲授；教师通过实际的操作，加深学生对知识与技能的理解和掌握
4. 布置相关课后作业</td></tr>
</table>

续表

<table>
<tr><td>教学条件</td><td colspan="2">1．多媒体教室、理实一体化实训室
2．网络课程平台“汽车电器检测与维修”，包括相关教学视频、网上试题库、专业素材库等资源
3．汽车点火系统试验台、万用表、点火示波器、点火系统拆装工具等</td></tr>
<tr><td>教学活动设计</td><td colspan="2">1．讲解：结合工作情景，从工作任务出发，围绕3个学习单元“点火系统各部件检查与调整”“点火系统故障诊断与检修”“微机点火系统故障诊断与检修”，设定单元目标，明确学习的重点和难点。教师通过项目引导法、案例教学法、演示法让学生理解课程知识点
2．计划：学生进行分组，下发任务单，结合课程相关知识，每组学生设计一个故障检测方案
3．决策：通过小组讨论的方法，修正检测方案，并确定合理方案
4．实施：根据工作任务单进行检测
5．检查：老师对操作过程的安全情况、检测过程、结果动态进行检查
6．评价：小组进行互评，最后由教师对结果进行点评</td></tr>
<tr><td rowspan="3">主要考核点</td><td>知识</td><td>点火线圈、火花塞、点火信号传感器等的工作原理；普通点火系统和微机点火系统的组成和工作过程</td></tr>
<tr><td>技能</td><td>完成汽车点火系统的维护工作；正确的诊断方法解决点火系统常见故障</td></tr>
<tr><td>态度</td><td>善于自我学习，不断总结和提高综合能力，团队合作精神</td></tr>
<tr><td>参考资料</td><td colspan="2">1．朱彩云，张忠伟主编《汽车电气与电子控制系统的检修》，机械工业出版社
2．娄云主编《汽车电器》，机械工业出版社
3．王宪成主编《汽车典型电控系统的结构与维修》，高等教育出版社
4．张吉国主编《汽车典型电控系统的结构与维修》，机械工业出版社
5．毛峰主编《汽车电器设备与维修》，机械工业出版社
6．李春明主编《汽车电器与电路》，高等教育出版社
7．“汽车电气与电子控制技术”精品课程网络教学资源</td></tr>
</table>

表11-8 学习情境7 风窗玻璃刮水器和玻璃洗涤器不工作

<table>
<tr><td>学习目标</td><td>知识目标：
1．了解汽车风窗刮水、洗涤和除霜装置的常见类型及作用
2．掌握风窗刮水、洗涤和除霜装置的组成、工作原理
3．掌握风窗刮水器和玻璃洗涤器的故障检修方法
能力目标：
1．能够独立完成汽车风窗刮水、洗涤和除霜装置的拆装及零件检测
2．能够用正确的诊断方法解决风窗刮水、洗涤和除霜装置常见故障</td></tr>
<tr><td>学习内容</td><td>学习单元一　汽车风窗刮水器拆装及部件检测
学习单元二　风窗刮水、洗涤和除霜装置的故障诊断与检修</td></tr>
</table>

续表

<table>
<tr><td rowspan="2">学　时</td><td>理论</td><td>4</td><td rowspan="2">考核评价</td><td>方式</td><td>任务考核+技能考核+期末考试+平时考核</td></tr>
<tr><td>实践</td><td>4</td><td>权重</td><td>20%+20%+50%+10%</td></tr>
<tr><td>教学方法</td><td colspan="5">1．项目引导法：根据单元设计目标，制定工作任务及任务单。将学生分为若干小组，每组4～6人；下发任务单。教师示范指导后进行巡回指导，学生小组讨论、轮流动手操作，根据任务完成情况填写任务单；教师根据评分标准给每个小组打分。根据教学反馈情况，进行教学反思
2．案例教学法：以实际工作过程为依据，挑选典型的案例，引导学生思考问题，制订合理的解决方案，通过实践的手段检验方案的可行性
3．演示教学法，采用多媒体教学，结合实物、挂图、视频资源进行理论讲授；教师通过实际的操作，加深学生对知识与技能的理解和掌握
4．布置相关课后作业</td></tr>
<tr><td>教学条件</td><td colspan="5">1．多媒体教室、理实一体化实训室
2．网络课程平台“汽车电器检测与维修”，包括相关教学视频、网上试题库、专业素材库等资源
3．雨刮器、玻璃洗涤器、万用表、汽车辅助电器拆装工具等</td></tr>
<tr><td>教学活动设计</td><td colspan="5">1．讲解：结合工作情景，从工作任务出发，围绕两个学习单元“汽车风窗刮水器拆装及部件检测”“风窗刮水、洗涤和除霜装置的故障诊断与检修”，设定单元目标，明确学习的重点和难点。教师通过项目引导，案例讲解，演示法让学生理解课程知识点
2．计划：学生进行分组，下发任务单，结合课程相关知识，每组学生设计一个故障检测方案
3．决策：通过小组讨论的方法，修正检测方案，并确定合理方案
4．实施：根据工作任务单进行检测
5．检查：教师对操作过程的安全情况、检测过程、结果动态进行检查
6．评价：小组进行互评，最后由教师对结果进行点评</td></tr>
<tr><td rowspan="3">主要考核点</td><td>知识</td><td colspan="4">风窗刮水、洗涤和除霜装置的组成、工作原理；故障检修方法</td></tr>
<tr><td>技能</td><td colspan="4">汽车风窗刮水、洗涤和除霜装置的拆装及检修的方法和步骤；
正确的诊断方法解决风窗刮水、洗涤和除霜装置常见故障</td></tr>
<tr><td>态度</td><td colspan="4">善于自我学习，不断总结和提高综合能力，团队合作精神</td></tr>
<tr><td>参考资料</td><td colspan="5">1．朱彩云，张忠伟主编《汽车电气与电子控制系统的检修》，机械工业出版社
2．娄云主编《汽车电器》，机械工业出版社
3．王宪成主编《汽车典型电控系统的结构与维修》，高等教育出版社
4．张吉国主编《汽车典型电控系统的结构与维修》，机械工业出版社
5．毛峰主编《汽车电器设备与维修》，机械工业出版社
6．李春明主编《汽车电器与电路》，高等教育出版社
7．“汽车电气与电子控制技术”精品课程网络教学资源</td></tr>
</table>

六、课程资源

搭建网络学习空间；自主开发汽车电器课程资源库；运用汽车电器系统仿真软件，采用虚实结合的方法，将抽象的机理形象、直观地进行展示，突破教学重点、难点，提高教学效果；共建校企评价系统（图 11-1），评价学习效果。

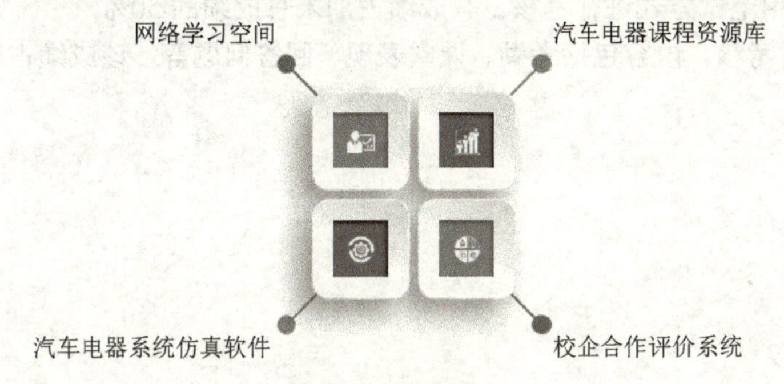

图 11-1 课程资源

七、教学策略及方法

（1）教学策略

依托网络平台开展任务驱动式教学，以工作过程为导向，以校企合作为切入点，融入企业岗位标准，充分利用信息化教学资源。

根据本单元学习目标，遵循“学生主体、教师主导”的教学理念，采用项目案例分析法、任务驱动法等教学方法。

（2）教学方法

1）项目引导法：根据单元设计目标，制定工作任务及任务单。学生分为若干小组，每组 4～6 人，下发任务单。教师示范指导后进行巡回指导，学生小组讨论、轮流动手操作，根据任务完成情况填写任务单；教师根据评分标准给每个小组打分。根据教学反馈情况，进行教学反思。

2）案例教学法：以实际工作过程为依据，挑选典型的案例，引导学生思考问题，制订合理的解决方案，通过实践的手段检验方案的可行性。

3）任务驱动法：采用多媒体教学，结合实物、挂图、视频资源进行理论讲授；教师通过实际的操作进行演示，启发学生学习兴趣加深学生对知识与技能的理解和掌握。

八、课程评价方法

1）任务考核。根据学习单元的设计要求制定任务单，并下发任务单到各组。任务完成后，每组对完成任务的情况进行说明并填写任务单。教师以学生完成各任务情况为依据，按任务单要求评分，该成绩占期末总成绩的 20%。

2）技能考核。每个工作情景任务完成后，每个学生按自己扮演的角色书写报告书。教师根据评分及项目报告书的情况计分，期末时汇总计算平均分，该成绩占期末总成绩的 20%。

3）期末考试。评价以理论考试成绩为主，考试成绩按照理论教学中知识的预期成果要求用笔试方式进行考核，其成绩占期末总成绩的 50%。

4）平时考核。内容包括考勤、课堂表现、回答问题等，该成绩占期末总成绩的 10%。

第十二章

电动工具结构设计与制作

一、培养目标及岗位分析

通过对电动工具产品设计技术员的岗位能力调研分析，课程培养目标：基于机电产品结构设计与其样机制作的工作过程，选取典型电动工具产品为学习载体，完成分析产品设计任务书，提出产品设计总体方案、进行产品整机结构设计、完成样机制作并测试分析完善，具备产品创新设计的方法能力，同时培养严谨、细致、协作的职业素养。

专业培养目标：培养具有良好的思想品质和职业道德，能运用机械设计、机械加工工艺、机电产品检测的知识方法和 CAD/CAM 软件，能够进行数控机床操作、机械工艺编制与实施，具备电动工具与一般机电产品的设计、制造、检测能力，具有责任意识、创新意识和可持续发展能力的高素质技能型人才。

根据工作任务与职业能力，本课程要求学生应先掌握设计与制造的基本知识与技能：首先要掌握机械原理、零件设计与机械创新设计方法，能够机械制图，掌握数字化设计技术；其次应掌握电动工具产品标准与安全标准，了解电动工具检测项目与方法，并通过实训环节掌握电动工具的生产装配；最后应掌握产品设计的制造工艺，能够编制零部件的制造工艺，掌握样机制作与检测。本课程选取地方经济产业的电动工具产品作为载体，不仅满足地方产业对人才的需求，还能培养学生一般机电产品设计与制作能力。前导课程与后续课程衔接得当，如图 12-1 所示。

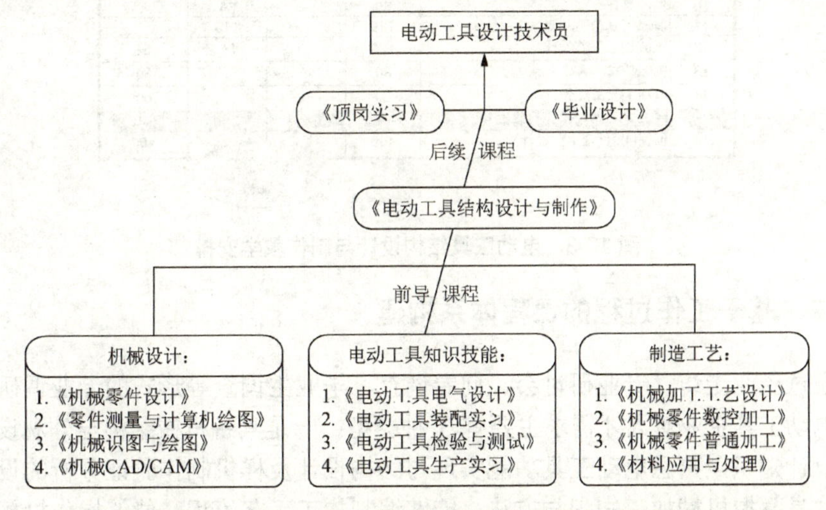

图 12-1 “电动工具结构设计与制作”前导与后续课程

（1）专业能力

培养学生能设计满足功能要求、符合产品与安全标准、制造工艺合理电动工具整机的能力，能够制作电动工具样机并测试验证完善设计，如图 12-2 所示。

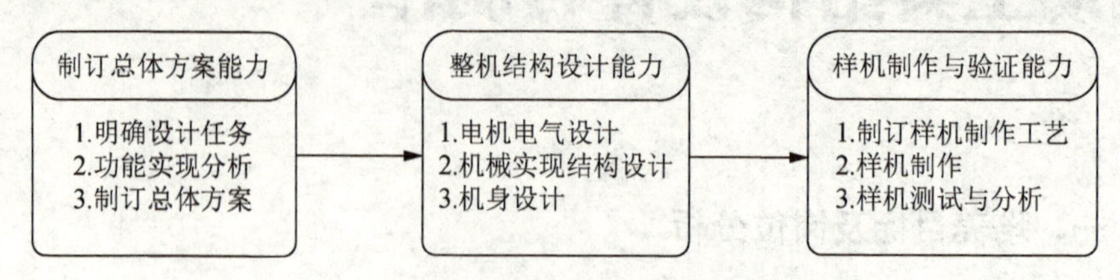

图 12-2 课程培养的专业能力

（2）方法能力

通过课程教学载体的合理选择，设计一些典型的电动工具设计训练，总结设计方法，培养创新设计能力，学生能够举一反三、融会贯通，实现能力迁移。

（3）职业素养

通过分组教学和任务驱动教学，培养学生团队协作、沟通能力。通过营造真实教学环境，培养学生严谨、求实、细致的作风。通过电动工具样机制造环节，培养学生安全生产意识、标准意识、规范意识、质量意识。

本课程安排在第 5 学期，共 98 学时，如图 12-3 所示。

编号	课程	基准学时			
		小计	第一学年	第二学年	第三学年
1	机械识图与制图	84	84		
2	材料应用与处理	56	56		
3	机械零件普通加工	90	90		
4	电工电子技术应用	156	72	84	
5	典型零件测量与计算机绘图	120		120	
6	机械零件设计	84		84	
7	机械零件数控加工	80		80	
8	质量管理	56		56	
9	电动工具电气设计	86		86	
10	生产管理	56		56	
11	电动工具检验与测试	110		110	
12	机械加工工艺设计	120		56	64
13	机械CAD/CAM	80			80
14	电动工具外观设计	60			60
15	电动工具结构设计与制作	98			98
16	顶岗实习（含毕业设计）	400			400

安排在第5学期

图 12-3 电动工具结构设计与制作教学安排

二、基于工作过程的课程体系构建

通过企业走访、专业研讨会、问卷调查、毕业生调查等形式的专业调研，明确了电动工具企业对人才需求主要有 3 种类型：一是具备机械结构与外观设计、电机设计知识，熟悉电动工具功能实现与结构设计及样机制作验证分析的设计人才；二是掌握机械加工知识与方法，能够编制加工工艺流程，能够操作机械加工设备，实施生产与过程管理的制造人才；三是掌握电动工具相关标准及检测方法，对产品进行生产过程品质监管及成品检测评价的检测人才，如图 12-4 所示。

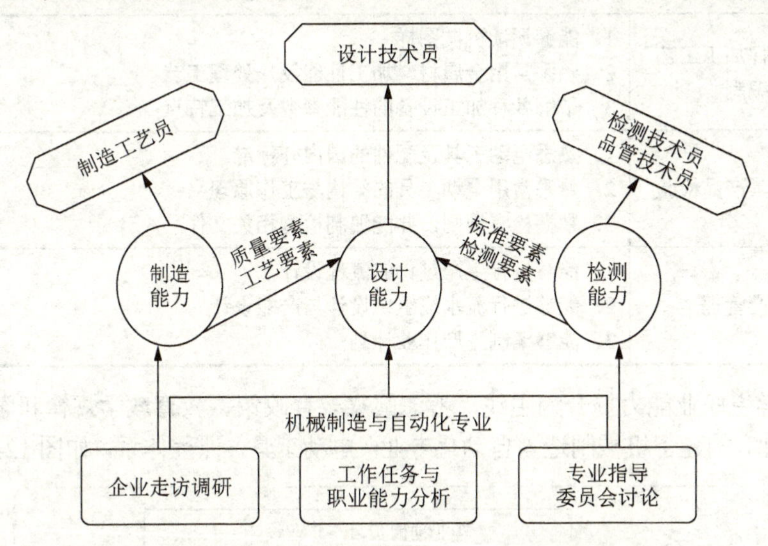

图 12-4　对产品进行生产过程品质监管及成品检测评价的检测人才

在确定专业就业岗位群的基础上，聘请 12 名在产品设计、制造、检测及管理方面的企业技术人员和技术能手，在课程开发专家的组织下，进行岗位工作任务与职业能力分析，并经过专业指导委员会修订审核，形成本专业的典型工作任务与职业能力分析表，如表 12-1 所示。

表 12-1　机械制造与自动化专业（电动工具）典型工作任务与职业能力分析表

典型工作任务	职业能力
电动工具产品设计	1．掌握电动工具产品市场调研的方式方法 2．熟悉电动工具种类与功能参数 3．熟悉电动工具标准与认证 4．掌握电动工具与机电产品总体方案设计方法 5．能够进行电动工具的电机电磁设计与电机电气结构设计 6．熟悉常用机械结构与机械传动的设计与计算方法 7．熟悉常用工程材料的选用与处理方法 8．掌握基本的机械加工设备与加工工艺 9．熟悉电动工具外观设计方法 10．能够使用一种以上二维和三维设计软件，熟练绘制产品装配图与零件图 11．具备制定电动工具设计技术文件与工艺文件的能力 12．能够根据电动工具产品图纸进行样机制作，并进行测试验证完善 13．最终完成电动工具整机设计与生产工艺设计，批量试产成功

续表

典型工作任务	职业能力
机械零件加工工艺编制	1．能够识读机械图样 2．熟悉常用金属材料加工性能及热处理工艺 3．了解各种加工设备的性能参数及加工特点
电动工具产品检验	1．熟悉电动工具及配件的国内外标准 2．熟悉常用电动工具的结构与工作原理 3．掌握检测规则，并能编制检测相关文件
生产管理	1．能够进行生产过程的流程设计 2．能够进行流水线组织设计与产能设计 3．能够编制生产作业计划

以学生职业能力提升为主线，考虑国家教育政策、教育教学规律和学生认知发展规律，构建了机械制造与自动化专业（电动工具）课程体系，如图 12-5 所示。

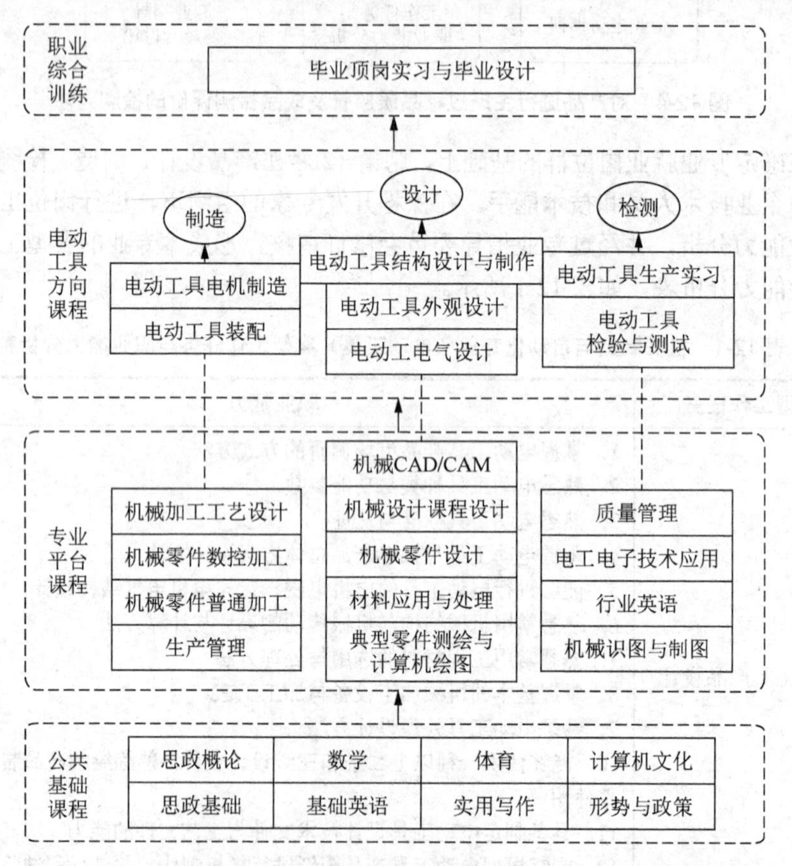

图 12-5　机械制造与自动化专业（电动工具）课程体系结构图

三、教学内容

1．基于岗位职业能力，确定课程教学内容

根据本课程对应工作领域的工作任务和职业能力要求，通过邀请浙江三峰工具制造有限公司、浙江皇冠电动工具有限公司、浙江金美工具有限公司等企业技术专家、资深专业教师，在课程开发专家的指导下，确定本课程的教学目标，如表 12-2 所示。

表 12-2　课程对应的工作领域、工作任务与职业能力

工作领域	工作任务	职业能力
电动工具结构设计与制作	电动工具总体方案设计	● 分析电动工具设计任务 ● 电动工具功能实现分析 ● 制订电动工具总体方案
	电动工具整机结构设计	● 电机电气结构设计 ● 工作装置设计与选用 ● 机械传动设计 ● 机身结构设计 ● 编制设计技术文件
	电动工具样机制作与测试验证	● 制订样机制作工艺 ● 非通用件的零件加工 ● 电动工具整机装配 ● 测试电动工具样机 ● 对测试结果分析，验证并完善设计

根据本课程对应工作领域的工作任务和职业能力要求，通过本课程学习，学生能设计出满足功能要求、符合产品与安全标准、工艺合理的电动工具整机，能进行样机制作，并进行样机测试验证与完善设计，教学内容应包含电动工具总体方案设计、结构设计与其样机制作验证三大环节。而电动工具类型很多，教学内容上应把握以下几点：

1）涵盖手持式、可移式、园林工具 3 类的电动工具。

电动工具按工作方式，可分为手持式、可移式、园林工具 3 类，其中手持式使用的最多。教学内容可选取手持式工具的电钻、曲线锯、角磨，可移式工具的割草机作为教学内容。

2）选取量大面广的典型电动工具。

选取的电动工具应量大面广，以适应学生就业需要。金华区域生产的电动工具占全国产量的 1/3 强，类型较多。根据商务部的电动工具出口商品指南报告与有关金华区域产业调研报告，选取的电动工具有适应性，便于学生面向就业市场。课程选取的电钻、曲线锯、角磨、割草机等内容均是本区域量大面广的产品。

3）涵盖电动工具各类机械传动。

电动工具是一种品种繁多、功能齐全、用途广泛的由电力驱动的机械化工具，有200多个品种。尽管电动工具的种类较多，其输出的工作装置运动主要是旋转、往复、摆动、冲击、振动几种及其复合运动。传动方式主要是各类齿轮传动、连杆机构、链传动、带传动、螺旋传动等。教学内容选取应涵盖上述的主要机械传动机构。

综上课程选取了包含圆柱齿轮传动或行星轮传动的普通电钻，设有冲击装置的冲击电钻，锥齿轮传动的角磨，往复传动的曲线锯，通过四连杆机构调整割台高度的割草机等作为教学内容。另外，选取采用链传动的电链锯、采用皮带轮传动的电刨等产品作为学生自学的设计案例。这些载体全面涵盖了电动工具机械传动类型，通过这些载体学习，学生能够设计传动方式相近而类型不同的电动工具，培养学生的可持续发展能力。

2. 基于能力培养目标，设计学习情境

基于能力培养目标，课程设计了4个学习情境，各学习情境教学目标，如表12-3所示。

表12-3 学习情境教学目标

学习情境	教学目标	产品设计流程方式	课时
电钻结构设计与制作	1. 初步掌握电动工具及一般机械产品的电机电气、传动、工作装置与机身等结构设计的能力 2. 初步掌握产品试验用样机制作与测试分析、验证并完善设计的能力	全流程设计	40
曲线锯结构设计	1. 掌握较复杂的往复类工具设计特点 2. 熟练掌握电动工具设计任务分析、整体方案、电机电气、机械传动、机身、零部件工艺等各个技术环节（考虑课程总体时数，此处不安排样机制作）	全流程设计	18
角磨改进设计与制作	1. 基于目前企业在现有产品改进设计的普遍性，根据市场需求或采用新技术，针对某款角磨产品的性能、成本、外观等方面的改进与样机制作测试分析，以灵活熟练掌握电动工具电机电气、机械传动、通风、机身等某方面的改进技能，以产品实际需求开发为导向，增强设计实用性 2. 更熟练掌握电动工具及机械产品的结构设计、样机制作并验证完善设计的能力	改进设计	20
电动工具创新设计	1. 剖析链带式螺钉枪、多用锯、行走式割草机、充电式工具创新设计案例，融会贯通、举一反三，掌握电动工具创新设计方法 2. 通过各类产品创新设计及其样机制作的实训任务，培养产品创新设计能力	创新设计	20

3. 基于企业真实产品，选取教学载体

教学载体来源于真实的产品，包括企业已开发的电动工具、学校老师为企业开发成功的电动工具或者处于设计阶段的电动工具、学生提出的创新设计产品。教学载体选取情况，如表 12-4 所示。

表 12-4　教学载体的选取

产品名称		产品图样（示例）	产品结构特点
“电钻结构设计与制作”学习情境教学载体			
电钻类	普通电钻		采用一级圆柱斜齿齿轮传动，包含电动工具基本结构
	冲击电钻		采用一级或二级圆柱斜齿齿轮传动，同时附加了冲击装置
	扭力电钻	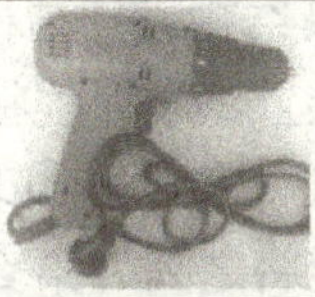	采用二级直齿行星齿轮传动，设有钻削扭矩调整装置
“曲线锯结构设计”学习情境教学载体			
曲线锯			以齿轮传动减速后，通过往复传动机构实现锯片的锯切运动，并采用凸轮机构实现对锯片横向推动（抬刀作用），功能实现结构较复杂
“角磨改进设计与制作”学习情境教学载体			
角磨			采用弧锥齿传动，控制操作机构功能与结构较电钻复杂
“电动工具创新设计”学习情境教学载体			
链带式螺钉枪		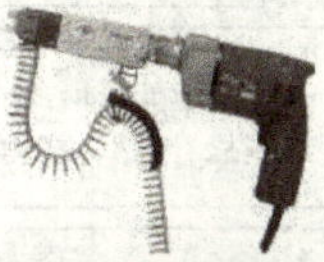	自动送进并拧紧螺钉，较复杂的机构创新设计
多用锯			输出轴高速往复摆动（摆角约 3.5°），更换工作头，能实现锯、铲、切、抛光等作业，实现多功能扩展

续表

产品名称	产品图样（示例）	产品结构特点
行走式割草机		园林类电动工具，也属于可移式电动工具，具有底盘高度可调整机构
充电式工具		采用直流电机效率高，易实现智能控制，节能环保，结构轻巧、作业方便，充电式工具是发展方向之一

四、教学内容的组织

1. 基于能力形成规律，序化学习情境

基于从易到难循序渐进的学习规律，按照完整性、渐进性、系统性的原则，设计并序化 4 个学习情境：电钻作为结构较简单的产品，本课程将其列为第 1 个学习情境，并通过全流程设计全面掌握电动工具结构设计与样机制作方法；曲线锯结构较复杂，有复杂的往复传动机构与操作装置，本课程将之列为第 2 个学习情境；角磨尽管复杂程度不比曲线锯，但基于性能与成本的改进设计时考虑的因素更多，需要更为灵活且结合生产实际，本课程将之列为第 3 个学习情境；经过前面 3 个情境的学习，学生较熟练掌握了电动工具结构设计与样机制作的方法，再通过典型创新设计案例剖析，能够举一反三、融会贯通，布置学生产品创新设计实训任务，故设置了电动工具创新设计学习情境，如图 12-6 所示。

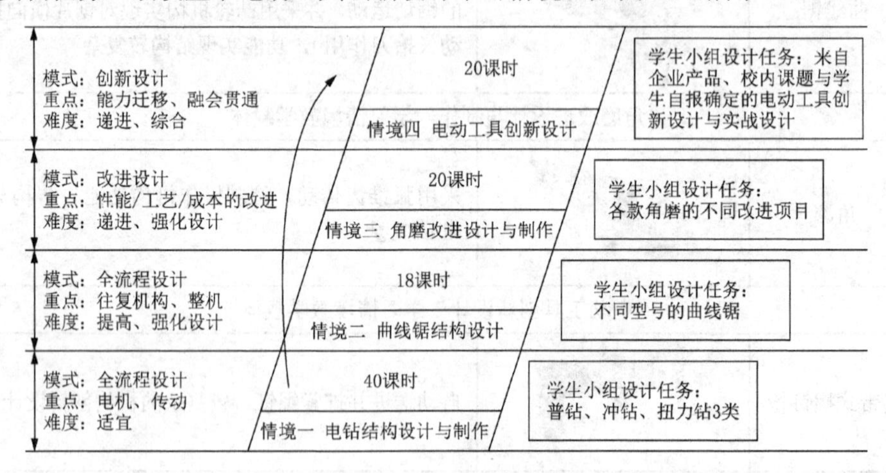

图 12-6 学习情境序化设计

2. 基于企业产品设计流程方式的特点，组织教学内容

教学内容的组织与企业工作流程一致。对于企业新开发的产品，有完整流程

的设计过程。从学生的设计能力培养出发，在最初的情境教学中，有必要以产品开发的完整流程组织教学，让学生掌握电动工具完整的设计流程及各环节的技术要点，如图 12-7 所示。电钻结构设计与制作、曲线锯结构设计两个学习情境作为完整流程设计进行教学组织。

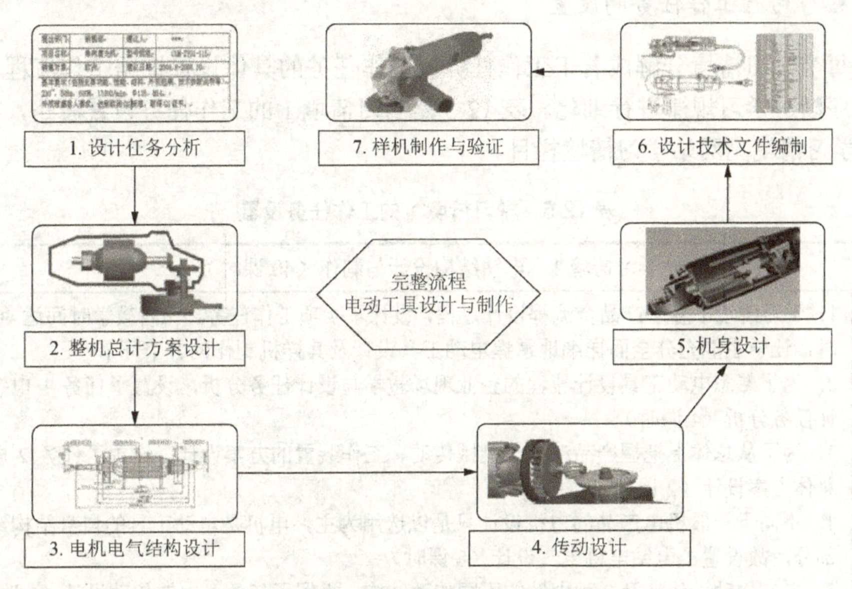

图 12-7　完整流程的电动工具设计

产品升级换代经常通过改进设计完成。针对电动工具产品的某项性能的改进，或基于成本控制的改进，是目前大部分电动工具的设计开发模式，如图 12-8 所示。角磨改进设计与制作学习情境根据电动工具改进设计流程进行教学组织。

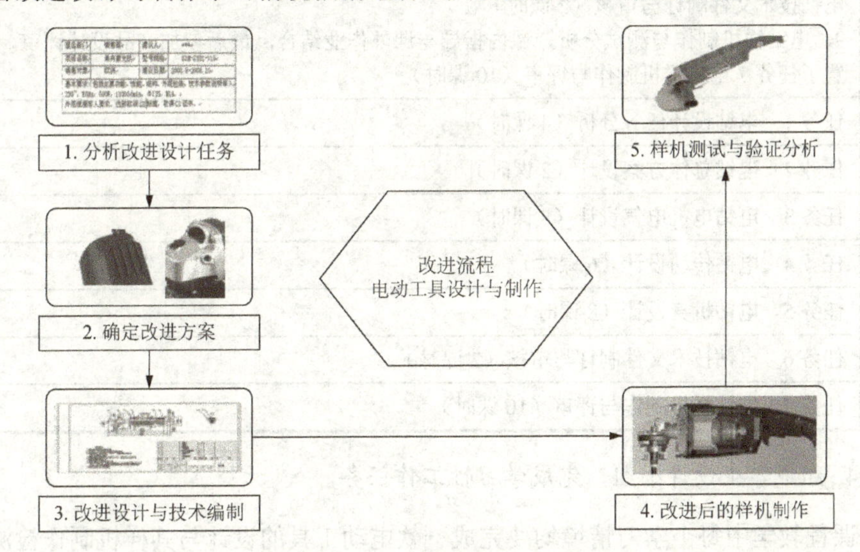

图 12-8　电动工具改进设计的流程

尽管大部分电动工具是成熟的产品，但也有创新设计的空间，一方面是来自市场需求导向的产品；另一方面是来自技术型导向的产品。电动工具创新设计学习情境根据不同创新需要采用不同方式进行教学组织。

3. 学习性工作任务的设置

每个学习情境分解成若干工作任务，工作任务的具体设置根据工作流程、学生循序渐进学习规律进行细化。表12-5是学习情境1的工作任务设置思路，其他3个学习情境见网站学习情境栏目。

表12-5 学习情境1的工作任务设置

学习情境1 电钻结构设计与制作（40课时）	
工作任务设计思路	1．学习情境1基于产品全流程设计过程，设计了7项工作任务，课内教学时间达40课时，让学生能充分全面详细地掌握电动工具设计及其样机制作的各个环节 2．为了熟悉电动工具设计流程的企业现场教学与设计任务分析，设置了任务1电钻设计任务分析（4课时） 3．为了从总体上把握产品动力、机械传动、工作装置的方案设计，设置了任务2电钻总体方案设计（2课时） 4．不同于一般机电产品的电机设计只是以选用为主，电机是电动工具的自身结构组成部分，故设置了电钻电机电气设计（8课时） 5．电钻传动设计涉及3种电钻的不同传动结构，设置了任务4电钻传动设计（6课时） 6．电钻机身涉及电机电气、传动、操纵等零部件支承安装结构，外形人机工程与美学，涉及整机装配与工艺检查，机身几何外形不规则，任务技术要点多，工作量大，故任务7电钻机身设计设置了8课时 8．电钻技术文件制订与审核是设计流程之一，也保证样机制作准确性，设置了任务6电钻技术文件制订与审核（2课时） 9．电钻样机制作与测试分析，课内指导与课外作业结合，最后参加产品设计评审，设置了任务7电钻样机制作与评审（10课时）
工作任务	任务1 电钻设计任务分析（4课时）
	任务2 电钻总体方案设计（2课时）
	任务3 电钻电机电气设计（8课时）
	任务4 电钻传动设计（6课时）
	任务5 电钻机身设计（8课时）
	任务6 电钻技术文件制订与审核（2课时）
	任务7 电钻样机制作与评审（10课时）

4. 组成学生设计小组，完成学习性工作任务

课程教学中每个学习情境均要完成一款电动工具的设计与其样机制作检测任务，每项设计任务又分解成各个子任务。将学生分组（每组4～5人），学习小组

通过任务驱动，最终完成设计。

学习小组接受电动工具设计任务书后，进行设计总体方案讨论，制订设计计划，确定项目负责人，学习小组成员一同讨论。在完成各个工作子任务过程中，学习小组内根据任务进程适当分工，完成电动工具总体方案设计、电机电气设计、工作装置与机械传动设计、机身设计、技术文件编制、样机制作、样机测试分析与设计完善等工作。以曲线锯结构设计学习情境为例，其各项工作任务的教学设计，如表 12-6 所示。

表 12-6　曲线锯结构设计工作任务设计

<table>
<tr><td colspan="6">学习情境 2　曲线锯结构设计（18 课时）</td></tr>
<tr><td>工作任务</td><td colspan="5">以 4～5 名学生组成的设计小组为单位，接受一款型号曲线锯设计任务，小组内学生分工合作，完成该款曲线锯的结构设计，最后由浙江欧科电器有限公司与浙江三峰工具制造有限公司两家企业进行产品设计评审</td></tr>
<tr><td>考核评价</td><td colspan="5">1．主讲教师对学生个人的考核评价占总成绩的 40%
2．在设计评审环节，企业兼职教师对个人评价占总成绩的 20%
3．小组内成员互评占总成绩的 40%</td></tr>
<tr><td colspan="6">任务 1　曲线锯总体方案设计（2 课时）</td></tr>
<tr><td>教学目标</td><td colspan="5">1．能够分析曲线锯技术要求与有关标准
2．能够编制曲线锯总体结构设计方案</td></tr>
<tr><td>教学设计思路</td><td colspan="5">1．通过实物作业操作等引导学生对曲线锯作业功能的认识，讨论分析锯切装置与传动装置的功能实现
2．明确曲线锯产品标准与分析技术要求，确定主要技术参数</td></tr>
<tr><td>工作任务</td><td colspan="5">1．各小组分析曲线锯技术要求
2．完成设计任务书中的曲线锯总体方案设计
3．计算并确定整机主要工作参数与传动方案参数</td></tr>
<tr><td>教学地点</td><td colspan="5">校内教学：理实一体教室、样机室</td></tr>
<tr><td rowspan="2">教学活动</td><td colspan="2">课内教学活动</td><td rowspan="2">参考时间（分）</td><td rowspan="2">教学资源</td><td rowspan="2">课后自学</td></tr>
<tr><td>教师</td><td>学生</td></tr>
<tr><td rowspan="4">曲线锯总体方案分析（1 课时）</td><td>下发给各小组曲线锯结构设计任务书</td><td>以小组为单位讨论设计任务书</td><td>5</td><td rowspan="4">1．教材
2．PPT 课件
3．曲线锯现场锯切操作
4．曲线锯工作视频
5．曲线锯产品标准文件</td><td rowspan="4">1．课后曲线锯主要参数最终确定。工作转速、电机功率、传动比参数的确定
2．确定小组各成员的设计分工与协作
3．初步确定曲线锯的电机电磁参数</td></tr>
<tr><td>演示曲线锯实际锯切工作过程，引导学生思考</td><td>观察曲线锯锯切工作过程与录像视频慢动作，讨论其功能实现的结构</td><td>10</td></tr>
<tr><td>布置各组曲线锯功能实现的方案，采用头脑风暴法讨论</td><td>以小组为单位进行头脑风暴法讨论曲线锯功能实现方案与总体构成</td><td>25</td></tr>
<tr><td>抽若干小组汇报讨论结果</td><td>小组汇报</td><td>5</td></tr>
</table>

续表

<table>
<tr><td rowspan="4">曲线锯总体方案设计（1 课时）</td><td>总结评论各小组讨论方案</td><td>小组继续汇报并讨论</td><td>10</td><td rowspan="4"></td><td rowspan="4"></td></tr>
<tr><td>针对具体实物讲解，重点是往复运动的实现机构</td><td>各小组拆解一台曲线锯实物（只卸掉副机壳），进行观察、分析、比较</td><td>20</td></tr>
<tr><td>讲解曲线锯产品标准，分析各小组设计任务书的参数要求</td><td>根据任务书要求，针对标准，初步确定曲线锯往复速度、工作行程、电机功率</td><td>12</td></tr>
<tr><td>布置课后电机主要参数与电磁设计任务</td><td>具体往复机构实现方案在课后讨论</td><td>3</td></tr>
<tr><td colspan="6">任务 2　曲线锯电机电气设计（2 课时）</td></tr>
<tr><td>教学目标</td><td colspan="5">通过曲线锯电机电气的电磁设计与电机结构设计，进一步熟练掌握电动工具电机设计</td></tr>
<tr><td>教学设计思路</td><td colspan="5">学生已通过学习情境 1 的电钻电机电气设计，掌握了普遍的电动工具串激电机设计，关键在于曲线锯电机输出轴的齿轮与风扇安装结构，学生具体的设计工作在课外完成</td></tr>
<tr><td>工作任务</td><td colspan="5">1．各小组分析曲线锯技术要求
2．完成设计任务书中的曲线锯总体方案设计
3．计算并确定整机主要工作参数与传动方案参数</td></tr>
<tr><td>教学地点</td><td colspan="5">校内教学：理实一体教室、电动工具样机室</td></tr>
<tr><td rowspan="2">教学活动</td><td colspan="2">课内教学活动</td><td rowspan="2">参考时间（分）</td><td rowspan="2">教学资源</td><td rowspan="2">课后自学</td></tr>
<tr><td>教师</td><td>学生</td></tr>
<tr><td rowspan="4">曲线锯电机电气设计（1 课时）</td><td>抽 2～3 小组汇报曲线锯电机电磁结果</td><td>以小组为单位汇报设计结果</td><td>10</td><td rowspan="4">1．教材、PPT 课件
2．电机电磁设计参考软件
3．电机结构案例图纸
4．曲线锯电机电气设计案例</td><td rowspan="4">1．各小组确定曲线锯电机电磁参数与电机结构图纸
2．思考曲线锯往复运动的实现机构</td></tr>
<tr><td>总结小组讨论结果</td><td>提问并讨论</td><td>10</td></tr>
<tr><td>以曲线锯案例、电机电磁设计案例讲述电磁设计要点</td><td>小组为单位汇报换向器、电刷等电气零部件的选用情况</td><td>15</td></tr>
<tr><td>电机电气零部件选取总结与讲解</td><td>各小组根据不同任务书的要求，对比电机参数</td><td>10</td></tr>
</table>

续表

<table>
<tr><td rowspan="3">曲线锯电机电气结构设计（1课时）</td><td>1. 回顾电钻电机结构设计，并比较与曲线锯电机结构的异同</td><td>1. 回答讨论与电钻电机结构设计的差别
2. 观察曲线锯实物的电机结构</td><td>20</td><td rowspan="3"></td><td rowspan="3"></td></tr>
<tr><td>2. 以案例文件讲解曲线锯电机设计图纸</td><td>2. 回答教师提问与讨论</td><td>20</td></tr>
<tr><td>3. 布置曲线锯传动设计任务，布置课后学习要点</td><td>3. 讨论</td><td>5</td></tr>
<tr><td colspan="6">任务 3　曲线锯传动设计（6 课时）
任务 4　曲线锯机身设计（4 课时）
任务 5　技术文件制订与设计评审（4 课时）
任务 3～任务 5　具体略</td></tr>
</table>

第十三章

电动机控制及选配

“电动机控制及选配”为机电一体化技术专业的专业核心基础课程。课程性质如图 13-1 所示，是机电一体化技术专业对应工种“维修电工”“电气设备安装工”的对应课程，对学生职业能力培养起重要支撑作用。安排在第二学年第一学期开设，总学时 96 学时。

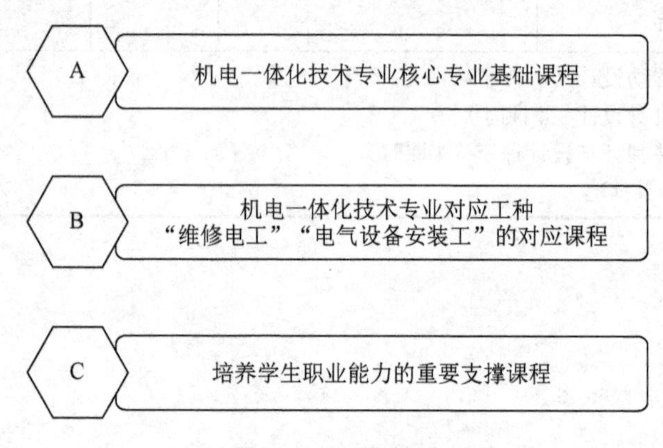

图 13-1　课程性质

一、培养目标及岗位分析

对机电一体化技术专业开展行业调研和岗位职业能力分析，如表 13-1 和表 13-2 所示。

表 13-1　机电一体化技术专业岗位职业能力分析

职业范围	就业岗位	工作内容
机电设备的安装、调试、维护、维修	维修岗位	机电类设备的运行维护、修理，机电类产品的售后服务，具体如维修电工、电工、电钳工
	制造岗位	机电设备操作，机电类产品的制造、装配和调试；电气设备安装工
	管理岗位	设备运行、维护和修理的技术人员、生产班组的主管

表 13-2 岗位技能要求

1. 机械零件、电气系统制图与识图
2. 常用电工工具、电工测量仪表的选择与使用
3. 常用电机的应用、电气控制电路的安装调试与维修
4. 液压气动控制系统的安装、调试与维护
5. 电气设备的 PLC 控制与改造
6. 典型机床系统的故障诊断及维修，控制系统的硬连接
7. 自动线生产线的安装调试与维护

二、基于工作过程的课程体系构建

1. 职业能力对应课程分析

职业能力对应课程如图 13-2 所示。

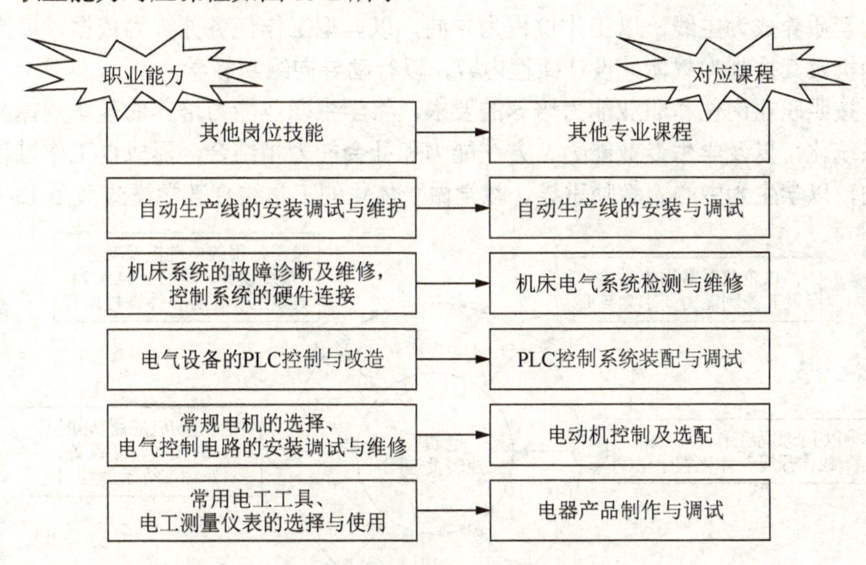

图 13-2 职业能力与对应课程

根据对机电一体化技术专业对应岗位能力的分析，构建了基于工作过程的课程体系，“电动机控制及选配”在课程体系中占据核心地位，是专业的核心基础课程。本课程是机电一体化技术专业对应的工种“维修电工”“电气设备安装工”的对应课程。

本课程在课程体系中起到承前启后的作用（图 13-3）。

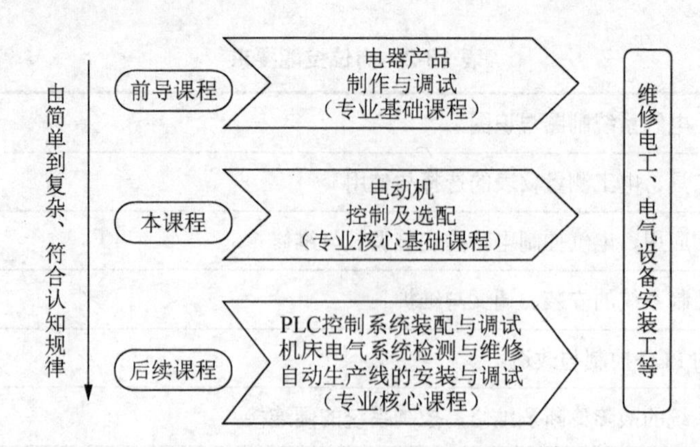

图 13-3 “电动机控制及选配”课程在课程体系中起到的作用

本课程的前导课程为电器产品制作与调试，使学生具备基本电磁学知识、基本电工技能、电路分析能力。

后续课程为 PLC 控制系统装配与调试、机床电气系统检测与维修、自动生产线的安装与调试。

以机电设备制造和应用行业企业的需求为逻辑起点，以学生职业能力培养和职业素质养成为主线，以工作过程为导向，以典型工作任务分析为依据，以真实电动机及其控制为载体，设计课程内容，以行动导向组织教学。

按照职业岗位和职业能力培养的要求，将学生职业能力培养的基本规律与课程系统化，以及学生专业能力、方法能力和社会能力相结合，形成以工作过程为导向，以学生为中心、教师引导、教学做一体化的工学结合教学模式（图 13-4）。

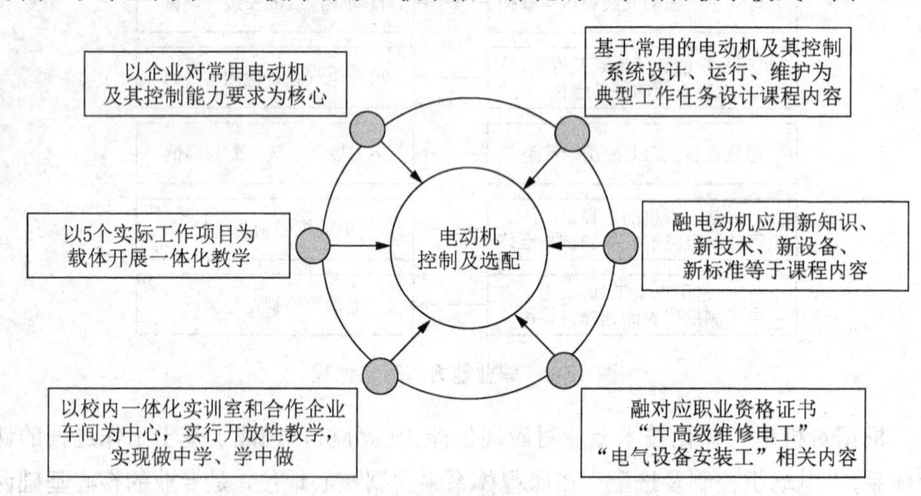

图 13-4 “电动机控制及选配”教学模式

经过调研，确定机电一体化技术专业学生主要从事机电设备生产、应用的相关行业企业的机电、电气控制设备的生产、装配、销售及系统的运行、维护、管理等工作岗位（图 13-5）。

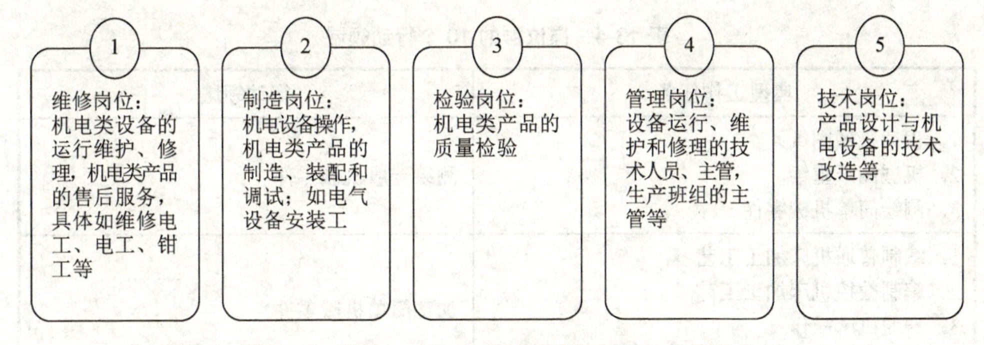

图 13-5　机电一体化技术专业学生主要从事的岗位

2. 确定典型工作任务

典型工作任务，如表 13-3 所示。

表 13-3　典型工作任务表

1．识读机械图纸	2．重绘机械图纸	3．测绘简单机械零件
4．编制普通机床加工工艺	5．编制数控机床加工工艺	6．操作普通机床
7．操作数控机床	8．识读电路原理图	9．组装电器部件
10．规范实施电器安装工艺	11．检测各机械零件，调整精度	12．修配机械零件，装配机械系统
13．排除工具、量具的常见故障	14．选用气动、液压元件	15．安装、调试与检修气动液压系统
16．改造气动、液压系统	17．控制及选配交直流电机	18．控制步进电机
19．控制伺服电机	20．诊断电机的故障	21．识别低压电器与继电器控制
22．PLC 编程调试	23．安装调试 PLC 控制系统	24．机床的电气故障诊断
25．数控机床的电气故障诊断	26．自动生产线的机械安装	27．自动生产线的电气调试
28．自动生产线故障诊断	29．使用变频器	30．变频器的故障诊断与排除
31．安装调试物料提升机	32．安装调试起重机	33．安全使用特种机械与救护
34．管理生产现场	35．整理机电产品技术文档	36．机电产品的市场营销

3. 对典型工作任务进行归纳，确定行动领域

依据专家研讨意见和专业人才培养目标，在典型工作任务分析的基础上，将这些工作任务进行归类、整理，归纳形成岗位群的 10 个行动领域（图 13-4）。

表 13-4 岗位群的 10 个行动领域

典型工作任务	行动领域
1. 识读机械图纸 2. 机械图纸重绘 3. 测绘简单机械零件	测绘一般机械零件
1. 编制普通机床加工工艺 2. 编制数控机床加工工艺 3. 普通机床操作 4. 数控机床操作	加工简单机械零件
1. 识读电路原理图 2. 组装电器部件 3. 规范实施电器安装工艺	制作简单电器产品
1. 检测各机械零件，调整精度 2. 修配机械零件，装配机械系统 3. 排除工具、量具的常见故障	机械系统的装配与调试
1. 选用气动、液压元件 2. 安装与调试气液系统 3. 改造气动、液压系统	安装与调试液压气动系统
1. 控制及选配交直流电机 2. 控制步进电机 3. 控制伺服电机 4. 电机的故障诊断改造	控制及应用电动机
1. 低压电器识别与控制 2. PLC 编程调试 3. 安装调试 PLC 控制系统	安装、调试 PLC 控制系统
1. 机床的电气故障诊断 2. 数控机床电气故障诊断 3. 自动生产线的机械安装 4. 自动生产线的电气调试 5. 自动生产线故障诊断 6. 使用变频器 7. 变频器故障诊断	安装调试与检修机电设备
1. 安装调试物料提升机 2. 安装调试起重设备 3. 安全使用特种机械与救护	安装与调试特种机械
1. 管理生产现场 2. 整理机电产品技术文档 3. 机电产品的市场营销	管理生产现场与机电产品营销

4. 依据行动领域设置学习领域课程，构建新的课程体系

通过对行动领域的教学化处理，结合机电一体化专业的职业能力的需求、企业实际的需求和个人发展的需求，根据学校现有教学条件，以提高学生能力为落脚点，进行行动领域的整合，进而解构原有课程体系，重构教学内容为11个学习领域（表13-5），并按照认知规律和职业成长规律序化学习领域。

表13-5 职业行动领域与学习领域对应表

行动领域	学习领域
测绘一般机械零件	机械零件的测绘
加工简单机械零件	机械零件的切削加工
制作简单电器产品	电器产品制作与调试
机械系统的装配与调试	机械系统的装配与调试
安装与调试液压气动系统	液压气动系统安装与调试
控制及应用电机	电动机控制及选配
安装、调试PLC控制系统	PLC控制系统安装调试
安装调试与检修机电设备	机床电气系统检测与维修
	自动生产线的安装与调试
安装与调试特种机械	特种机械安装与调试
管理生产现场与机电产品营销	机电产品生产管理与营销

根据机电一体化专业的人才培养模式，在专业建设指导委员会的专家经过讨论后，确定机电一体化技术专业的课程体系（表13-6），以课程体系承载工学结合的专业人才培养模式。

表13-6 机电一体化技术专业的课程体系

类别	学习领域	小计	参考学时数（小时）			备注
			第一学年	第二学年	第三学年	
基础课程平台	思、军、体、数、外应用	713	649	64		
专业基础课程	1. 机械零件的测绘	120	120			
	2. 电器产品制作与调试	120	120			
	3. 电动机控制及选配	96		96		
	4. 机械系统的装配与调试	120	120			
	5. 机械零件的切削加工	96		96		

续表

类别	学习领域	小计	参考学时数（小时）			备注
			第一学年	第二学年	第三学年	
专业基础课程	6．液压气动系统安装与调试	96		96		
	7．PLC 控制系统装配与调试	120		120		
	8．机床电气系统检测与维修	120		120		
	9．自动生产线的安装与调试	120			120	
拓展学习模块	10．特种机械安装与调试	120			120	
	11．机电产品生产管理与营销	60			60	选修 240 课时
	12．其他专业选修课	360	120	180	60	
独立项目	13．顶岗实习	480			480	
	14．毕业设计与毕业论文	120			120	
合　计		2 861	1 129	772	960	

三、课程设计

1. 课程目标确定

根据专业人才培养要求，结合国家职业标准，将电气控制知识与电动机设备的控制、运行、维护等典型工作任务结合，将涉及的“低压电器识别与控制”“直流电动机控制”“三相异步电动机控制”“步进电动机控制”“伺服电动机控制”“电气设备的安全操作”“维修电工的职业标准”等方面的内容进行整合，确定课程培养目标：熟悉各类电动机的结构、功能、工作原理，掌握机电设备中各类电动机控制系统设计、安装、运行、检修、维护等技术要求和技术标准。

课程对应能力目标，如表 13-7 所示。

表 13-7　能力目标

专业能力
熟悉相关国家标准和行业规范
能够正确使用常用的电工工具及电工仪表
掌握收集、查阅电动机及相关产品资料的渠道和方法
能够规范绘制电路图、接线图、位置图等电气图纸

续表

能根据给定的电机资料和控制要求进行简单控制电路的规划与实施
能够实施典型电动机控制电路的排故、维护
能够规范编写设备设计说明书和设备使用说明书等技术文档
熟练进行电机控制柜装配
掌握电动机控制系统设计或改造的工作方法和步骤
社会能力
社会责任心
容忍、沟通和协调人际关系
团队合作
批评与自我批评
良好的职业道德
方法能力
信息查询、收集与整理
分析、总结
制定工作进度表、控制进度
方案设计与评估决策
评价（自我、他人）能力
再学习能力

四、教学内容的组织

“电动机控制及选配”学习情境设计，如图 13-6 所示。

1. 本课程教学内容

“电动机控制及选配”课程以培养职业能力为目标，以真实工作任务为载体，将工作任务和工作过程进行整合、序化，按照职业成长规律与认知学习规律，精心设计了 5 个学习情境，前 4 个情境分别以直流电动机、三相异步电动机、步进电动机为载体、伺服电动机，讲授各类电动机控制知识；第 5 个情境以多电动机应用为载体，主要学习电动机选配相关知识，并根据选配结果，完成复杂电动机控制系统设计及安装。每个学习情境包含多个学习性工作任务。

2. 教学内容组织的步骤

课程内容由 5 个学习情境组成，每个情境都是一个典型的工作任务，在完成工作任务的过程中，学生掌握基本操作技能和相关理论知识。

首先，根据学习任务的分析，选择合适的宏观教学法，即项目教学法。按项目教学法的思路制定教学步骤，每个任务的学习按照项目介绍、导入展示目标、理论知识讲解、操作示范、项目实施进行组织。

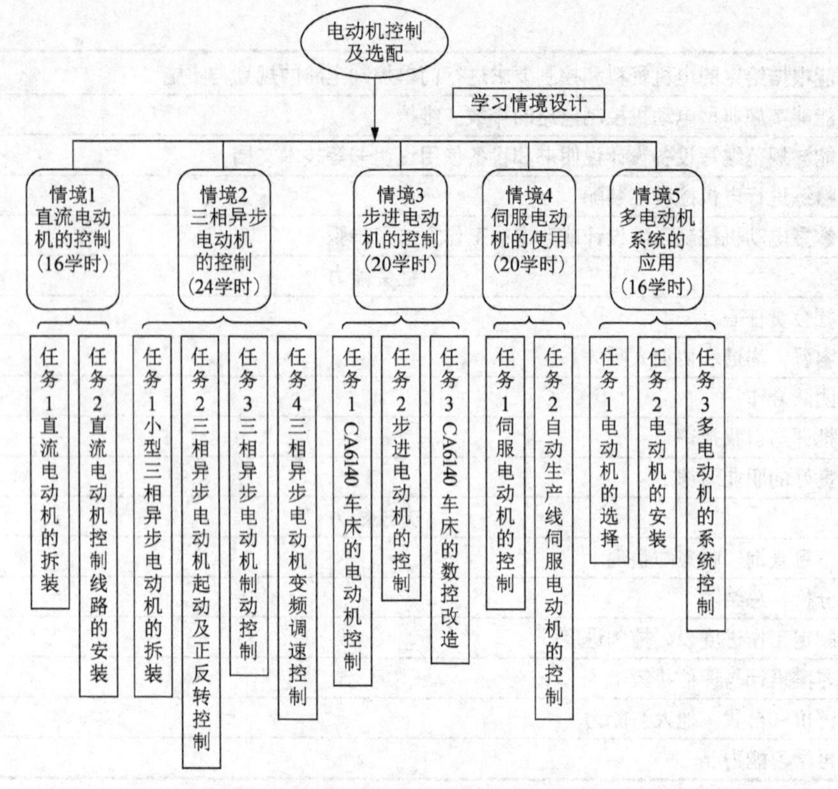

图 13-6　“电动机控制及选配”学习情境设计

其次，按每一阶段的教学特点和学习内容情况，从讲授法、小组讨论法、演示法等教学法中确定合适的微观教学法。项目实施过程采用引导文教学法。

再次，根据学习任务选定每一阶段所用的教学媒体和教学材料。

最后，规划每一阶段的教学时间和教学重点。

这样一个学习情境就完整地设计出来了。其他各学习情境都可按同样的思路和方法进行设计。

以学习情境 1 直流电动机控制为例（表 13-8）。

表 13-8　以学习情境 1 直流电动机控制为例

学习情境 1　直流电动机的控制	学时：16 学时
学习目标： 1. 了解直流电动机工作特性 2. 通过直流电动机拆装认识直流电动机组成、分析工作原理 3. 了解电气控制系统图的基本知识，能够识读电气系统原理图 4. 掌握直流电动机起动、调速、正反转、制动控制原理，熟悉典型控制线路 5. 能够根据工作条件正确选择电动机，设计电动机的启动、制动控制电路，绘制电气图纸 6. 团队协作完成直流电动小车的安装与调试，掌握系统调试和查找故障的方法，能排除简单的故障 7. 能够严格按照操作规程和技术规范完成完整的工作任务 8. 培养学生的自学能力，团队合作能力、自我控制与调节能力	

续表

<table>
<tr><td>学习内容与组织：
任务 1　直流电动机拆装
1．项目引入：认识直流电动机
2．展示目标：重点、难点
3．理论知识讲解：直流电动机工作原理、直流电动机结构、铭牌数据等
4．直流电动机拆装实训：教师演示操作、学生分组实施拆装训练、填写工作记录单，任务完成评价、总结
任务 2　直流电动机控制线路安装
1．项目引入：直流电动小车控制
2．展示目标：重点、难点
3．理论知识讲解：电气控制基础知识、电气控制原理图绘制与识读、直流电动机起动、调速、制动等控制线路工作原理分析
4．实训项目：直流电动机控制线路安装，教师演示操作直流电动机起动控制线路安装，学生分组进行直流电动机能耗制动控制线路安装、调速控制电路安装
5．综合实训项目：直流电动小车控制
按照“六步法”实施教学
● 资讯：给出题目，布置任务；学生分组，每组 6 人；查阅相关技术资料、获取直流电动机相关信息，了解直流电动机工作特性；熟悉直流电动机的启动、制动、调速方法；熟悉常见控制电路图
● 决策、计划：各团队进行任务分配，制订直流电动机控制及选配系统制作调试方案，并讨论方案可行性，最终确定工作计划，对操作规范进行搜集
● 实施：引导组织和实施直流电动机控制系统的设计与安装调试；绘制电气图；选取电动机和低压电器；制定控制系统制作的工艺和技术标准，进行材料用量和预算资金核算；系统制作、安装、调试；电气控制系统质量检查和验收；对整个过程进行监控，填写过程记录
● 检查、评价：进行自评；各小组之间进行互评，互相给对方提意见，学习对方的长处；进行故障排查；对出现的问题进行总结，并进行拓展训练，各组讨论；听取汇报，由教师总结归纳，在项目结束时进行评价</td><td>教学方法和建议：
宏观教学法：项目教学法，按项目教学法的思路，制定教学步骤，每个任务的学习按照项目介绍、导入展示目标、理论知识讲解、操作示范、项目实施进行组织。
然后按每一阶段的教学特点和学习内容情况，从讲授法、小组讨论法、演示法等教学法中确定合适的微观教学法。项目实施过程中采用行动导向“资讯-决策、计划-实施-检查-评估”“六步法”教学。
选择直流电动机拆装、控制线路安装两个工作任务强化基本知识学习和技能训练，最后选取合作企业项目“直流电动小车控制”为综合项目，按照“六步法”来组织教学，在老师指导下制订方案、实施方案、最终评估
学生通过真实的直流电动机（载体），体验实际的直流电动机选型与控制工作过程：选型-运行控制（启动、调速、制动、运行过载保护）质量评估
教学过程中体现以学生为主体，教师进行适当讲解、并进行引导、监督、评估
教师应提前准备好各种媒体学习资料，任务工单，教学课件，并准备好教学场地和设备</td></tr>
<tr><td colspan="2">教学主题单元的考核与评价：评价成绩采用百分制，工作成果评定为主（50%）、团队合作（20%）、工作态度（10%）、工作规范（20%）</td></tr>
<tr><td colspan="2">行动环境：电机与电气控制实训室、山东五征集团电动车有限公司车间</td></tr>
</table>

3. 教学内容组织的特点

教学内容的组织具有以下特点：

1）课内与课外相辅相成，产学研相结合。课堂内学习实际案例的知识和技能，课堂外查找相关资料，通过参与科技创新、机电产品创新设计大赛、校内实验实训室设备维修、技术服务、教师与企业的横向科研项目、顶岗实习等方式将知识转化为综合技能。

2）“教学做”一体化学习，理论与实践交融渐进。例如，学习情境 1 直流电动机的控制的学习是从项目引入—电路元器件认知—直流电动机拆装实训—电动机工作原理分析—电动机性能实验—相关电气控制原理分析—电动机电气控制仿真实训—电动机控制线路安装实训—系统分析—综合实训（电动小车装配）—理论实践融合提高（图 13-7），使理论和技能得到全面提高。

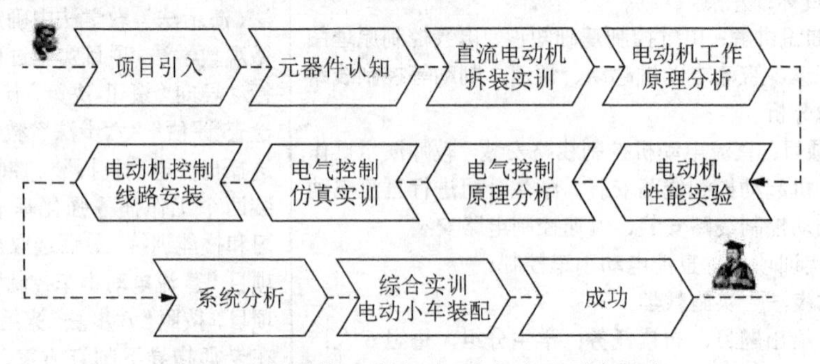

图 13-7 教学做一体化、理论与实践融合提高

3）传统知识与新技术相呼应。在课程内容中引入新技术和新技能，通过各模块的学习、知识讲座、现场教学等方式，传统知识与新技术相呼应。

4）基础实验、专业实训、仿真实训、综合实训和现场实践、科技创新，逐层次提高。通过基础到综合、仿真到实操、由实验到现场、常规到创新，有层次、由浅入深地完成各项技能实训，全方位进行实践技能训练。

二、教学内容安排

本课程教学内容的组织、安排的基本思路遵循的是学生职业能力培养的基本规律，每个学习情境包含多个学习性工作任务，以一体化实训室、合作企业车间为学习场所，以课堂方式组织教学，教、学、做有机融合，把理论学习和实践训练贯穿其中。

各个学习情境其内容组织及课时数，如表 13-9 所示。

表 13-9　各个学习情境的工作任务、学习及学时

序号	学习情境		工作任务	学习内容	学时
1	名称	直流电动机的控制	任务 1 直流电动机的拆装 任务 2 直流电动机控制线路安装	1．认知直流电动机的结构并能够对直流电动机进行正确合理的拆装 2．掌握直流电动机的机械工作特性及其控制原理 3．认知电气控制元件，并能根据要求合理绘制出电气控制原理图和电器元件放置图	16
	载体	电动小车			
2	名称	三相异步电动机的控制	任务 1 小型三相异步电动机的拆装 任务 2 三相异步电动机起动及正反转控制 任务 3 三相异步电动机的制动控制 任务 4 三相异步电动机变频调速控制	1．认知三相异步电动机的结构并能对三相异步电动机进行正确合理的拆装 2．掌握三相异步电动机的机械特性及其起动、制动、正反转原理 3．掌握变频调速的工作原理认知变频调速工作方式 4．掌握绘制电气控制原理图和电器元件放置图	24
	载体	电动葫芦			
3	名称	步进电动机的控制	任务 1 CA6140 车床的电动机控制 任务 2 步进电动机的控制 任务 3 CA6140 车床的数控改造	1．认知步进电动机的工作方式 2．掌握步进电动机的控制要求及其应用环境 3．认知步进电动机在 CA6140 车床的安装位置及其所起的功能 4．CA6140 车床在数控化改造中的要求及注意事项 5．掌握步进电动机在数控化前后的车床中所起到的不同作用 6．掌握电气控制原理图的绘制	20
	载体	CA6140 车床			
4	名称	伺服电动机的使用	任务 1 伺服电动机的控制 任务 2 自动生产线伺服电动机的控制	1．掌握伺服电动机的控制原理及其控制方式 2．认知自动生产线的工作特点，并掌握自动生产线中伺服电动机的控制要求 3．掌握电气控制原理图的绘制	20
	载体	YL-335B 自动线			
5	名称	多电动机系统的应用	任务 1 电动机选择 任务 2 电动机按安装 任务 3 多电动机系统的控制	1．认知电动机铭牌数据 2．掌握电动机参数的合理计算 3．掌握电动机在不同环境中的安装要求	16

第十四章
电力电子设备的安装与调试

电力电子设备是弱电控制强电的设备，在交直流传动、整流电源、感应加热电源、交流电力控制器、开关电源、不间断电源、无功补偿和谐波抑制装置等需要电能变换和控制的场合有着广泛的应用。“电力电子设备的安装与调试”课程就是对接电力电子设备的安装与调试岗位群，培养电力电子技术理论知识和设备安装与调试技能的一门课程。因此，“电力电子设备的安装与调试”是电气自动化技术等强电类专业非常重要的一门专业核心课程，也是维修电工职业资格考试的主要课程。

一、培养目标及岗位分析

通过对电气自动化人才需求调研分析，电气自动化专业技术人才的需求是分层次的，包括电气自动化设备或系统操作员、安装调试与维修工及设计工程师 3 个层次，如图 14-1 所示。其中，安装调试与维修工是大专层次电气自动化专业学生对接的就业岗位。

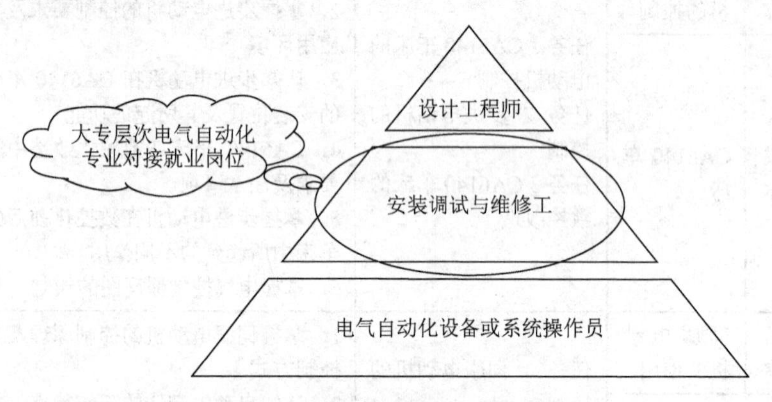

图 14-1　电气自动化专业人才需求结构

1. 专业人才定位

经调研，我们了解到电气自动化设备或系统的安装调试与维修工的具体工作任务是，根据工程师所设计的电路原理图（安装图或装配图）对设备或系统进行安装、调试、局部改造和维修，以实现设备或系统功能。典型工作岗位有电气设备维修、自动生产线安装与调试、电气设备安装与调试、电力电子设备安装与调试、电机装配、变电设备安装、电工仪器仪表装配等。

通过对上述职业岗位群的典型工作任务及工作过程剖析，电气自动化技术专业人员应具备的职业能力，如表 14-1 所示。

表 14-1　电气自动化技术专业对接岗位相应的典型工作任务和职业能力一览表

岗　位	典型工作任务	职业能力
电子产品安装与调配	识别电子电路图 选择与检验电子电路元器件 分析电子电路原理	电子元器件识别和选择能力 电子产品的安装能力 电工工具的使用能力 电子产品焊接能力 良好的职业道德 沟通与协调能力 成本核算意识、环保意识、安全意识
电子产品制图与制板	绘制电子电路原理图 绘制电路接线图 设计电子线路 PCB 制作印制电路板	计算机的应用能力 PCB 设计绘制能力 印制电路板的制作能力 外文资料的阅读能力 成本核算意识、环保意识、安全意识
电子产品检测	使用电子测量仪器 手工绘制电子线路图 测试电子电路	电子电路测试能力 电子电路分析方法和逻辑分析能力 电子测量仪器的使用能力 电子识图能力 电子产品布局与外观设计能力、创新能力
电气设备安装与维护	识读电气设备原理图和安装图 选择和测试高、低压电器 制订设备安装与调试计划 使用工具对电气设备进行安装 使用仪器对设备进行调试 对电气设备进行日常维护 根据现象判断故障并进行维修 对设备进行介绍和操作培训	识读电气设备原理图和安装图的能力 分析、判断、推理和应用计算的能力 良好的职业道德品质 高低压电器、电机、电工、电子相关理论知识 独立工作能力、沟通与协调能力 与客户沟通能力、数据分析能力 成本意识、政策意识、环保意识 语言表达能力 设备的安装与调试能力 工具及仪器仪表的使用能力
电机维修	观察外观，记录电机的型号、功率、极数，记录槽数、布线方式等 测试、检查故障原因 拆线 线圈绕制 浸漆烘干 电动机检验	电机维修常用工具、专用工具和仪器仪表的使用能力 电工、电子及电机基本知识的运用能力 电机参数的测量能力 良好的职业道德品质和团队合作精神 独立工作能力、沟通与协调能力 与客户沟通能力、数据分析能力 成本意识、政策意识、环保意识 语言表达能力

续表

岗 位	典型工作任务	职业能力
电力电子设备的安装与调试	识读电力电子设备电路图 选择电力电子器件 安装与调试电力电子设备 设备技术培训	识读电力电子设备电路图能力 选择和测试电力电子器件的能力 常用工具和仪器仪表的使用能力 电力电子设备的安装与调试能力 良好的职业道德品质和团队合作精神 协调能力 沟通能力与数据分析能力 成本核算意识、环保意识
交直流调速器应用与维护	直流调速器拆装 直流调速系统安装与调试 直流调速系统运行与维护 变频器参数设置 变频器拆装 交流变频调速系统安装与调试 交流变频调速系统运行与维护	识读交直流调速系统电路能力 直流调速器和变频器选择能力 交直流调速系统安装与调试能力 交直流调速系统运行与维护能力 常用工具和仪器仪表的使用能力 良好的职业道德品质和团队合作精神 协调能力 成本核算意识、环保意识
自动生产线安装与调试	控制线路布线与安装 PLC 连接与编程 变频器安装与参数设置 处理安装与调试过程出现的问题 建立自动生产维修保养档案及零部件档案 对自动线操作人员进行培训	自动线生产运行原理 认识自动生产线装置和元件 良好的职业道德品质和团队合作精神 独立工作能力、沟通与协调能力 与客户沟通能力、数据分析能力 成本意识、政策意识、环保意识 语言表达能力 自动生产线的安装与调试能力 工具及仪器仪表的使用能力 传感器、PLC、变频器、电动机的安装能力 PLC 编程能力 变频器参数设置能力
供配电系统运行与维护	变配电所的巡视检查 供配电系统的安装 供配电系统的调试	变配电所设备及供配电系统理论知识 发现和排除安全隐患的能力 排除故障能力 供配电系统的安装与调试能力 良好的职业道德品质和团队合作精神 沟通与协调能力 成本意识、政策意识、环保意识 安全和责任意识

2. 专业人才培养目标

该专业的人才培养目标为面向工厂电气设备、电气自动化系统的安装、调试、运行维护、维修一线岗位，培养具备从事电气设备安装与调试、电力电子设备安装与调试、自动化设备运行与维护、供配电系统运行与维护等岗位群必备的基础理论、专门知识和基本技能高素质技能型专门人才。

二、专业课程体系

通过由行业企业专家和学校教师组成的专业建设指导委员会对职业岗位进行分析和充分论证，以上述就业岗位（群）所需职业能力培养为目标，以所涉及的职业活动的工作过程为导向，根据高职学生的认知规律及其职业能力培养的基本规律，结合专业人才培养目标，构建与之配套基于工作过程系统化的课程体系，如图 14-2 所示。课程体系分为 3 个模块：一是公共必修课程模块，为学生培养综合素质和能力；二是专业基础课程模块，为学生专业课程学习打下基础，同时为今后可持续发展提供理论知识和技能；三是专业课程模块，对接具体的就业岗位，培养学生就业能力和可持续发展能力。“电力电子设备的安装与调试”课程目的是在职业能力、职业道德和职业素养方面实现与电力电子设备的安装与调试岗位对接，以适应电力电子产业发展需要，同时为后续课程的学习提供理论知识和技能。

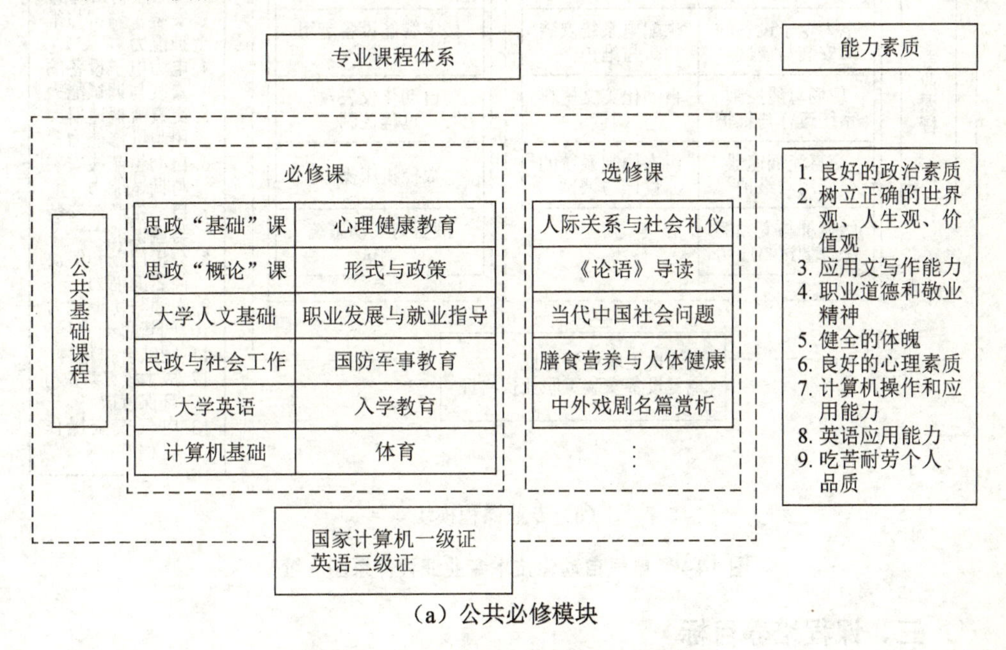

（a）公共必修模块

图 14-2　电气自动化技术专业课程体系图

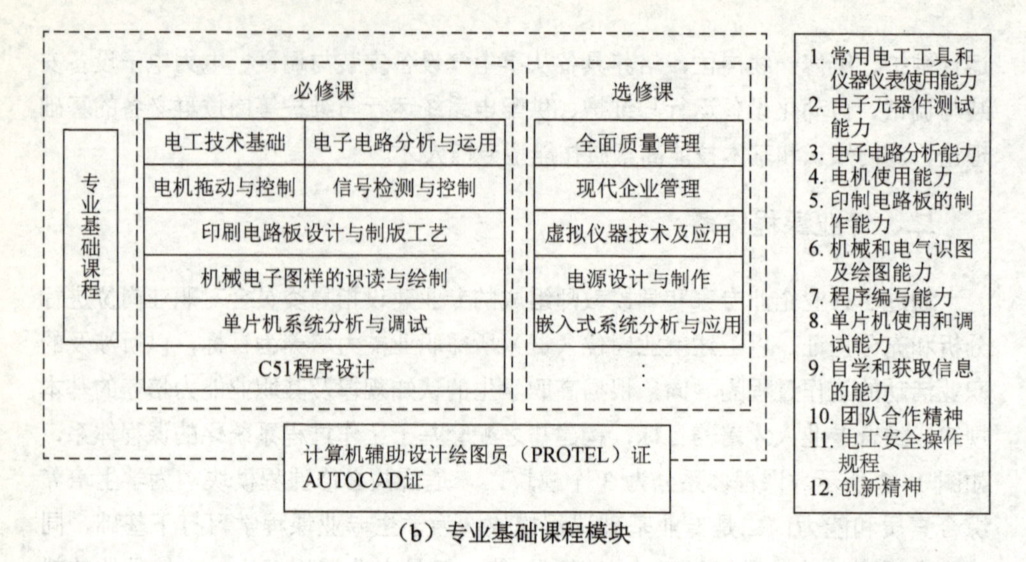

（b）专业基础课程模块

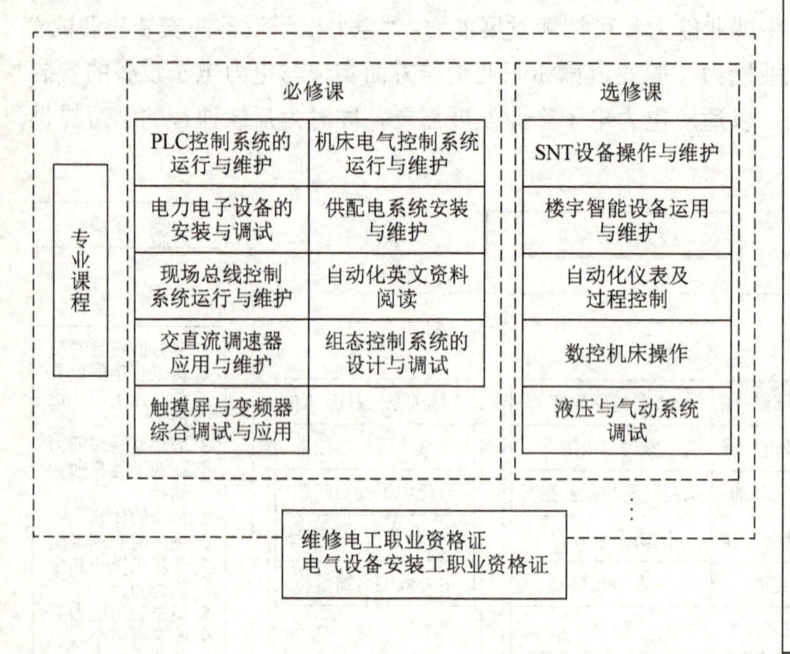

1. 电气控制设备的操作、安装、调试运行管理能力
2. 小型工厂供配电装置的安装、运行、维护与管理能力
3. PLC控制系统的安装、调试与维护能力
4. 电力电子设备的安装与调试能力
5. 交直流调速器应用与维修能力
6. 自动生产线安装与调试能力
7. 自动生产线安装与调试能力
8. 分析问题和解决问题的能力
9. 沟通与协调能力
10. 创新思维
11. 团队合作精神
12. 成本核算意识与环保意识
13. 电气安全操作规程

（c）专业课程模块

图 14-2 电气自动化技术专业课程体系图（续）

三、课程培养目标

电力电子设备是以电力电子器件为主要功能元件的设备，内部包括电力电子器件构成的主电路、使电力电子器件按要求工作的控制电路（触发电路或驱动电路）及保护等辅助电路。

电力电子设备安装与调试岗位的工作，就是根据电气工程师设计的电力电子设备图纸，进行设备安装和调试，或对使用的设备进行维护和维修。通过对这些岗位工作过程中所需知识、技能、素质、职业道德、职业行为规范等进行分析，考虑学生可持续发展能力，经由行业、企业、学校专家组成的课程建设小组研讨论证，确定“电力电子设备的安装与调试”课程目标。

1. 专业知识和技能

1）能选择和测试普通晶闸管、双向晶闸管、GTR、GTO、IGBT、MOSFET、IGCT 等电力电子器件。

2）能读懂整流电路、逆变电路、触发电路、保护电路、斩波电路等电力电子设备电路图。

3）能使用 PROTEL 软件绘制电路原理图。

4）能进行元器件焊接。

5）能根据设备安装图安装设备。

6）能在设备调试和维修过程中，通过工程计算和理论分析，判断故障点和提供解决问题的途径。

7）能使用常用电工工具和操作电工电子仪器仪表。

8）熟悉开关电源测试规范和测试标准、维修电工职业标准、电气设备安全标准。

2. 方法能力

1）能根据项目任务或工作，制订项目完成工作计划。

2）学会自我学习、收集和检索信息、查阅技术资料。

3）在设备安装与调试过程中，能选择电工工具和仪器仪表。

4）学会电力电子设备的安装和调试方法。

5）学会学习和工作的方法。

6）学会在产品生产过程中进行技术指导、质量管理和成本核算方法。

3. 社会能力

1）能与人沟通和合作完成工作任务。

2）养成勇于创新、敬业乐业的工作作风。

3）形成环保意识。

4）爱岗敬业，具有高度的责任心。

5）严格执行工作程序、工作规范、工艺文件和安全操作规程。

6）积累工作经验。

7）爱护设备及工具。

8）保持工作环境清洁有序，文明生产。

9）培养职业道德、职业素养等综合素质。

四、课程作用

1. 在课程体系中起承上启下的作用

前续课程“电工技术基础”“电子电路分析与应用”“印刷电路板设计与制板工艺”“电机拖动与控制”培养的电工电子及电机基本理论知识、电工工具和仪器的使用能力、电子电路原理图和 PCB 图的绘制能力、印刷电路板的制作能力，是本课程实施的基础和前提。

本课程培养的电力电子技术的理论知识和电力电子电路的分析能力为后续“交直流调速器应用与维护”“自动生产线的安装与调试”课程学习提供了知识和技能，也为顶岗实习必备的职业技能和职业素养打下了坚实基础。

可见，本课程在电气自动化技术专业课程体系中起承上启下的作用。

2. 为学生从学校通向职场搭建了桥梁

本课程培养的仪器仪表的操作技能、电力电子器件的选择和测试能力、电力电子设备的安装和调试技能、故障分析和处理能力，使学生能够胜任电力电子设备的安装与调试岗位，为学生从学校通向职场搭建了桥梁。

3. 促进了学生职业素养的养成

本课程将维修电工职业标准、电气设备安全标准、勇于创新和敬业乐业的工作作风、爱护设备及工具、保持工作环境清洁有序、文明生产、高度的责任心等贯穿于整个教学过程中，促进了学生职业素养的养成。

4. 为学生可持续发展奠定了基础

本课程培养的电力电子技术理论知识，以及自我学习、收集和检索信息、查阅技术资料、制订工作计划、分析问题和解决问题的方法，为学生可持续发展奠定了基础。

五、课程设计的理念与思路

（一）课程设计的理念

“电力电子设备的安装与调试”课程的设计理念如下：

1）以培养电力电子设备安装与调试职业能力和相关岗位群可持续发展能力为课程目标。

2）以电力电子设备安装与调试工作过程为导向开发课程。

3）以完成工作任务为导向组织教学。

4）“学校-企业-网络”三位一体实施课程，为学生从学校通向职场搭建桥梁。

（二）课程设计的思路

1）以职业能力需求为依据，确定课程目标。

通过分析电力电子设备安装、调试与维护岗位群典型工作任务的工作过程，解构完成工作任务所需的知识、技能、职业道德、职业行为规范等要素，结合专业人才培养目标、电力电子产业及职业生涯发展对人才的需求，确定课程目标。

2）围绕课程目标，选取教学内容。

围绕课程目标，结合学生的认知规律及职业能力培养规律等学习过程要素，根据与前后续课程的衔接关系，参照维修电工等国家职业标准，选取教学内容。

3）以真实工作任务为载体，构建项目课程。

根据选取的教学内容，以真实工作任务为载体，对教学内容进行合理组织和序化，重构课程体系，形成项目课程。

4）以完成工作任务为导向，设计学习工作一体化教学过程。

以完成工作任务的工作过程为导向，将岗位工作过程和学校教学过程有机结合，设计理论实践一体化的“教学做”合一、学习工作一体化的工学交替教学模式。由校内“双师型”教师和校外兼职教师在校内和校外两个教学场地组织和实施教学。

5）构建与教学项目对应的企业网络，实现教学资源校企共享。

通过学校教师为企业提供技术服务、学生在工作过程中对生产和管理提出意见和建议等方式为企业创造经济效益，深化校企合作，构建与教学项目对应的企业网络，实现教学资源校企共享。

6）以合作企业为依托、课程网站为平台，“学校—企业—网络”三位一体实施课程。

以合作企业为依托，将教学项目的实施搬到企业，企业工程技术人员即兼职指导教师，企业即教学场地，学生即员工，完成工作任务即学习。以课程网站为平台，实现课程管理、教师指导、自主学习、课程资源网络化，实现课程实施“学校-企业-网络平台”三位一体。

7）以企业对员工的考核标准和职业标准为参考，实现考核评价多元化。

参考企业对员工的考核标准和职业标准，由学校教师和企业技术人员共同制定考核评价标准。考核以教学项目为单位，采用多元化的考核方式，学生、教师和企业人员共同参与，侧重考核学生的操作规范、学习态度、知识应用、专业技能、职业道德、职业素养，以及与人的沟通能力、自学能力、表达能力、方法能力、创新能力等。

8）以开放的课程研发机制为保障，实现课程研发动态化。

建立企业和学生回访制度、教学内容遴选机制、教师顶岗实践制度、课程建设定期会议制度。追踪行业企业的工作过程、新知识、新技术、新工艺、新设备等一线信息，及时更新教学内容、教学项目，改善教学条件，实现课程研发动态化。

课程设计思路，如图 14-3 所示。

课程目标	以职业能力需求为依据，确定课程目标
教学内容	围绕课程目标，选取教学内容
课程模式	以真实工作任务为载体，构建项目课程
教学过程	以完成工作任务为导向，设计学习工作一体化教学过程
教学资源	构建与教学项目对应的企业网络，实现教学资源校企共享
课程实施	以合作企业为依托、课程网站为平台，“学校-企业-网络”三位一体实施课程
考核评价	以企业对员工的考核标准和职业标准为参考，实现考核评价多元化
课程研发	以开放的课程研发机制为保障，实现课程研发动态化

图 14-3 “电力电子设备的安装与调试”课程设计思路

六、教学内容的针对性与适用性

（一）教学内容选取的指导思想和基本原则

在充分调研行业企业的基础上，通过对电力电子设备安装与调试职业岗位群的典型工作任务的工作过程进行分析，了解所需知识、技能、职业道德、职业行为规范要求，根据专业人才培养目标要求及其与前后续课程的衔接关系，参照相关职业标准，选取教学内容，以突出职业能力和可持续发展能力培养，如图 14-4 所示。

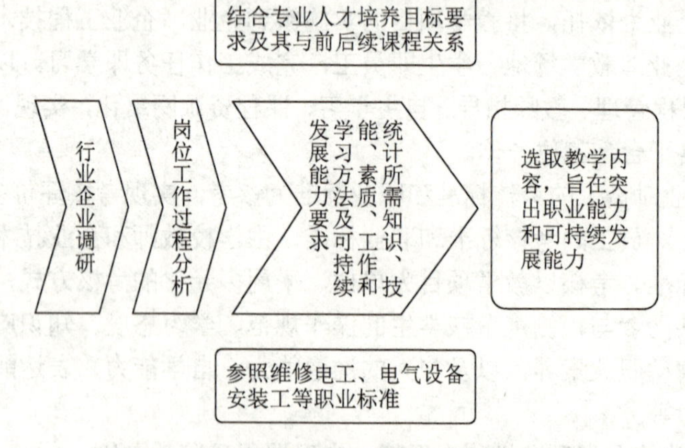

图 14-4 教学内容选取的指导思想和基本原则

（二）电力电子设备安装与调试职业岗位群能力需求分析

电力电子设备安装与调试与维护岗位群工作任务及能力需求，如表 14-2 所示。

表 14-2 电力电子设备安装与调试职业岗位群工作任务及能力需求

职业岗位	工作任务	能力需求
电力电子设备销售	和客户沟通，了解客户需求 为客户提供解决方案 产品的市场宣传 客户回访 客户投诉处理	熟悉电力电子设备的特性和功能 熟知同类产品并进行优劣比较 熟悉电力电子设备的应用场合 能初步核算产品成本 能进行产品的简单维修保养 能有计划的工作 具有坚持不懈的精神 具有良好的口头表达能力和团队协作精神
电力电子设备售后服务	售后技术服务 了解客户需求及产品的改进 编制故障处理流程 为客户提供解决方案 故障处理 客户投诉处理	能识读电力电子设备电路图 熟悉电力电子设备的特性和功能 具有电力电子设备故障分析与处理能力 熟悉售后服务流程 能正确选择和使用仪器仪表 能进行产品的维修保养 能进行成本核算 能有计划的工作 具有良好的口头表达能力和团队协作精神
电力电子设备日常维护	制订设备日常维修与保养计划 设备的日常维护与保养 设备维修备件采购申请 设备操作技术指导与培训 故障处理	熟悉电力电子设备的特性和功能 大功率电力电子器件的使用和保养 具有电力电子设备故障分析与处理能力 具备电气安全操作技能 能识读电力电子电路图 能正确选择和使用仪器仪表 能有计划的工作 具有良好的口头表达能力和团队协作精神 熟悉 6S 标准规范
电力电子设备的安装调试	制订设备安装调试计划 工具、器件、材料领取 根据安装图接线 设备的调试 调试过程记录	能选择和测试电力电子器件 能分析电力电子主电路、控制电路、辅助电路工作原理 能进行电路原理图的绘制和 PCB 的制作 能进行小功率电力电子电路图的焊接、大功率电力电子设备的接线 高低压电器安装 能识读电力电子设备原理图和安装图 能根据任务需求查阅资料和收集信息 能正确选择和使用电工工具及仪器仪表 熟悉电力电子设备安装调试方法 具有电力电子设备故障分析与处理能力 具备电气安全操作技能 熟悉电气设备安全操作规程、电气设备安全标准等行业企业规范与标准 熟悉 6S 标准规范 能有计划的工作 具有良好的口头表达能力和团队协作精神

续表

职业岗位	工作任务	能力需求
电力电子设备的故障维修	故障分析 工具、材料领取 制订维修计划 故障处理 填写维修单 统计故障信息	能选择电力电子器件 能识读电力电子设备原理图和安装图 能分析电力电子主电路、控制电路、辅助电路工作原理 熟悉电气设备安全操作规程、电气设备安全标准等行业企业规范与标准 能根据任务需求查阅资料和收集信息 具有电力电子设备故障分析与处理能力 具备电气安全操作技能 能有计划的工作 能进行成本核算 熟悉 6S 标准规范 能正确选择和使用电工工具及仪器仪表 具有良好的口头表达能力和团队协作精神
工艺员	设备安装工艺制定 设备安装工艺监督 安装工艺改进和完善 设备安装技术指导 设备安装人员培训	熟悉设备的工艺要求 熟悉工艺文件的编制 能识读电力电子设备原理图和安装图 熟悉电路板的焊接、电力电子器件的接线 熟悉设备的特性和功能 具备电气安全操作技能 能有计划的工作 具有良好的口头表达能力和团队协作精神
电力电子设备生产车间技术员	设备安装调试技术指导 技术资料收集和整理 监督和检查设备安全 生产人员技术培训 协助制订设备安装调试计划	熟悉电力电子设备的特性和功能 熟悉电力电子设备的生产流程 熟悉电气设备安全操作规程、电气设备安全标准等行业企业规范与标准 具有电气设备安全操作技能 能有计划的工作 具有良好的口头表达能力和团队协作精神 具有组织和协调能力 熟悉 6S 标准规范

注：6S，即整理（seiri）、整顿（seiton）、清扫（seiso）、清洁（seiketsu）、素养（shitsuke）、安全（safety）。

统计归纳岗位群的能力需求分析，电力电子设备生产和使用企业对设备安装、调试与维护岗位群所需能力，如表 14-3 所示。

表 14-3　电力电子设备安装与调试岗位群所需能力

知识能力	电力电子器件（晶闸管、双向晶闸管、GTO、GTR、MOSFET、IGBT）的选择与测试、电力电子电路（单相整流电路、单相交流调压、三相整流电路、直流斩波电路、单相逆变、三相逆变、单结晶体管触发电路、集成触发电路、保护电路）原理分析、电工安全操作规程、电气设备安全标准等行业企业规范与标准
技能能力	电工工具的使用、仪器仪表的操作、电气线路的安装、电气安全操作、电路板的制作、高低压电器安装、电力电子器件的测试、电力电子设备的安装与调试
方法能力	电力电子设备安装、调试、故障处理、日常保养的方法；制订工作计划；资料查阅和信息收集、成本核算
素质能力	口头表达能力、组织协调能力、团队合作精神、保持工作环境清洁、爱护设备及工具、文明生产、爱岗敬业

（三）电力电子产业及职业生涯发展对人才需求

电力电子产业及职业生涯发展对人才需求，如表 14-4 所示。

表 14-4　电力电子产业及职业生涯发展对人才需求

电力电子产业特点	对人才需求
创新：中国的电力电子器件还仅仅停留在功率二极管、晶闸管、GTO 的技术上，近年来没有大的发展。而目前被广泛应用的 MOSFET、IGBT、IGCT 等完全依赖进口	知识：MOSFET、IGBT、IGCT 原理及结构 素质：创新精神
技术含量高：电力电子是一个多学科交叉的新型学科，它包含电力、电子、控制三大电气工程技术。随着技术的发展，又与现代控制理论、材料科学、电机工程、微电子技术等许多领域密切相关	知识和技能：电力电子技术理论知识和基本技能 能力：综合知识的能力 素质：创新精神
团队合作：电力电子技术涉及多学科，工艺、系统、技术的经验的积累与团队的合作比任何方面都重要	知识和技能：电力电子技术理论知识和基本技能 素质：与人沟通、团队合作
开发成本高：电力电子产品开发周期长、资金投入大	知识和技能：电力电子技术理论知识和基本技能 素质：吃苦耐劳、乐于奉献、成本核算
发展：节能、新能源开发、环保	知识：电力电子新元件、新产品、新技术、新应用 素质：环保、节能、创新

（四）学生已有知识技能分析

学生已有知识技能分析，如表 14-5 所示。

表 14-5　学生已有知识技能分析表

已学课程	已具备能力
电工技术基础	电工工具的使用能力、仪器仪表的操作能力、电路基本理论
电子电路分析与应用	电子元器件识别及焊接、电子电路的分析
印刷电路板设计与制板工艺	电路原理图绘制、印刷电路板制作
机床控制系统的运行与维护	高低压电器的动作原理、电气线路安装、高低压电器安装能力

（五）教学内容的选取

根据以上分析，“电力电子设备的安装与调试”课程选取的教学内容，如表 14-6 所示。

表 14-6　“电力电子设备的安装与调试”课程选取的教学内容

知识能力	电力电子器件（晶闸管、双向晶闸管、GTO、GTR、MOSFET、IGBT、IGCT）的选择与测试；电力电子电路（单相整流电路、单相交流调压、三相整流电路、直流斩波电路、单相逆变、三相逆变、单结晶体管触发电路、集成触发电路、保护电路）原理分析；电工安全操作规程；电气设备安全标准等行业企业规范与标准；电力电子技术发展
技能能力	电气安全操作、电力电子器件的测试、电力电子设备的安装与调试
方法能力	电力电子设备安装、调试、故障处理、日常保养的方法；制订工作计划；资料查阅和信息收集、成本核算
素质能力	创新精神、口头表达能力、组织协调能力、团队合作精神、保持工作环境清洁、爱护设备及工具、文明生产、爱岗敬业、乐于奉献

可见，“电力电子设备的安装与调试”课程针对电力电子设备生产和使用企业对设备安装、调试与维护岗位群能力的需求，综合电力电子产业及职业生涯发展需要选取的教学内容，符合高技能人才培养目标和职业岗位群的能力要求，能有力支撑人才培养目标的实现，为学生可持续发展能力奠定基础。同时，该教学内容除适合高职电气自动化技术等强电类专业教学外，还适合电力电子产业的技术培训。

七、教学内容的组织与安排

（一）指导思想

以真实岗位工作任务作为教学内容的载体，以完成工作任务的工作过程为导向，充分考虑学生的认知规律及职业能力培养规律，由简到繁、由易到难、由单一到综合循序渐进设计教学项目。以网络作为教学管理手段、由校内专任教师和企业兼职教师在校内和企业两个职业环境中共同组织和实施教学。

（二）教学内容的整合、序化

电力电子设备的电路包括主电路、控制电路及辅助电路 3 个部分。主电路的形式有单相或三相整流电路、单相或三相交流调压电路、直流斩波电路、单相串并联谐振逆变电路、三相 PWM 调制逆变电路；控制电路主要有简易触发电路、单结晶体管触发电路、锯齿波触发电路、集成触发电路、IGBT、GTR、MOSFET 驱动电路；辅助电路主要有过电压保护和过电流保护电路。

为了能让学生在每个教学项目的实施过程中，都建立完整的电力电子设备的整体概念，体验完整的电力电子设备的安装与调试过程，本章合理组织上述教学内容，选择单相交流调压电路和简易触发电路组成的调压开关，单相整流和单结晶体管触发电路组成的调光灯，GTR 或 MOSFET 为开关器件的直流斩波电路组成的开关电源，单相或三相整流电路为主电路、集成触发电路组成的整流柜，三相整流和单相串并联谐振逆变电路组成的中频感应加热电源，三相 PWM 调制逆变电路组成的三相变频电源 6 个电力电子设备，以完成 6 个设备的安装与调试工作任务作为教学内容的载体。序化教学内容，形成项目课程结构。教学内容整合序化，如图 14-5 所示。

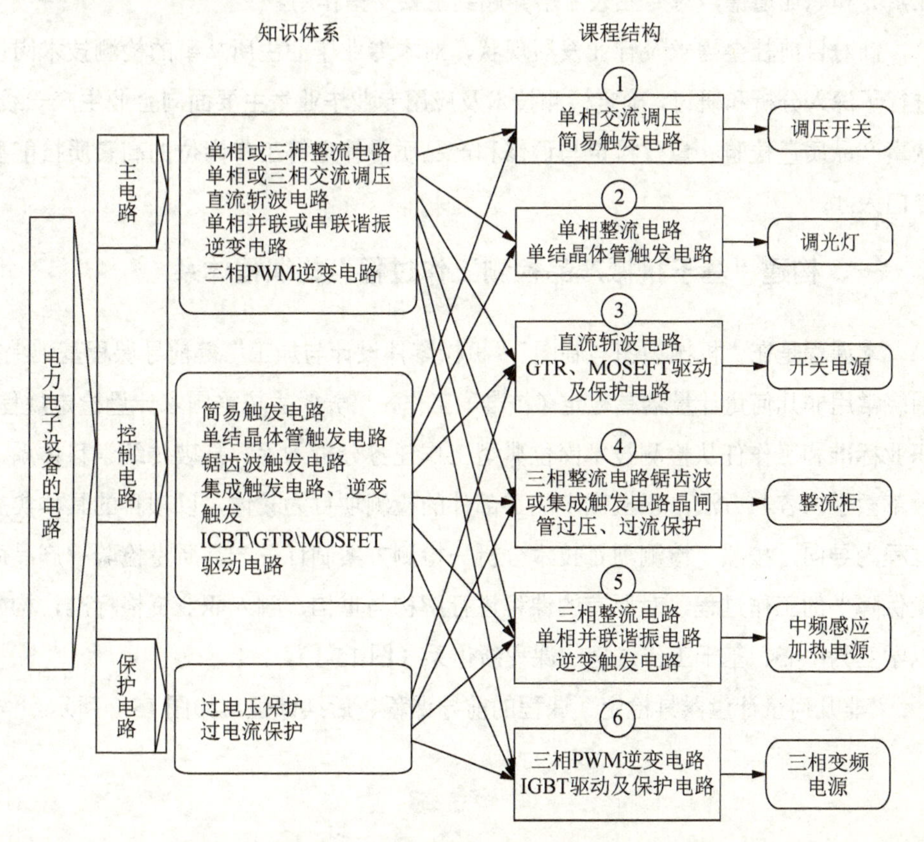

图 14-5　课程教学内容整合序化图

第十五章

非几何量计量器具检定

“非几何量计量器具检定”课程是一门检测技术及应用专业的核心课程。培养的是学生完成力学、电学、温度等常用非几何量计量器具检定岗位工作的能力，也是获取力学、电学、温度计量检定员职业资格证书的关键课程。以力学、电学、温度等常用非几何量计量器具为学习项目载体，以计量器具检定工作过程为导向开发工学结合优质核心课程。通过教学，学生熟悉企业常用非几何量计量器具的结构组成和工作原理；熟练掌握常用非几何量计量器具的检定方法，培养学生履行力学、电学、温度计量检定员职业岗位所需的知识与技能，学生具有良好的职业素养和职业道德，对专业人才培养起到主要支撑作用。

针对目前社会需求及行业发展现状，对本专业毕业生所从事的检测技术岗位进行了深入分析和研讨，确定检测技术及应用专业毕业生主要面向企业生产一线，从事产品质量检验、量仪检定与调修和产品质量管理等工作岗位的高素质技能型专门人才。

一、构建“基于机械产品检测工作过程”的课程体系

本课程是在“机械识图与制图”“机械零件设计与加工”等前导课程基础上，围绕常用非几何量计量器具检定（校准）工作，培养学生依据国家计量检定规程、职业标准和工作任从检测技术岗位典型工作任务分析入手，打破传统学科体系，改革教学内容与方法，以机械产品零部件的检测项目为载体，以项目的具体实施过程为导向，按照“检测项目技术分析→检测方案制订→产品质量检验→产品质量保障”的工作过程，对原有的课程进行解构与重构，融入职业资格标准，构建以学生为中心、基于工作过程的课程新体系（图 15-1）。

“非几何量计量器具检定”课程的前导课程、后续课程，如图 15-2 所示。

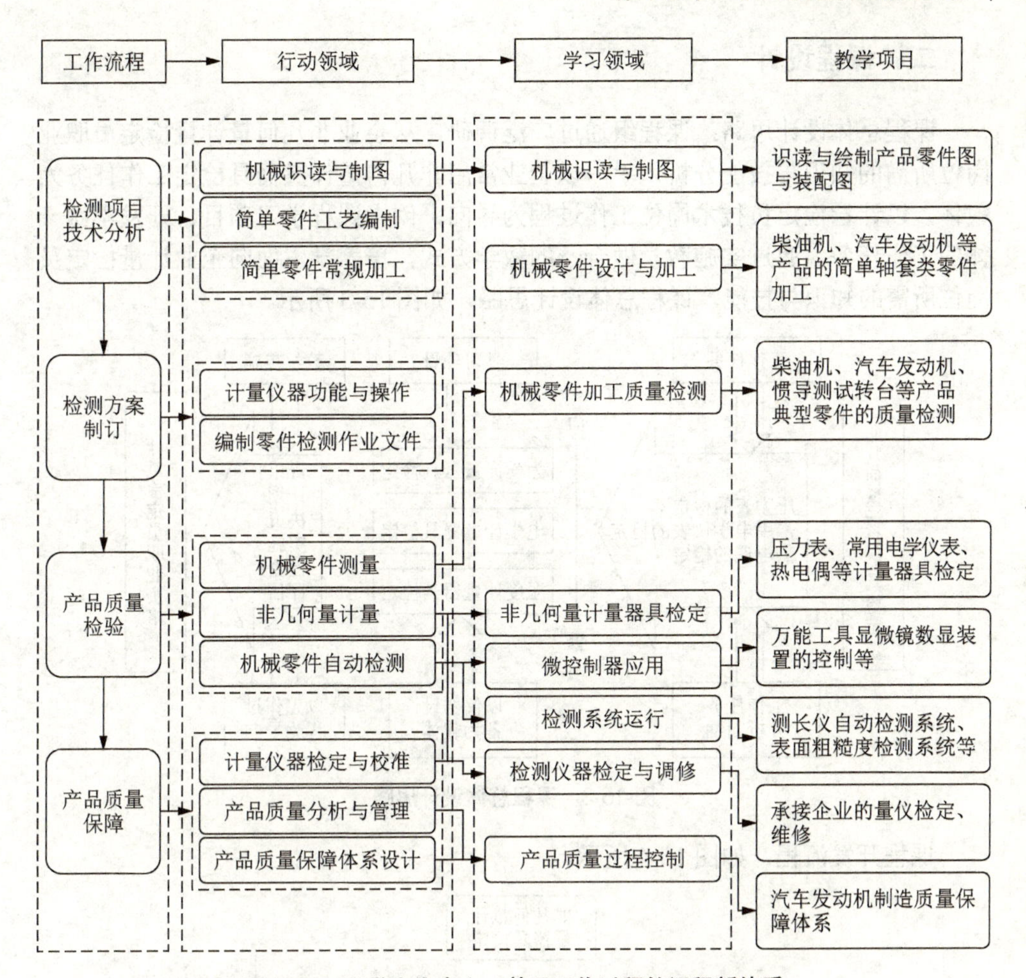

图 15-1　以学生为中心、基于工作过程的课程新体系

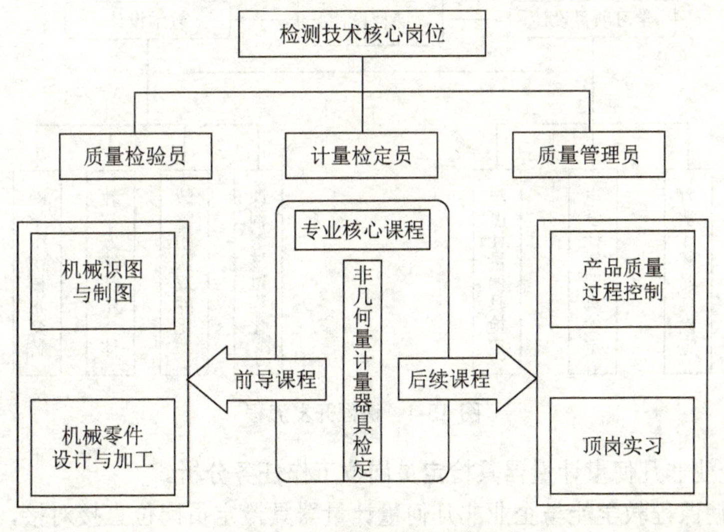

图 15-2　课程的性质与作用

二、课程设计

课程总体设计思路：课程组通过广泛调研，从企业非几何量计量检定员职业岗位所需的知识与技能分析入手，以企业常用非几何量计量器具检定工作任务为载体，以计量检定员技术岗位工作过程为导向，创设课程学习项目，开发学做一体的工作任务，通过实施教学做合一的教学方式，培养学生面向企业计量检定员岗位所需的知识与技能。课程总体设计思路，如图 15-3 所示。

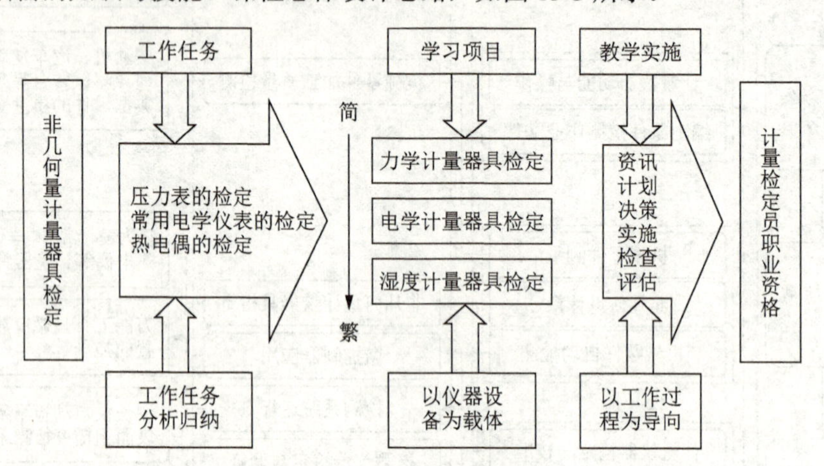

图 15-3　课程总体设计思路

课程开发流程，如图 15-4 所示。

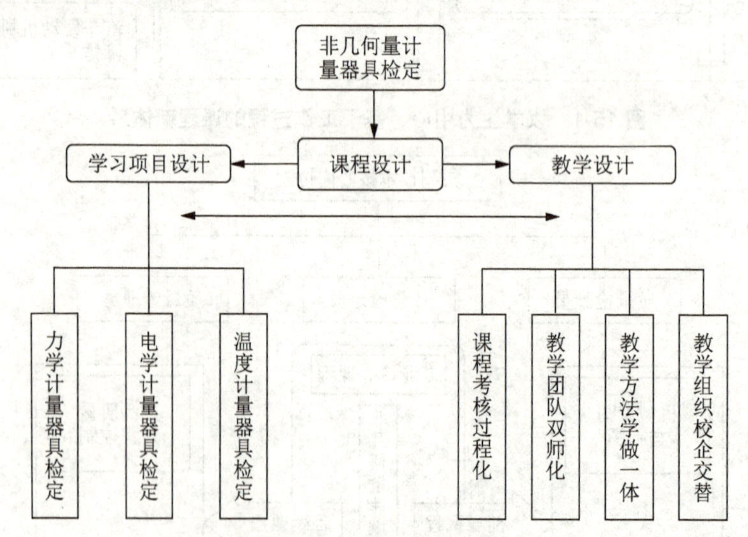

图 15-4　课程开发流程

1）企业非几何量计量器具检定员岗位工作任务分析。

为了使课程教学能与企业非几何量计量器具检定员岗位直接对接，准确对课程进行定位，在广泛听取行业专家、企业工程技术人员和本专业毕业生意见和建议的基础上，按照普遍性原则归纳出非几何量计量器具检定员岗位的典型工作任务：压力表检定、硬度计检定、材料试验机检定、常用电学仪表检定、热电偶检定、检定数据处理与撰写检定报告、开具检定证书或检定结果通知书等。

2）企业非几何量计量器具检定员岗位工作过程分析。

在查阅国家计量检定规程、计量校准技术规范、深入企业一线听取计量检定人员和计量管理人员工作描述的基础上，归纳出非几何量计量器具检定员岗位工作过程（图 15-5）。

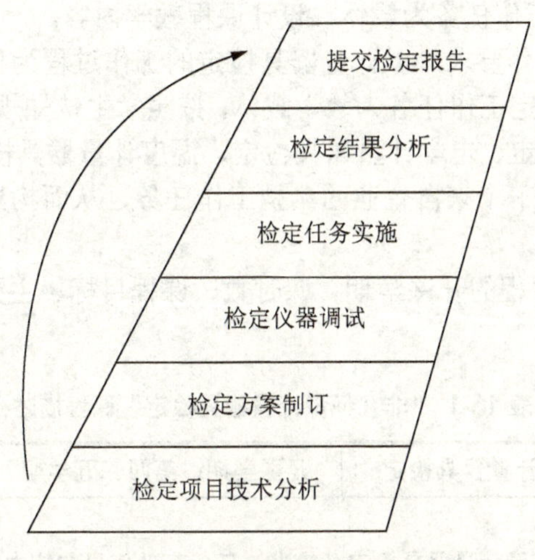

图 15-5　计量器具检定工作过程

3）课程学习项目设计。

围绕企业非几何量计量器具检定典型工作任务，课程以计量器具检定工作过程为导向，选取江西江州联合造船有限责任公司、九江昌河汽车有限公司、九江精密测试研究所等多家企业常用非几何量计量器具作为教学载体，按照计量检定技术岗位必需、够用的原则，对“力学计量”“电学计量”“温度计量”“数据处理与误差分析”等原有课程进行解构与重构，按照先学会计量参数的检测、再学会计量器具的检定的思路，开发力学计量器具检定、电学计量器具检定、温度计量器具检定 3 个学习项目，每个学习项目根据需要设置若干个工作任务。

三、教学内容

1）依据岗位职业能力培养选取教学内容，确定课程目标。

通过广泛调研并充分发挥专业教学指导委员的作用，依据计量检定员岗位职业能力培养要求，融入力学、电学、温度计量检定员职业资格标准，在对原有课程进行解构与重构的基础上选取课程教学内容，确定课程目标。

专业能力包括：非几何量计量检定标准仪器设备的校准调试能力，非几何量计量器具的检定能力，数据处理与合格性判断能力，检定报告的编写能力等。

方法能力包括信息资料收集整理能力、制订实施工作计划的能力等。

社会能力包括沟通协调能力、团队协作能力、安全操作规范、爱岗敬业的职业道德、责任心等。

本课程以压力表的检定等 10 个工作任务为载体来组织教学。工作任务源于校企合作的真实任务，又高于真实任务。工作任务经过教学化处理改造成适合学生的学习型工作任务，同时积极将非几何量计量器具检定方面的新知识、新技术、新设备、新规程融入课程教学内容中，确保教学内容满足企业的需要，从而保证毕业生能够适应企业发展的需求。

2）以企业真实工作任务为载体，设计课程教学内容。

依据职业能力培养要求，以计量器具检定的工作过程为导向，以企业常用的非几何量计量器具检定工作任务为教学载体，按照学生认知规律和职业成长规律，开发力学计量器具检定、电学计量器具检定、温度计量器具检定 3 个学习项目。每个学习项目包含若干个来自企业的典型工作任务，从而构建基于工作过程的课程教学内容。

在表 15-1 中对课程的开课学期、课时数、课程目标、主要内容、教学方法等做了具体说明。

表 15-1 “非几何量计量器具检定”课程描述

<table>
<tr><td>学习领域：非几何量计量器具检定</td><td colspan="2">开课学期：第四、五学期</td><td>总课时：130</td></tr>
<tr><td colspan="4">课程目标：
1. 获取企业常用非几何量计量器具检定（校准）任务有效信息的能力
2. 能根据工作任务需要，搜集、整理和学习相关的资源信息
3. 能根据工作任务制订计量器具检定（校准）方案
4. 能够根据国家计量器具检定规程（校准规范）对计量器具进行检定（校准）
5. 能够对企业常用非几何量计量器具检定（校准）过程中出现的问题进行分析、处理
6. 能够根据计量器具检定（校准）结果出具检定证书（校准结果通知书）
7. 能对计量器具检定（校准）工作任务完成情况进行科学的评价，并自觉承担相应的责任
8. 在计量器具移交过程中，能与客户进行很好的沟通，向客户介绍关于计量器具使用和维护保养方面的知识</td></tr>
<tr><td>主 要 内 容</td><td colspan="2">教学方法建议</td><td>教学场地</td></tr>
<tr><td>1. 压力表的检定
2. 硬度计的检定
3. 天平的检定
4. 材料试验机的检定
5. 标准电池的检定
6. 直流电阻器的检定
7. 常用电学仪表的检定
8. 膨胀式温度计的检定
9. 热电阻的检定
10. 热电偶的检定</td><td colspan="2">示范教学法
任务驱动教学法
小组讨论教学法
现场教学法</td><td>校内：
综合检测实训室
校外：
校外实习基地</td></tr>
</table>

续表

教学材料	主要检定工具（设备）	学生知识与能力基础	教师知识与能力要求	考核与评价	备注
1. 教学课件 2. 工作任务单 3. 国家检定规程 4. 校准技术规范 5. 检修记录单 6. 检定证书 7. 校准结果通知书	1. 压力校验仪 2. 标准硬度块 3. 标准砝码 4. 标准测力计 5. 直流电桥电阻箱电位差计智能检定系统 6. 标准直流电桥 7. 标准数字多用表 8. 标准温度计 9. 标准热电偶 10. 电阻测量仪	1. 机械识图能力 2. 公差配合与测量知识 3. 电工电子知识 4. 常用工具的使用能力 5. 数据处理知识 6. 钳工、电工技能 7. 团队合作能力	1. 熟悉常用力学、电学、温度计量器具的检定规程和校准规范 2. 掌握常用力、电、温计量器具检定（校准）技能 3. 对检定（校准）过程中出现的问题进行分析、处理能力 4. 熟悉计量器具检定（校准）结果的处理	1. 考核内容：力学、电学、温度计量的基本概念与常用计量器具的基本原理；检定（校准）的实操动手能力、团队合作精神、工作态度等 2. 评价方式：小组同学互评、老师评价、企业评价	增强学生在仪器检定与调修操作的动手能力，强化学生在工作中的独立性

表 15-2 中，详细说明了每一个学习项目培养的职业能力目标。

表 15-2 学习项目与职业能力目标

学习项目	职业能力目标
力学计量器具检定	具有压力表、硬度计、天平、材料试验机检定的职业能力；在检定过程中，培养检定方案制订、计量标准仪器设备操作调试、检定实施等方法能力；培养团结协作、安全规范及良好的职业道德等社会能力
电学计量器具检定	具有标准电池、直流电阻器、常用电学仪表检定的职业能力；在检定过程中，培养检定方案制订、计量标准仪器设备操作调试、检定实施等方法能力；培养团结协作、安全规范及良好的职业道德等社会能力
温度计量器具检定	具有膨胀式温度计、热电阻、热电偶检定的职业能力；在检定过程中，培养检定方案制订、计量标准仪器设备操作调试、检定实施等方法能力；培养团结协作、安全规范及良好的职业道德等社会能力

四、教学内容的组织与安排

1. 教学内容的组织

按照“任务导向、学做一体”的课程开发思路，依据职业岗位知识能力要求，以企业检定任务为载体，本课程教学内容共设计 3 个学习项目，开发学做一体的学习性工作任务 10 个，整个课程教学安排 130 个课时。教学内容组织与安排表，如表 15-3 所示。

表 15-3 教学内容组织与安排表

学习项目	工作任务	主要内容和目标	课时	
			校内	校外
力学计量器具检定	压力表检定	以上海远东仪表厂生产的压力表为载体，讲授压力计量的有关概念、压力计量器具的工作原理、压力表的结构、压力表检定的知识与技能，培养学生正确、熟练使用、调整计量标准仪器设备，掌握压力表的检定方法及数据处理等方面的技能	10	2
	硬度计检定	以上海尚材试验机有限公司生产的硬度计为载体，讲授硬度计量的有关概念、硬度计的结构原理、硬度计检定的知识与技能，培养学生正确、熟练使用、调整计量标准设备，掌握硬度计的检定方法及数据处理等方面的技能	10	4
	天平检定	以湖南湘仪科学仪器设备有限公司生产的天平为载体，讲授质量计量的有关概念、天平的结构原理，天平检定的知识与技能，培养学生正确、熟练使用、调整计量标准仪器设备，掌握天平的检定方法及数据处理等方面的技能	14	4
	材料试验机检定	以长春科新试验仪器有限公司生产的万能材料试验机为载体，讲授力值计量的有关概念、力值计量仪器的工作原理、材料试验机的结构原理、材料试验机检定的知识与技能，培养学生正确、熟练使用、调整计量标准设备，掌握材料试验机的检定方法及数据处理等方面的技能	8	2
电学计量器具检定	标准电池检定	以江西东华计量测试研究所生产的标准电池为载体，讲授标准电池的结构原理、主要特性及技术要求及标准电池检定的知识与技能，培养学生正确、熟练使用、调整计量标准设备，掌握标准电池的检定方法及数据处理等方面的技能	12	4
	直流电阻器检定	以杭州精科仪器有限公司生产的直流电阻器为载体，讲授直流电阻器的结构原理、主要特性及技术要求及直流电阻器检定的知识与技能，培养学生正确、熟练使用、调整计量标准设备，掌握直流电阻器的检定方法及数据处理等方面的技能	14	4
	常用电学仪表检定	以九江仪表厂生产的常用电学仪表为载体，讲授常用电学仪表的结构原理、主要特性及技术要求及常用电学仪表检定的知识与技能，培养学生正确、熟练使用、调整计量标准设备，掌握常用电学仪表的检定方法及数据处理等方面的技能	8	4
温度计量器具检定	膨胀式温度计检定	以浙江余姚长江温度仪表厂生产的膨胀式温度计为载体，讲授膨胀式温度计的结构原理、主要特性及技术要求及膨胀式温度计检定的知识与技能，培养学生正确、熟练使用、调整计量标准设备，掌握膨胀式温度计的检定方法及数据处理等方面的技能	8	2

续表

学习项目	工作任务	主要内容和目标	课时	
			校内	校外
	热电阻检定	以武汉恒新国仪科技有限公司生产的热电阻为载体，讲授热电阻的测温原理、主要特性及技术要求及热电阻检定的知识与技能，培养学生正确、熟练使用、调整计量标准设备，掌握热电阻的检定方法及数据处理等方面的技能	8	2
	热电偶检定	以山东德鲁泰计量科技有限公司生产的热电偶为载体，讲授热电偶的测温原理、主要特性及技术要求及热电偶检定的知识与技能，培养学生正确、熟练使用、调整计量标准设备，掌握热电偶的检定方法及数据处理等方面的技能	8	2

第十六章

工控系统安装与调试

“工控系统安装与调试”课程是机电一体化技术专业、电气自动化技术专业的核心技术课程。以“集成设计、系统安装、组态编程、调试运行” 关键能力为主线，将“工控组态与触摸屏技术”“PLC 控制技术”“变频器应用技术”等多门课程的教学内容进行重新解构，组成了“工控系统安装与调试”课程教学内容。

本课程旨在培养具有工控系统集成设计、系统安装、组态编程、调试运行能力的面向中小企业的高素质技能型专门人才，与课程相对应的工作岗位是工控系统设计集成、上位机组态、PLC 编程、安装、调试、维护、改造、运行、销售等生产一线岗位的职业能力（图 16-1）。

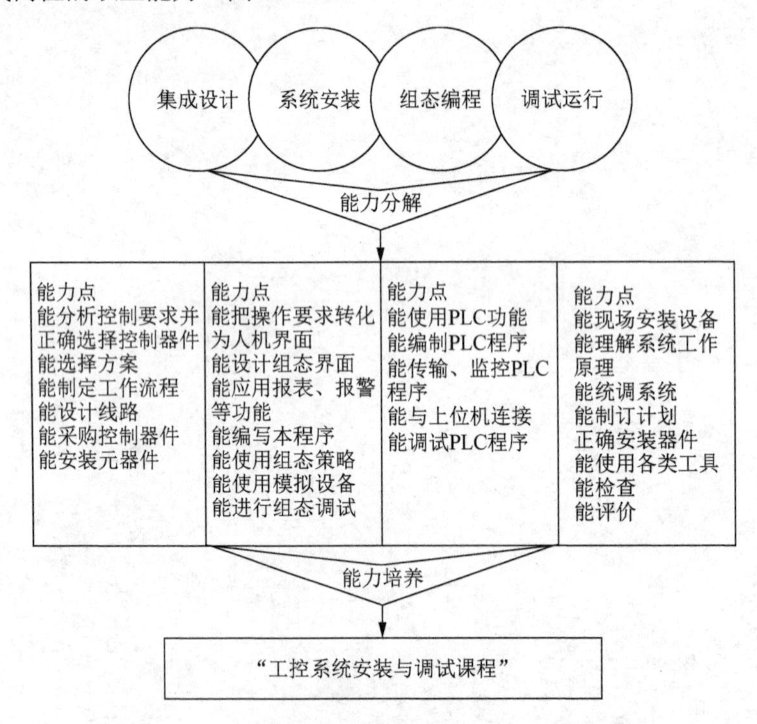

图 16-1 “工控系统安装与调试”课程的能力培养

一、课程目标

本课程通过主导模块教学，培养学生应用组态软件、PLC、变频器、传感器、气动技术等进行工控系统集成的能力，使学生掌握工控系统安装与调试的知识、技能、方法和技巧，初步形成解决生产现场实际问题的应用能力，为今后从事实际工作打下基础。同时，结合本课程特点，引导学生利用课余时间完成拓展模块的训练，利用到校企合作单位实习的机会完成顶岗实习模块，锻炼综合应用知识的能力。

本课程的主要任务如下：

1）通过本课程的教学，学生能够根据工控系统要求，运用组态软件、PLC、变频器、传感器等进行工控系统集成方案。

2）学生能够根据工控系统要求，掌握运用组态上位机现场监控界面与组态调试的知识、技能、方法和技巧；能够运用 PLC 编写控制程序，并与上位机通讯，有进行数据处理的能力，能够解决生产现场实际问题。

3）学生能够根据工控系统要求，进行设计、安装、上位机组态、PLC 编程、调试、操作、维修的能力。

4）培养学生收集技术资料能力及撰写技术报告、独立工作的能力。

5）培养学生科学思维、协作、创新，以适应学生职业生涯发展需要。

6）本课程涵盖了工控系统的各个方面，工控系统集成的组态软件和硬件系统厂家不同，但通过本课程的学习，可以使学生做到举一反三。

7）培养学生关键能力、职业能力；培养学生的思维能力和科学精神，培养学生学习新技术的能力；提高学生的综合素质和创新意识，为今后从事工控领域工作打下基础。

8）通过系统综合应用能力锻炼，培养学生的可持续发展能力。

“工控系统安装与调试”课程的主要任务，如图 16-2 所示。

本课程符合机电一体化技术专业高技能人才培养目标和专业技术领域职业岗位（群）的任职要求，既有理论知识，又有技能训练内容，是一门技术性、实践性、综合性非常强的“双证融通”课程。本课程分为教师主导模块、学生拓展模块和顶岗实习模块。

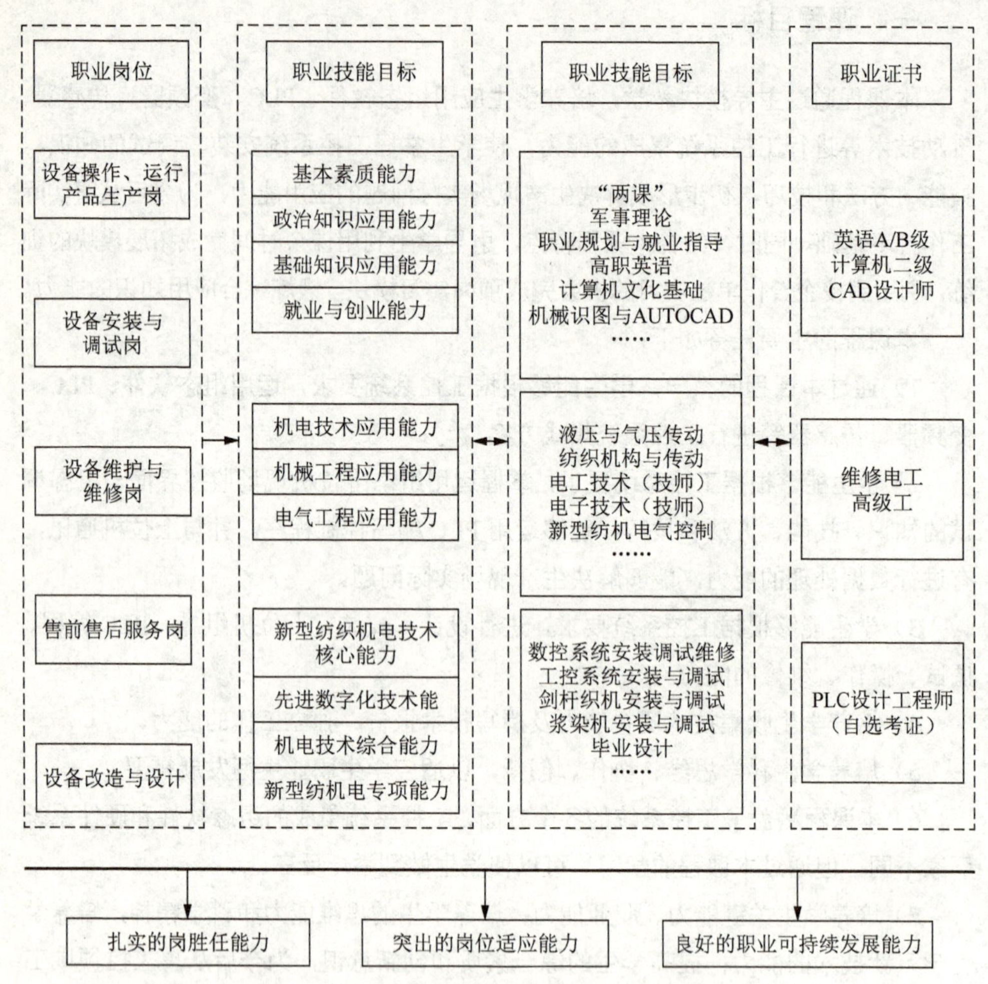

图 16-2 “工控系统安装与调试”课程的主要任务

二、基于工作过程的课程体系构建

本课程的先修主要技术课程有“单片机技术”“可编程控制技术”“传感器技术”“变频器技术”“气动技术”，它的后续主要课程是“维修电工高级工考核”“剑杆织机安装与调试”“数控系统安装调试与维修”“毕业设计”等实践环节（图 16-3）。

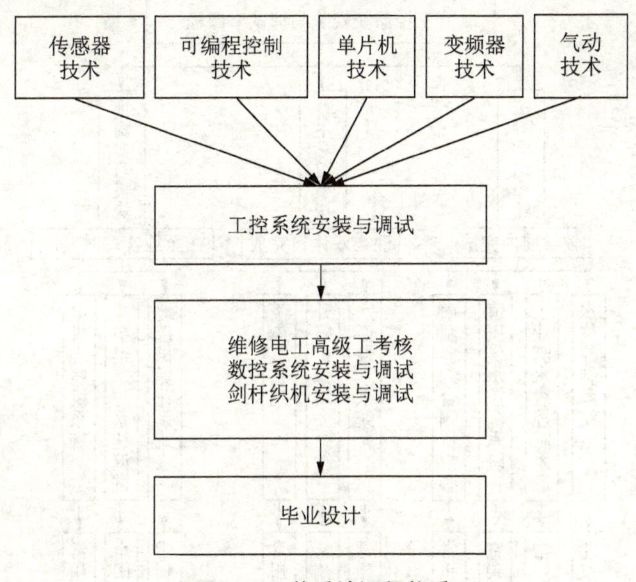

图 16-3 前后续课程关系

三、课程设计

围绕“工控项目了解→方案设计→硬件集成→流程图绘制→上位机软件组态→PLC 控制编程→安装调试→项目评价验收→技术资料编写”的整个工作过程和职业能力的培养，应用“行动导向”教学，教学是获取信息、制订计划、做出决定、实施计划、质量控制、评定工作成绩等环节的完整的行为模式。

1. 以职业能力为目标，紧跟高新技术的发展选取教学载体

随着以工业控制计算机为核心的工控集成系统技术的日趋完善和工程技术人员使用组态软件水平的不断提高，工控组态软件和 PLC、变频器、传感器、气动技术作为自动化技术集成系统极其重要的组成部分，也在突飞猛进地发展。“工控系统安装与调试”课程，如图 16-4 所示。

2. 企业工作模式与“行动导向”教学相结合进行教学设计

将在与企业合作过程中开发的典型、先进、可操作的项目放入课堂，以该课程的“集成设计、系统安装、组态编程、调试运行”能力为主线（图 16-5），围绕该技术岗位的工作过程模式“工控项目了解→方案设计→系统集成→流程图绘制→上位机软件组态→PLC 控制编程→安装调试→评价验收→技术资料编写”深入展开“行动导向”教学，以完整的职业行为引导学生职业素质的培养。

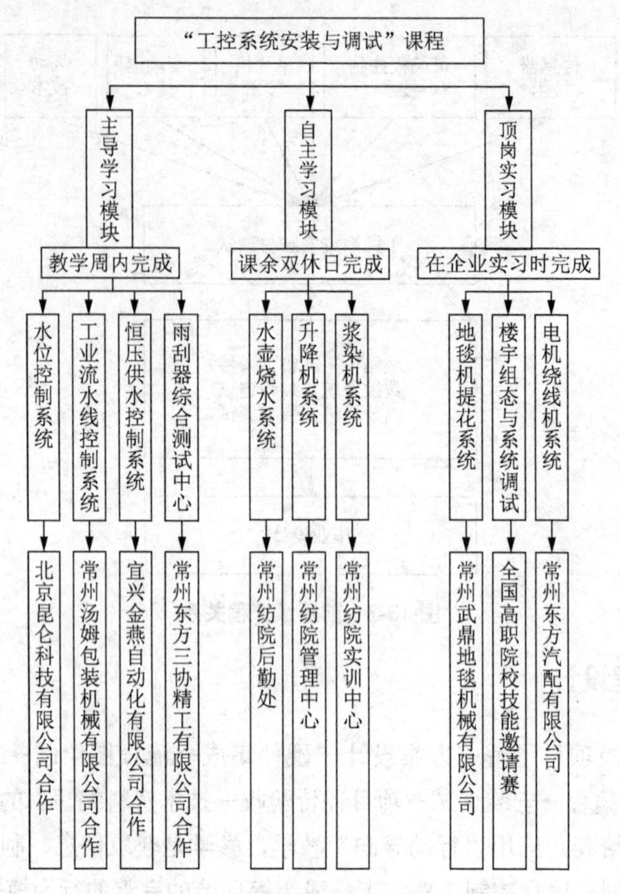

图 16-4 "工控系统安装与调试"课程

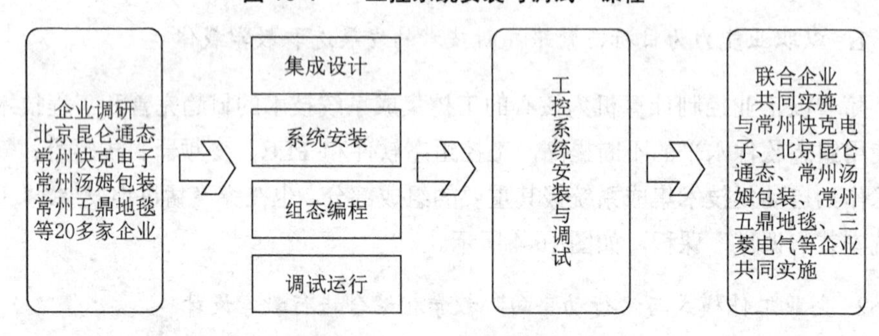

图 16-5 企业工作模式与行动

通过对本课程所要完成的工作任务和需要掌握的专业技能进行分析，发现长三角地区的制造类企业对工控系统高技能人才的要求主要集中在工控系统的系统集成、上位机软件组态、PLC 编程、安装、调试运行、维护、管理的生产一线技术应用能力。本课程以培养满足企业需要的职业能力为核心（图 16-6），对加强学生就业创业能力和可持续能力的培养。

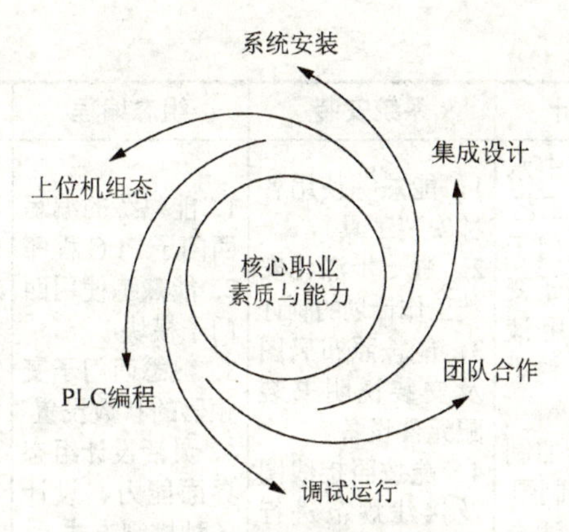

图 16-6　核心职业素质与能力

针对专业人才培养规格，教学内容的选取立足于满足企业的需要，分为 3 个模块，主导教学模块（4 个情景）、学生拓展模块（3 个情景）和顶岗实习模块（3 个情景）。

本课程以职业活动为导向，以满足企业需要的职业能力培养为核心，加强学生就业创业能力和关键能力的培养。在每个项目中专业技能训练分为基本技能、岗位技能、综合技能三个层次进行。表 16-1、图 16-7 为教学内容针对的核心能力。

表 16-1　教学内容针对的核心能力

学习情景	集成设计	系统安装	组态编程	调试运行
水位控制系统安装与调试	1. 能分析水位控制 2. 熟悉三菱 PLC、AD 模块及常用的传感器，熟悉选型 3. 熟悉组态软件设备的种类 4. 能选择适合的集成方案	1. 能熟练使用各种安装工具 2. 能够对水位控制系统制订安装工作计划 3. 能按照布局图及安装说明书装配元件设备 4. 能按照接线图及接线规范进行接线	1. 了解数据采集的基本知识 2. 能够根据控制要求画出程序流程图 3. 能够进行三菱 PLC 程序的编写 4. 能够熟悉组态的基本操作	1. 掌握水位控制系统模拟设备的连接方法 2. 学会简单的脚本程序的调试和修改 3. 能根据运行环境情况对动画组态调试 4. 熟悉上位机和下位机的通信调试
自动流水线控制系统安装与调试	1. 能分析流水线的控制要求 2. 能制订适合包装行业的流水线控制方案 3. 熟悉台达 PLC、台达变频器及接近开关，熟悉选型 4. 能选择适合的集成方案	1. 能熟练使用各种安装工具 2. 能够对自动流水线控制系统制订安装工作计划 3. 能按照布局图及安装说明书装配元件设备 4. 能按照接线图及接线规范进行接线	1. 能够理解控制要求 2. 能够熟练画出程序流程图 3. 能熟练应用台达 PLC 的编程 4. 熟悉台达变频器的参数设置 5. 熟悉应用组态编制	1. 能与他人合作解决问题 2. 能深入理解流水线的工作流程 3. 能够理解台达 PLC、台达变频器的工作方式 4. 能分析系统故障产生的原因，并排除故障 5. 进一步熟悉下上位机的通信方式

续表

学习情景	集成设计	系统安装	组态编程	调试运行
中水处理系统安装与调试	1．能了解中水处理的生产工艺 2．熟悉西门子PLC、西门子变频器及常用液位传感器，熟悉选型 3．能根据控制要求设计控制图 4．能选择适合的集成方案	1．能熟练使用各种安装工具 2．进一步深化安装工作计划的制订 3．能按照布局图及安装说明书装配元件设备 4．能按照接线图及接线规范进行接线	1．能熟练的编写西门子PLC程序 2．能熟练使用西门子模块 3．熟悉西门子变频器的参数设置 4．灵活设计组态界面能力、设计各种控制方式	1．能够进一步与他人合作 2．能够熟练分析故障、检测故障并排除故障 3．能够操作西门子PLC、西门子变频器的工作方式 4．能熟练掌握上下位机的通信
雨刮器综合测试中心设计安装与调试	1．了解国家对汽车行业的规范及要求 2．能制订适合汽车行业的雨刮器测试方案 3．能选择适合方案的元件设备 4．学习新电气元件、设备的方法和技巧 5．绘制电气结构图、电气原理图、电气柜布局图的绘图	1．根据工作任务制订计划 2．根据需要，罗列项目材料工具清单 3．在网板上安装空气开关、开关电源、PLC、接线柱等元件 4．根据角度测试需要，安装位置传感器 5．根据雨刮器电机电流测试需要，安装电流传感器 6．根据角度测试需要，安装位置传感器 7．能完成各器件之间的线路连接	1．根据测试要求，设计符合测试控制流程的PLC程序结构框图 2．掌握扩展AD模块的程序编写、三菱编程软件的编辑、传送、监控、调试能力 3．针对工程项目，灵活设计测试组态界面能力 4．根据测试要求，设计测试控制方式；界面组态技巧、数据的连接、动画模拟显示、参数实时曲线、报表界面、历史数据查询界面、策略组态、策略脚本程序编写、复位用户策略、旋转动画策略组态、报警循环策略	1．团队的综合协作能力 2．PLC模拟量模块FX2N-4AD-PT、FX2N-4AD调试能力，PLC控制程序的强制调试能力 3．上位组态和下位机FX2N-32MT连接 4．PLC通信参数的组态能力，压力仪表与上位通讯组态能力，数据对象和下位机数据采集通道的连接 5．压力测试仪表与上位机的连接调试 6．雨刮器综合测试中心测试流程控制和检测过程完整调试

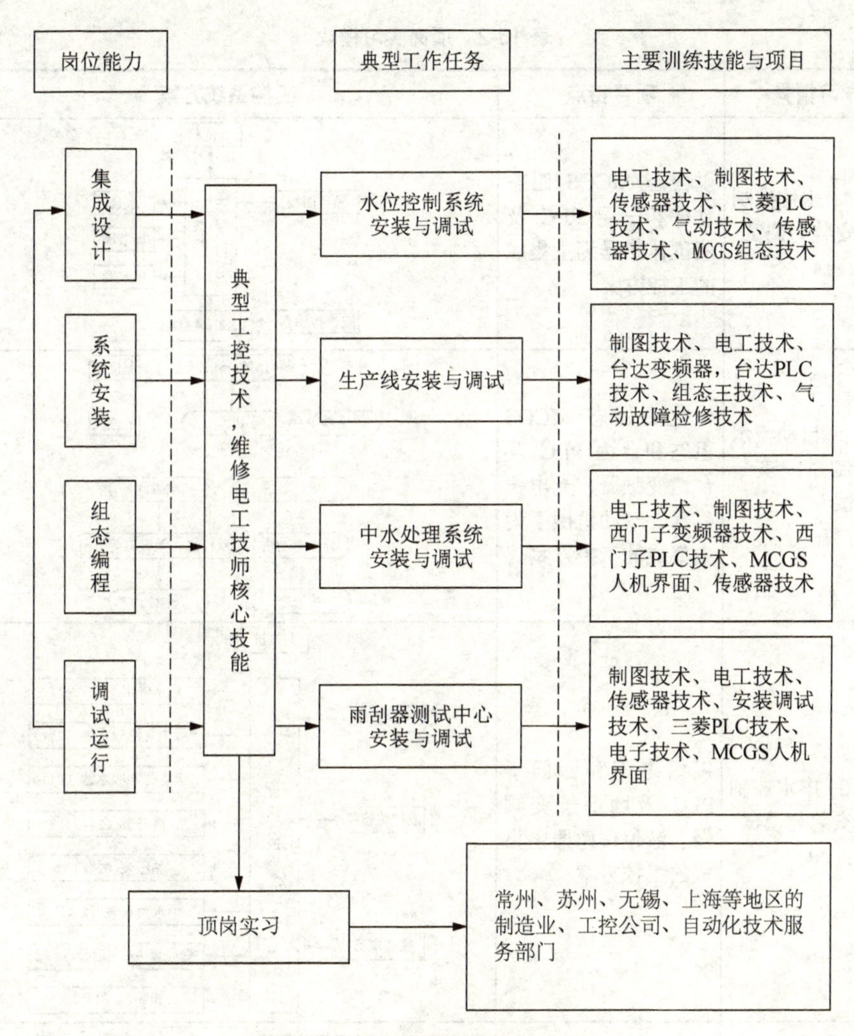

图 16-7　教学内容针对的核心能力

3. 学生拓展模块开放性，顶岗实习模块

在完成由“双师”素质教师主持的主导模块学习后，针对学生学习情况和兴趣爱好，将学生拓展模块学习在实验室开放期间（课余和双休日）完成，由学院的“双休日”工程师指导完成，并且学生可以参与工程师的企业课题；顶岗实习模块的校企合作于工学交替期间在企业完成，由学校教师和企业技术人员共同指导（表 16-2）。通过 3 个层次的学习，学生的技能得以不断提高。

表 16-2　顶岗实习模块

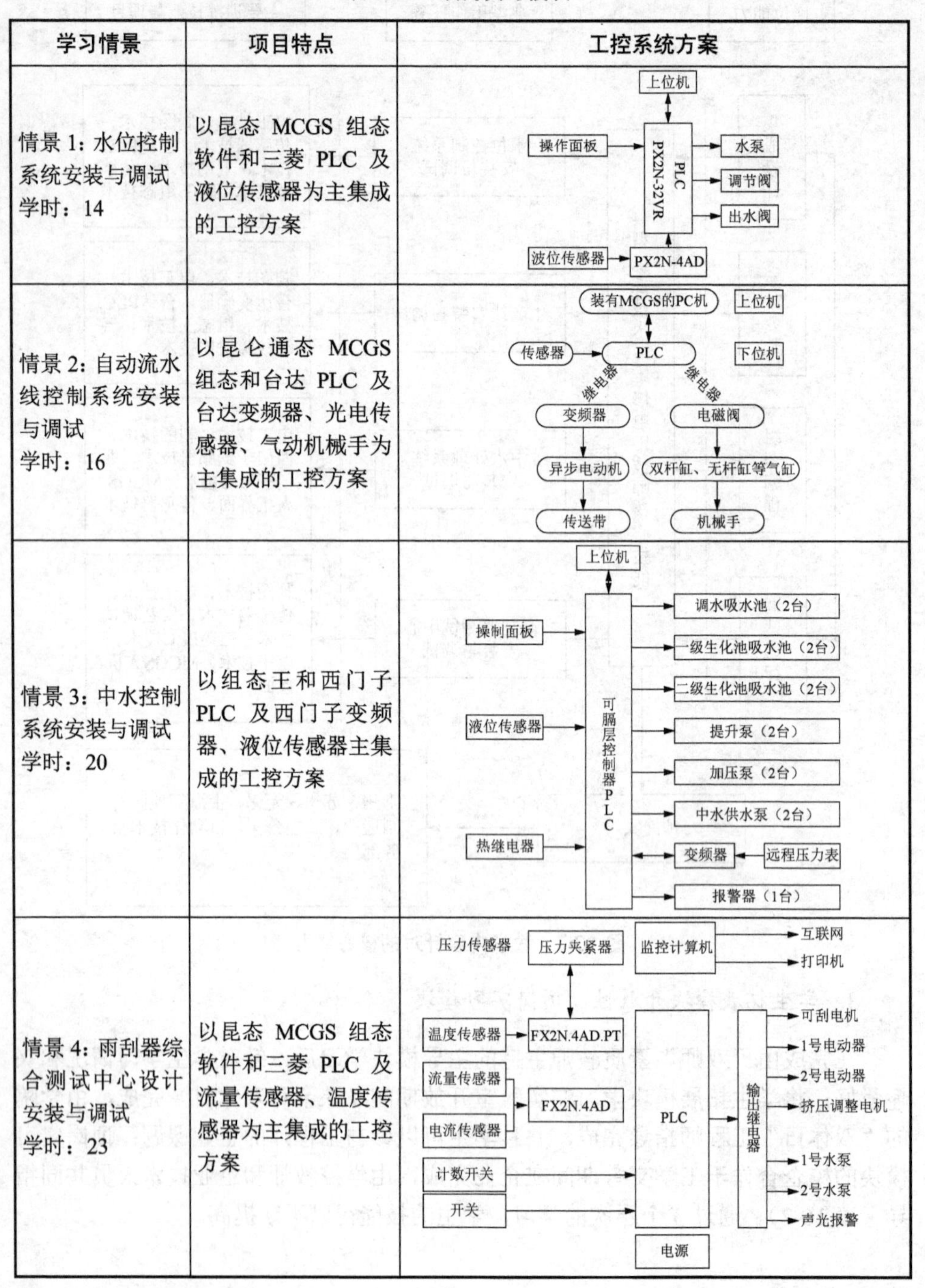

学习情景	项目特点	工控系统方案
情景 1：水位控制系统安装与调试 学时：14	以昆态 MCGS 组态软件和三菱 PLC 及液位传感器为主集成的工控方案	上位机 操作面板 PLC PX2N-32VR 水泵 调节阀 出水阀 波位传感器 PX2N-4AD
情景 2：自动流水线控制系统安装与调试 学时：16	以昆仑通态 MCGS 组态和台达 PLC 及台达变频器、光电传感器、气动机械手为主集成的工控方案	装有MCGS的PC机 上位机 传感器 PLC 下位机 继电器 继电器 变频器 电磁阀 异步电动机 双杆缸、无杆缸等气缸 传送带 机械手
情景 3：中水控制系统安装与调试 学时：20	以组态王和西门子 PLC 及西门子变频器、液位传感器主集成的工控方案	上位机 操制面板 液位传感器 热继电器 可膈层控制器PLC 调水吸水池（2台） 一级生化池吸水池（2台） 二级生化池吸水池（2台） 提升泵（2台） 加压泵（2台） 中水供水泵（2台） 变频器 远程压力表 报警器（1台）
情景 4：雨刮器综合测试中心设计安装与调试 学时：23	以昆态 MCGS 组态软件和三菱 PLC 及流量传感器、温度传感器为主集成的工控方案	压力传感器 压力夹紧器 监控计算机 互联网 打印机 温度传感器 FX2N.4AD.PT 流量传感器 电流传感器 FX2N.4AD 计数开关 开关 PLC 电源 输出继电器 可刮电机 1号电动器 2号电动器 挤压调整电机 1号水泵 2号水泵 声光报警

四、教学内容的组织

教学内容的组织，如图 16-8 所示。

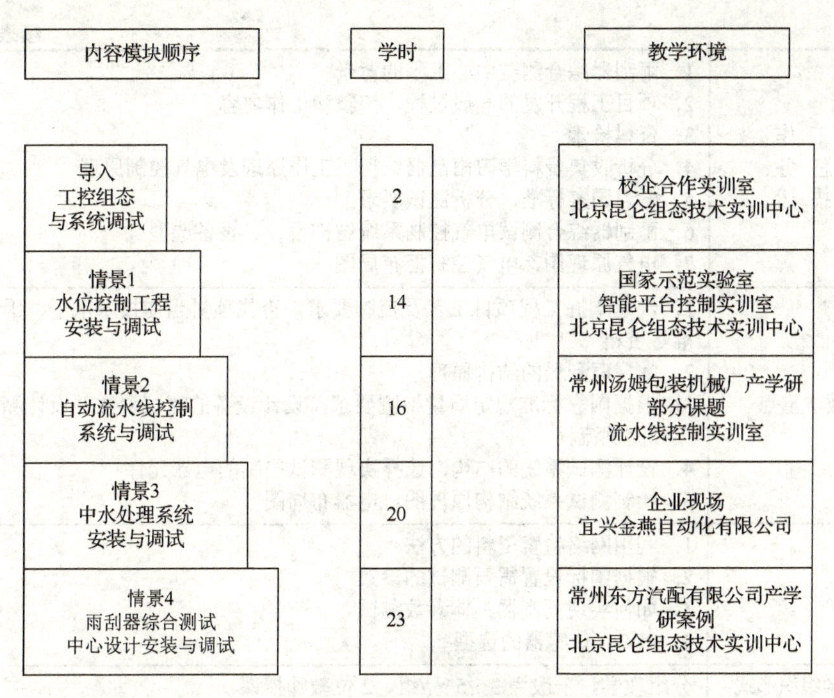

图 16-8 教学内容的组织

以情景 4 为例，说明教学内容的组织具体见教学任务卡（表 16-3）。

表 16-3 教学任务卡

学习领域	工控系统安装与调试	课程性质	核心技能课程
学习情景	雨刮器综合测试中心安装与调试	授课教师	
授课地点	北京昆仑组态技术实训中心	学　时	4
工作任务	任务 1 雨刮器综合测试中心集成设计		
教学目标	1．专业能力目标 具备雨刮器结构、原理、功能的快速学习、理解能力；雨刮器产品质量国家标准的检索分析能力，根据质量参数测试要求，分析得出详细控制要求的能力；根据测试要求，选择电气元件，进行控制系统硬件集成的能力；绘制结构图、原理图、电气布局图的能力 2．方法能力目标 掌握一般工程项目开发过程工控，具有自主学习和创新的能力；具有信息获取、制订与评估计划的能力；具有按计划实施的能力；具有解决实际问题的思路或方法现实性评估、目标审查能力 3．社会能力目标 具有批评与自我批评的能力；具有良好的自身修养和职业道德能力；具有团队合作和协调能力；具有良好的心理素质和克服困难的能力；具有角色及利益定位、顾及他人的能力；具有勤俭节约素质；具有艰苦奋斗素质；具有环保意识			

续表

工作任务描述	1．雨刮器综合测试中心工程的背景 2．项目工程开发的一般过程、步骤和工作内容 3．资料检索 4．分析收集资料学习雨刮器结构、工作原理及电气控制原理 5．学习国家标准，分析测试要求 6．雨刮器综合测试电气控制系统结构设计、设备选型 7．电气原理图，电气控制柜布局图
教学重点	1．快速掌握工程项目工艺及控制要求，查找项目当前技术水平、国家标准等资料 2．掌握雨刮器的结构原理 3．根据国家标准规定质量检测要求，设计设备的测试参数并设计测试方案和测试流程 4．设计测试系统的结构，选择实现测试控制的电器元件 5．绘制测试系统结构原理图，电器布局图
教学难点	1．利用网络检索资料的方法 2．根据国标设置需要测试的参数 3．如何实现雨刮器具体参数测试 4．PLC、传感器的选型
教学组织形式	分组教学，一般为3～5人/组，2位教师授课
教学手段和方法	头脑风暴法、讲授法、示范法、板书、视频、课件
考核标准	1．理解雨刮器的原理、结构、功能 2．正确查找并提交项目有关资料 3．能学习分析，提炼控制要求 4．正确选择电器元件，进行集成 5．按规范绘制系统结构图、原理图、布局图
教学设备	典型车型雨刮器、三菱PLC、4AD模块、流量传感器、温度传感器、水泵、计算机、AUTOCAD绘图软件、投影仪等
教学资源	情境描述卡、教学任务卡、校园网、学校图书馆、电子数据库、任务表单
思考作业	1．图书馆查找汽车维修方面书籍 2．网络查找国家标准 3．雨刮器的用途 4．叙述有关国内雨刮器测试设备的研究 5．叙述项目目标和意义 6．叙述雨刮器电气控制原理 7．叙述雨刮电机如何实现定位停止 8．叙述雨刮器测试中心的电气结组成 9．阐述如何用PLC实现温度、电流、流量模拟量的采集 10．压紧力的采集是如何实现的？查找压力测试仪表KSB-1资料 11．查找FX2N-4AD、FX2N-4AD—PT的手册，学习使用 12．查找温度、电流、流量传感器的资料，学习使用 13．采用AUTOCAD、PROTEL99等软件绘制系统结构图、电气原理图和电柜结构图 14．系统中要有两台水泵互换使用的原因

以工作过程为载体，采用“行动导向”教学，改变了教师单向信息传递的教学组织形式，用课题项目形式教学（图 16-9），把学和做结合起来，培养学生学会学习、学会工作，以及独立学习和运用知识的能力。

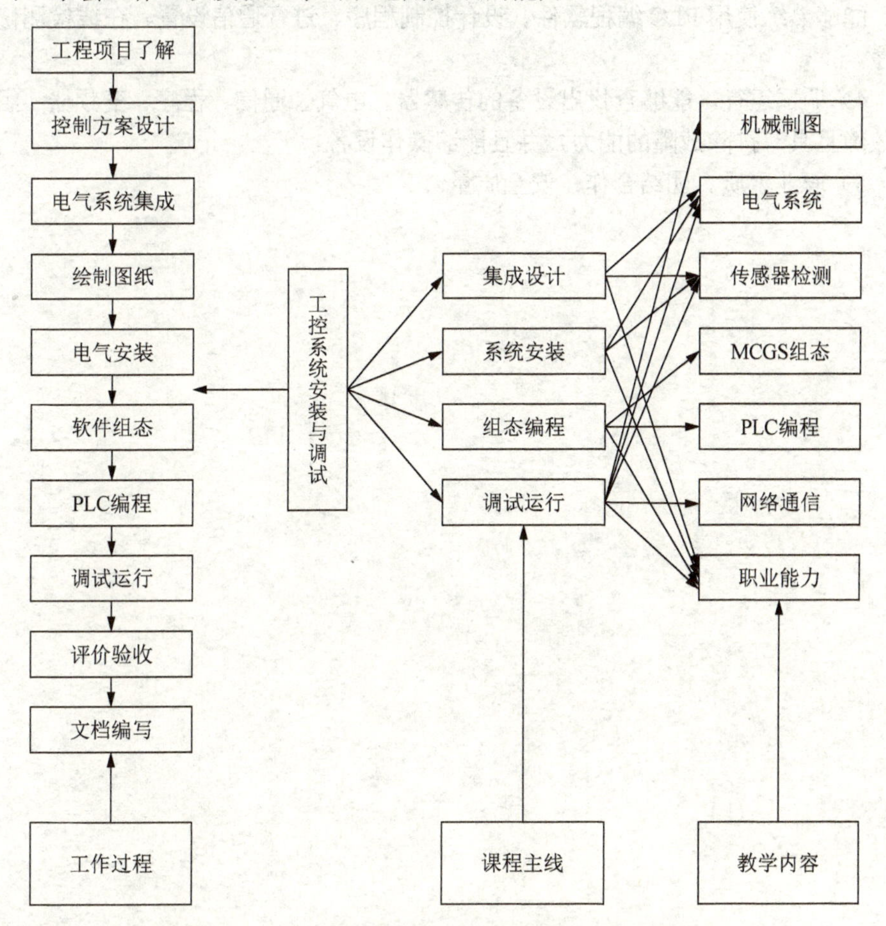

图 16-9 “工控系统安装与调试”课程教学内容的组织

3. 以核心能力为主线，体现职业性、实践性、开放性的设计

学校在与企业合作开发课程时，精心选择企业实际项目案例作为教学内容。这些项目案例涵盖了本课程的全部技能点和知识点，将企业实际项目案例进行详细的分析，把项目分解成几个具体真实的工作任务，再根据每个工作任务的技能点和知识点整合为教学内容，以“工作项目”为主线，创设工作情景，同时结合技能证书，使学生获得的核心能力包含（集成设计、系统安装、软件编程、安装调试）4 个方面，具体如下：

1）集成设计。首先了解用户对该项目需求，能够合理配置 PLC、传感器、变频器、组态软件等集成工控系统，并且设计控制线路图、安装图等。

2）系统安装。能够进行电气布局、布线、安装及检测，能够进行传感器、变频器等参数设置、安装与调整。

3）软件编程。能够操作 MCGS 组态编程软件，设计合理实用的操作监控界面；能够熟练使用 PLC 编程软件、设计控制程序、进行通信设置、在线检测修改程序。

4）调试运行。能够查找出设备的传感器、电气、通信、程序、变频器、组态的故障且具有排除故障的能力，并且能够操作设备。

5）职业素质。团结合作，安全质量。

第三部分

跛

第十七章

改革开放 40 年职业教育课程的嬗变

课程是使学生达到教育目的的手段，课程问题在任何教育体系都居于中心地位。职业教育课程论作为研究课程问题的理论，是职业教育科学的基本理论之一。职业教育课程理论研究的主要是职业教育的课程目标、课程内容、课程实施和课程评价，而这些是人们对职业教育课程本质和价值基本认识的具体反映。如果人们对职业教育课程的本质与价值没有科学的认识，就难以开展对职业教育课程目标、课程内容、课程实施和课程评价的科学研究。

一、职业教育课程的本质与价值

纵观课程理论的发展，无论什么类型的教育，其课程观均沿着人们对课程价值的期待和对课程本质的认识轨迹而演进。课程的本质与价值又规定着课程目标、课程内容、课程组织、课程实施和课程评价的基本取向。因此，对职业教育课程本质与价值的基本认识是职业教育课程理论研究的逻辑起点，是开展职业教育课程理论研究需探讨的首要问题。

（一）职业教育课程的本质

课程的本质是课程所固有的、决定着课程面貌和课程发展的根本属性。职业教育课程的本质观正发生着由知识本质观到活动本质观的转变。

1. 知识本质观的扬弃

职业学校最初的职业教育课程较为普遍地采用了学科教育模式。学科教育的课程由各类相关学科课程构成，以各学科完整、系统知识出现，向着更加全面、系统的方向发展。这样，职业教育课程的面貌和发展取决于学科的知识结构，学科知识由此成为职业教育课程所固有的、决定其面貌与发展的根本属性，即职业教育课程的本质。我国的职业学校受苏联学科教育模式的影响，课程的知识本质观一度占主导地位。改革开放后，面对社会经济快速发展的需要，人们意识到职业学校的课程重理论轻实践与重知识轻能力带来的弊端，于是在课时安排上纷纷加大了实践课的比重。这种做法取得了一些成效，但问题仍然没有解决。1998 年的调查表明，“职业学校开设十几门甚至二十几门理论课，但许多科目与生产实际联系并不紧密”的现象仍很严重，并认为“这一问题直接导致了技工少技能、技术员少技术的后果”。

我国的职业教育课程实践证明，在课程知识本质观下，单纯地采用学科课程，同时通过加大实践课时的比重来解决“技工少技能、技术员少技术”的问题是行不通的。这主要是由于知识本质观指导下的学科课程，虽然能够把学科知识全面、系统地传授给学生，但缺点十分明显，它脱离学习者的社会生活和生产实践，很难将学科知识与学生面临的职业活动结合起来，重视知识的学习而忽视学生职业能力的形成。

2. 活动本质观的形成

针对学科课程脱离生产实践的问题，许多国家进行了积极的探索。20 世纪 60 年代末，加拿大区域经济发展部实验项目分部（The Experimental Projects Branch of the Canada Department of Regional Economic Expansion）和纽约学习通用公司（The General Learning Corporation of New York）开发出了一种课程开发的方法：DACUM（Develop A Curriculum）分析法。后来，德国开发了基于工作过程导向的课程开发方法。

这些课程开发方法密切了职业教育课程与生产活动的关系，把分析确定生产实践需要的职业活动作为首要任务，然后把筛选出来的典型职业活动作为课程内容纳入课程中，成为学习者在教师指导下所开展的活动，使活动成为课程所固有的性质，即课程的本质。

从 20 世纪 80 年代起，我国相继引进国外几种不同职业教育课程模式。包括德国的学习领域课程、北美的能力模块课程、英国的证书课程及澳大利亚的职业资格课程等。这使我国职业教育的课程思想从传统思维方式中解放出来，开始尝试用新的观念来研究我国职业教育课程本质。20 世纪 90 年代，我国职业教育进行的“宽基础、活模块”课程改革是一次十分有益的尝试。这种课程取学科课程、活动课程、核心课程之所长，并借鉴德国“双元制”的核心阶梯课程、流行于北美等地区的能力模块课程、国际劳工组织开发的 MES（manufacturing execution system，制造企业生产执行系统）所使用的技能模块课程及我国传统的单科分段式课程等课程形式。

21 世纪初，我国启动的“面向 21 世纪教育振兴行动计划”进一步推进了各类教育的课程改革。在《中等职业学校重点建设专业教学指导方案》中，职业教育课程的活动本质观开始清晰起来，课程目标以职业活动描述；课程内容是职业活动需要的知识技能和态度；课程组织开始关注职业活动逻辑，采用任务驱动、项目教学等方式；课程评价注重学生职业活动能力水平和职业活动的结果。

（二）职业教育课程的价值

价值是客体对主体的满足程度。如果我们把课程看作客体，那么课程的主体就是学生、组织（用人单位）和社会。而课程的价值就是学生、组织和社会对课程的满足程度。随着社会经济的发展，课程主体对课程的要求必然发生各种变化，这就导致了职业教育课程价值取向的变化。职业教育课程价值取向经历了由知识传授到能力培养的转变。

1. 知识传授价值观的淡出

职业学校出现之初，较为普遍地采用了学科教育模式，重视知识的传授。人们认为接受教育就是学习学科知识，有了学科知识就具备了能力。这种观念对我国职业教育影响十分深远，以至许多人认为职业教育课程的价值在于其对知识的传授。

职业教育课程知识传授价值观在职业学校的专业教学计划、教学大纲、教材、教师的教案和教学活动形式上反映都十分突出。比如，教学目标普遍使用“了解”“理解”“掌握”来描述学生对知识的学习程度；教材结构采用基本概念、基本原理、基本公式这种典型的学科知识结构；教学活动基本上在课堂上进行，教师基本采用讲授的教学方法等。职业教育课程知识传授价值观的直接后果是学习者就业后需经过长时间的实践，才能形成职业能力，履行职业职责。

2. 能力培养价值观的确立

在知识传授价值观指导下，职业学校遇到了毕业生不能顺利就业、就业后不能较快适应职业岗位工作等突出问题。这不能满足作为课程主体的学生、组织（用人单位）、社会的需要。为解决此问题，加拿大区域经济发展部实验项目分部和纽约学习通用公司开展了广泛的研究，发现：①由优秀工作人员分析、确定与描述的本职工作所需能力，更符合工作的实际需要；②任何职业的工作内容，都能有效且充分地采用优秀工作人员工作中所完成的任务描述；③任何任务与完成此项任务的人员所需的知识、技能和态度有着直接的联系。上述发现，明确了职业教育能力培养的价值。这里的能力是指开展职业活动的能力，包含开展职业活动所需的知识、技能和态度。

20世纪末，我国社会经济的发展，对职业教育课程价值提出了更高要求，即职业教育课程要能够使学习者毕业后很快适应职业岗位的工作。这种课程价值观的诉求，推动中国职业教育开展新一轮课程改革。1999年，教育部颁布了《关于全面推进素质教育、深化中等职业教育教学改革的意见》，意见明确提出了“以全面素质为基础，以能力为本位的”教育教学指导思想，并把职业学校的培养目标定位在“培养与社会主义现代化建设要求相适应，德智体美等全面发展，具有职业能力，在生产、服务、技术和管理第一线工作的高素质劳动者和中初级专门人才”。2005年国务院召开了全国职业教育工作会议，进一步明确了“以服务为宗旨，以就业为导向”的职业教育办学方针，并进而提出，职业教育要以服务社会主义现代化建设为宗旨，培养数以亿计的高素质劳动者和数以千万计的高技能专门人才，为我国走新型工业化道路、调整经济结构和转变增长方式服务，为农村劳动力转移服务，为建设社会主义新农村服务，为提高劳动者素质特别是职业能力服务。这表明职业教育课程的能力培养价值观在我国进一步得以明确。

二、职业教育的专业与课程目标

（一）职业教育的专业

1. 专业内涵的探求

职业教育的专业是指根据劳动市场对从事各种社会职业的劳动者的需要及学校教育的可能性所提供的培养类型[20]。这里需要指出的是，并不是所有国家都把这种培养类型称作“专业”。澳大利亚把所提供的这种培养类型称为“职业资格课程”；德国的“双元制”学校称为“培训职业”；英国工商与技术教育委员会称为“证书课程”；而美国和加拿大则称为“课程计划”。我国的职业教育把这种培养类型称作“专业”，是沿用了中国、苏联等国家高等教育培养学生的专门领域的专业叫法。我国《教育大辞典》中，“专业”译自俄文，是指“中国、苏联等国家高等教育培养学生的各个专门领域，大体相当于《国际教育标准分类》的课程计划或美国高等学校的主修，但其内涵并非完全相同。一方面，它不等于学科门类，不侧重学科分类的学术性；另一方面，它也不等于社会职业，尽管强调其职业性，但它与社会职业不完全是一一对应的关系。一般一个专业覆盖一个或若干个职业岗位。

2. 专业划分的嬗变

职业教育的专业有的依据学科划分，有的依据职业分类划分。依据学科进行专业划分是在工学、农学、医学、经济学、管理学等基础上，进一步划分形成专业。依据职业分类划分专业，首先对职业进行分类。其次将相关职业岗位组合到一起形成职业岗位群，进而形成专业。2000 年以前，我国职业教育一直依据学科进行专业划分，分为工科、农科、林科、医药卫生科、财经科、管理科、政法科、艺术科、体育科 9 科；在分科的基础上，形成专业类，如工科分为地质类、矿业类、冶金类、动力类、机械类、电子类等。9 科共设 49 个专业类。最后进一步细分专业，如机械类设置的专业包括机制造、金属热加工造焊接等。49 个专业类共设置了 518 个专业。

依据学科划分专业，从表面上看，是受苏联的影响；从本质上看，是由我国职业教育课程的知识本质观所决定的。2000 年，我国职业教育开始依据职业分类划分专业。2000 年颁布的《中等职业学校专业目录》分为农林类、资源与环境类、能源类、土木水利工程类、加工制造场类、其他等 13 个大类；在依据产业分类的基础上，进一步细分为专业，如加工制造类分为钢铁冶炼、金属压力加工技术、冶金热能技术、碳素材料技术、粉末冶金、焊接、金属热加工、数控技术应用等。13 个大类共设置了 270 个专业，470 多个专业方向。

职业教育课程的职业活动本质观取代了学科知识本质观。这种专业划分为落实职业教育“以服务为宗旨，以就业为导向”的办学方针，实现职业教育学历证书与职业资格证书的融合提供了前提。实践证明，职业教育专业按照职业分类划分，有效促进了职业教育的发展，为国家的经济社会建设提供了大量有针对性的合格职业人才。

（二）职业教育的课程目标

课程目标直接受教育目的制约和影响，是人们对于课程与教学预期的结果。课程目标是课程价值的具体体现和课程本质的外部反映，并随课程价值取向的变化和人们对课程本质的不同认识而发展变化。

1. 课程目标取向的转变

（1）普遍性目标取向乏力。

职业教育的课程目标取向，在学科教育模式下，一般采用“普遍性目标”。普遍性目标是基于经验、哲学观或伦理观、意识形态或社会政治需要而引出的一般教育宗旨或原则，这些宗旨或原则直接运用于课程，成为课程的一般规范性的指导方针。这种普遍性目标取向用于学科课程目标，基本能够满足学科教育的需要。因为学科课程目标要求学习者掌握学科系统完整的理论识体系。这个体系通过学科教材可以清晰地展现在学习者面前，因而无须在课程目标中赘述。

我国职业教育长期以来受学科教育模式影响，这是普遍性目标取向在我国职业教育课程目标描述中长期占有重要地位的根本原因。在我国职业教育专业培养方案中，我们常常看到这样的有关课程目标的描述：本专业培养与我国社会主义现代化建设要求相适应，德、智、体、美全面发展；具有爱国主义、集体主义、社会主义思想，掌握文化基础知识、专业理论知识，具有创新精神和实践能力、立业创业的能力与继续学习的能力；具有健康的身体和心理，具有审美能力。这种课程目标的取向就是普遍性目标取向。这种目标的特点是把教育宗旨或原则与课程目标等同起来，可用于所有教育实践。但在职业教育实践中，人们越来越认识到职业教育课程普遍性目标取向的乏力。因为职业教育课程要求学习者具备开展职业活动的能力。这些能力通过学科教材不能清晰地展现在学习者面前，需要在课程目标中进行陈述。为了把职业教育课程活动本质观下的课程目标描述清楚，在充分发挥普遍性目标作用的基础上，人们选择诉求行为目标取向。

（2）行为目标取向的诉求。

行为目标是以具体的、可观察的行为形式陈述的课程目标，它指明课程与教学过程结束后学生身上发生的行为变化。行为目标作为课程目标可以较好地表达能力目标，且具有具体、确切、操作性强等特点。20世纪60年代末，在DACUM分析法出现以后，这种职业教育课程目标取向得到人们的认同和广泛的运用。德国、澳大利亚、英国等国家分别在其学习领域课程、培训包、证书课程开发中采用这种课程目标取向。《中等职业学校重点建设专业教学指导方案》在普遍性目标描述之后，应用行为目标描述专业培养目标中的职业能力要求，从而将普遍性目标与行为目标有机结合起来描述课程目标，这不但明确了我国职业教育的目的，而且具体描述了职业能力目标。比如，数控技术应用专业设立了“设计加工工艺、编制计算机程序、设计制作卡具操作数控设备进行加工维护维修数控设备等”行为目标。行为目标取向的超越行为目标的采用，解决了职业教育课程普遍性目标取向乏力的问题，但职业教育在及时发现、珍惜存在于学习者身上的各种潜能方面却显得力不从心。于是，人们提出了职业教育课程生成性目标和表现性目标取向问题。生成性目标是在教育情境中随教育过程的展开而自然生成的课程目标。它强调学习者、教师与教育情境的交互作用，正是在这种交互作用中，不断产生课程目标的表现性目标，即每一个学习者在与具体教育情境的种种“际遇”中所产生的个性化表现。当学习者的主体性充分发挥、个性充分发展时，其在具体教育情境中的具体行为表现及所学到的东西是无法准确预知的。因此，生成性目标和表现性目标对于职业教育教师在教育教学中及时发现、珍惜并开发学习者身上的各种潜能具有十分重要的指导意义，以及表现性目标取向能够充分反映学习者智力的多元性和社会对人才需求的多元化。于是在行为目标取向之后，生成性目标和表现性目标得到了人们的重视。但职业教育的课程目标取向不能抛开行为目标。因为行为目标能够指明教学过程结束后学生身上发生的行为变化。这对于描述职业学校学生就业上岗的基本能力要求是十分有效的，是生成性目标和表现性目标所不能取代的。实际上，生成性目标取向和表现性目标取向并不否定行为目标取向的合理性，而是基于更高的价值追求对行为目标取向的超越。

从普遍性目标取向发展到行为目标取向，再发展到生成性目标取向和表现性目标取向，体现了课程领域对人主体价值和个性解放的不懈追求，也反映了时代精神的发展。我国职业教育需要其课程目标的这种超越和精神发展，需要发挥普遍性目标、行为目标、生成性目标和表现性目标的优势功能，形成一种新的课程目标结构，作为我国职业教育的课程目标取向。

2. 课程目标确定的依据

课程的价值是指学生、组织、用人单位和社会对课程的满足程度。一般认为，职业教育课程目标确定的依据主要有 3 个方面，即对学习者的研究、对职业的研究及对社会的研究。

（1）对学习者的研究。

课程的一个基本职能就是促进学生身心发展、具备自我管理与发展的能力。职业学校的学生经过基础教育之后，身心发展达到了一定的水平，在更加关注个人发展、社会发展的同时开始关注自己未来的职业。为此，各国职业教育都十分重视学生发展能力的培养。德国提出了“关键能力”、英国提出了“核心能力”、澳大利亚提出了“通用能力”。20 世 90 年代末，我国也提出“综合职业能力”，虽然称谓不同，内涵也有所差异，但关注的都是职业学校学生的发展问题。

（2）对职业的研究。

首先是职业分类研究。职业教育较发达的国家普遍开展职业分类研究，提出了各自的职业分类体系。21世纪初，我国也开展了分类研究，出版了《中华人民共和国职业分类大典》，初步建立了我国职业类体系。其次是职业生涯发展研究。虽然从事相同职业的每个人的职业生涯发展不尽相同，但存在着一定规律。这种规律可以指导职业人才的成长。最后是职业所需能力的研究。在职业分类的基础上，研究各种职业所需的能力，结合职业人才成长的规律，为职业教育课程目标确定提供科学依据。对社会的研究包括对当今社会的研究和未来社会的研究。现存社会的各种

（3）对社会的研究。

要素及其价值为职业教育课程目标确定提供了依据；人们期待的未来社会的价值取向也是职业教育课程目标确定的依据。比如，在过去课程目标确定时，环境问题就没有像今天这样受到重视，成为课程目标确定的重要依据由学生、社会、职业、环境4个因素是交互起作用，对任何单一要素的研究结果都不足以成为课程目标的唯一来源。因此，职业教育课程目标确定时，一般采用四维结构。

3. 课程目标确定的方法

职业育课程目标的确定，有的由相关专业的教师为主体确定，有的吸收一些相关学科专家参与确定，主要采用讨论和现场调查的方法。20世纪60年代末，加拿大区域经济发展部实验项目分部和纽约学习通用公司经过研究，提出了一种较为科学的方法——DACUM。

这种方法是在职业分析主持人主持下，组织相关职业的优秀工作人员，以能力图表为工具，运用头风暴讨论问题的原则，确定职业教育课程目标。目前许多职业教育较发达国家在职业教育课程目标确定时，大多采用这种方法。不同的国家在称呼上或形式上有所不同。在美国，人们以职业教育的一个专业为对象确定专业课程目标，习惯用职责（duty）和任务（task）描述能力图表；在加拿大，虽然人们也以职业教育的一个专业为对象确定课程目标，但在描述能力图表时，习惯用能力领域（area of competency）和单项技能；在澳大利亚，人们不再以职业教育的一个专业作为对象，而是以一个更为广泛的领域（如IT）作为对象，提出课程目标，形成澳大利亚版的职业分析方法。他们首先把IT领域划分为34个职业资格，每个职业资格对应一定数量的就业岗位，然后确定每个资格所要求的职业能力。德国的布莱梅大学技术与教育研究所和大众公司，关注工作过程的完整性，开发出了德国版的职业分析方法，称为BAG分析法（Berufliche Arbeitsaufgaben，典型工作任务）。20世纪90年代初，职业分析方法被介绍到我国，在职业教育课程开发工作中得到了广泛应用。

三、职业教育的课程内容与组织

（一）职业教育课程内容

课程内容是符合课程目标要求的一系列比较规范的知识体系、活动体系或者经验体系。职业教育课程内容为实现课程目标服务。课程目标的变革要从课程内容进行科学筛选。1895年，英国教育家斯宾塞撰写了《什么知识最有价值》一文，首次谈到课程内容的选择问题。自此，人们对课程内容的探索一直延续至今，并形成了多种观点。其中，影响较大的是泰勒在《课程与教学的基本原理》中提出的选择学习经验的10条原则。但就职业教育而言，课程内容如何选择，有着其特殊的规律性。

1. 知识本质观下课程内容的筛选

在知识本质观下，课程内容的筛选较为简单。如果制定一个专业的课程体系，依据专业培养目标，需要某个学科的知识，那么这个学科将成为这个专业课体系中的一门学科课程。对于这门学科课程的内容，则严格按其学科的内容组织。这种课程内容筛选方法的优点主要是，课程内容是按照学科的固有的知识逻辑进行筛选。

这种课程内容筛选方法的优点：课程内容是按照学科组织起来的，它有助于学生系统完整地接受和继承学科知识；注重课程内容间的知识逻辑联系，便于学习者对知识的习得和掌握。不足之处：这样筛选组织的课程内容偏重于学科逻辑系统，在教学时容易出现重记忆、轻理解的倾向；在教学中容易偏重知识的传授，忽视能力培养。因此，这种课程内容筛选方法对培养学科继承和发展型人才的学科教育十分有效。

2. 活动本质观下课程内容的筛选

为了确保学习者能力的培养，在职业教育活动本质观下，职业教育课程内容选择出现了多种形式。比较有影响的是能力本位的课程内容筛选方法和工作过程导向的课程内容筛选方法。

（1）能力本位的课程内容筛选方法。

由于职业教育的课程目标采用开展职业活动的能力来具体描述，而能力是开展某一职业活动所必备的知识、技能和态度，那么职业教育课程内容的筛选，即是发现学习者开展这些职业活动所需的知识、技能和态度。

能力本位的课程内容筛选方法最初出现在《面向21世纪教育振兴行动计划》职业教育课程改革和教材建设规划项目“职业学校学生能力形成与教学模式研究”成果中，而后在教育部《面向21世纪教育振兴行动计划》职业教育课程改革和教材建设规划“中等职业学校重点建设专业教学指导方向”“教育部等六部门关于实施职业院校制造业和现代服务业技能型紧缺人才培养培训工程”项目中，开发的技能型紧缺人才培养指导方案的开发中得到体现。

（2）工作过程导向的课程内容筛选。

这种方法来自德国。他们认为，一个职业之所以能够成为一个职业，是因为它具有特殊的工作过程，即在工作的对象、方式、内容、方法、组织及工具的历史发展方面有自身的独到之处。他们对工作过程进行了深入研究，并指出工作过程是在企业里为完成一件工作并获得工作成果而进行的一个完整的工作程序。这个工作程序是一个综合的时刻处于运动状态之中而结构相对固定的系统，并具有对象、工作方法、工作组织及要求 5 个要素。这 5 个要素在不同的工作过程中是不同的，或者说是变动的；但实现工作过程的步骤（资讯、决策、计划、实施、检查、评价）是不变的，在此基础上形成了工作过程导向的课程。其特点是课程的名称和内容不是指向学科的子区域而是来自职业活动领域里的工作过程，并具有对象、工具、工作方法、劳动组织及要求 5 个要素。

上述两种课程内容筛选方法，相同点是能力本位的课程内容筛选方法把工作界定为在职业活动中较短时间内能够完成，并产生产品、服务或决策的职业；工作过程导向的课程内容筛选方法则强调工作过程的完整性。不同点是能力本位的课程内容筛选方法关注学习者开展职业活动所需的知识、技能和态度。这样的课程内容在课程实施过程中，通过任务驱动教学，便于得到落实；工作过程导向的课程内容筛选方法关注学习者完成任务所经历的工作过程及其 5 个要素。这些是在企业中学习的内容，但所需的知识还需回到学校中学习。可见，工作过程导向的课程内容筛选方法是在德国“双元制”下产生的。

（二）职业教育课程组织

课程组织是在一定的教育价值观指导下，将所选出的各种课程要素妥善地组织成课程结构，使各种课程要素在动态运行的课程结构系统中产生合力，以有效实现课程目标。课程组织包括垂直组织和水平组织，垂直组织是将各种课程要素按纵向的发展序列组织起来；水平组织是将各种课程要素按横向关系组织起来。发展序列组织有两个标准，一是连续性，是指将选出的各种课程要素在不同学习阶段予以重复；二顺序性，就是将选出的课程要素根据某种逻辑体系和学习者的身心发展阶段组织起来。横向关系组织的标准是整合性。整合性是指针对所选出的各种课程要素，在尊重差异的前提下，找出彼此之间的内在联系，整合为一个有机整体。

1. 知识本质观下的课程组织

在知识本质观下，职业教育课程组织采用学科取向。专业的课程方案由各门学科课程构成。各门学科课程按各门科学固有的逻辑，系统地组成各种不同的学科，并彼此分立地安排它的顺序、学习时数和期限。这种课程结构虽然也注意学生兴趣和发展取向、社会问题取向，甚至混合取向，但无法摆脱学科取向的束缚。这种课程组织取向长期以来在我国职业教育课程实践中一直占有统治地位。究其原因主要有 3 个方面：一是受职业教育课程知识本质观的影响；二是学科教育模式培养出来的职业学校的教师，没有接受过职业教育教学理论的系统培训，不自觉地运用了培养他们的学科模式施教；三是职业学校的教材普遍采用了学科取向。

2. 活动本质观下的课程组织

着眼于职业教育课程活动本质观的逐步确立，人们更加关注职业教育课程组织的职业活动逻辑顺序、能力学习的心理逻辑顺序。与此同时，学科逻辑在知识学习中也得以保留。

（1）垂直组织原则的提出。

课程组织标准有连续性和顺序性两个标准。连续性是指直线式地陈述主要的课程要素；顺序性是后继内容在以前面内容为基础的同时，又对有关内容加以深入、广泛地展开。这两个标准在职业教育课程的垂直组织上体现在以下几个方面：

1）职业活动难易序列。职业教育课程目标明确了一个专业的学生必须完成的职业活动。这与职业活动完成的难易程度不同。职业教育课程垂直组织一般应遵循由易到难的逻辑进行。

2）职业活动逻辑序列。任何一个职业活动的完成都需要经过完整的工作过程，而这个工作过程，从开始到结束都具有程序逻辑序列。职业教育课程应按照职业活动的逻辑序列进行垂直组织。

3）职业能力形成逻辑序列。根据心理学研究成果，职业能力形成需要由多个环节构成。而每个环节又具有特点不同的较为复杂的过程。习得是指在学习目标的指引下，学习者有选择地接受新信息，并与原有知识相互作用，形成联系并被储存下来。在学习的第一阶段，所有的知识都是陈述性的。对于程序性知识来说，习得是它的前身，即程序性知识的陈述形式。巩固与转化是指新知识有两种发展方向：一部分知识贮存下来，通过适当的复习形成知识结构的新的有机组成部分，有的甚至能改变原有的知识而得到巩固；另一部分知识经过各种变式练习，转化为程序性知识。迁移与应用是指在知识的应用阶段，不同类型的知识被用于解决不同的问题，通过应用来掌握知识。陈述性知识被用来解决“是什么”一类的问题。程序性知识被用来解决“怎么办”的问题。

原型定向是指个体在头脑中形成了有关活动方式的定向映像，而这种定向映像一旦建立，它就可以调节实际心智活动，同时也是心智活动产生的基础。原型操作是指把头脑中建立起来的动作程序以外显的方式付施。原型内化是指心智活动的实践模式向头脑内部转化，借助内部言语，个体可以在头脑内部进行程序化的心智活动，能以非常简缩、快速的形式进行操作的定向，即了解操作活动的结构，在头脑中建立起操作活动定向映像的过程。操作的模仿，即实际再现特定的动作方式或行为模式，实质上是将头脑中形成的定向映像以外显的实际动作表现出来。操作的整合，即把模仿阶习得的动作固定下来，并使各动作成分相互结合，成为定型的、一体化的动作。操作的熟练是操作技能最后形成的阶段，是由于操作活动方式的概括化、系统化而实现的。操作熟练的特点：动作的灵活性、稳定性和准确性；动作的连贯性、流畅性和协调性；动作的控制性增强，能准确觉察到外界环境的变化并调整动作方式；将紧张感、疲劳感降至最低，可以有效地同时从事两种或多种工作。顺从或是表面接受他人的意见或观点，在外显行为方面与他人一致，而在认识活动与情感上与他人不一致。在这种情况下，个人的态度受外部奖励与惩罚的影响，这种态度受外在压力影响，如果外在情景发生变化，态度也会随之变化。认同是在思想、情感和态度上主动接受他人的影响。认同不受外在压力的影响，而是主动接受他人或集体的影响。内化是指在思想观念上与他人的思想观点一致，将自己所认同的思想和自己原有的观点、信念融为一体，构成一个完整的价值体系。由于在内化过程中解决了各种价值的矛盾和冲突，当个人按自己内化了的价值行动时，会感到愉快和满意；而当出现与自己的价值标准相反的行动时，会感到内疚、不愉快。这时，稳定的态度（品德）在课程垂直组织时起着至关重要的作用，应注意遵循能力形成的一般过程，保证课程心理逻辑顺序得到贯彻，要避免因出现违背能力形成逻辑而影响学生能力形成的情况发生。

（2）水平组织原则的提出。

整合是课程水平组织的标准。整合针对所选出的各种课程要素，在尊重差异的前提下，找出彼此的内在联系，整合为有机整体。职业教育水平组织的标准也是整合。它包括：职业活动的整合，即多个职业活动整合为较大的职业活动或者称为多个任务构成项目；心理特征的整合，即能与态度整合形成单项职业能力，多个单项职业能力整合形成综合职业能力的整合，即不同学科知识为完成某项工作任务或项目整合到一起。

（三）职业教育课程类型

在职业教育课程结构中，人们除了充分利用学科课程的优势外，还总结出了两类新的课程类型，即项目课程与实践课程。

1. 项目课程

项目课程是一种职业活动课程，职业活动课程是职业教育课程活动本质的外在表现。项目课程是以工作项目为载体、以学习者的主体性职业活动为中心组织的课程。这种课程类型的出现，使职业教育课程水平和垂直组织原则得到较好落实。

在课程的水平组织上，能够保持学习对象的整体性。这不但符合学习者原本认识事物的整体性特点，也有助于培养学生解决实际问题的能力。通过项目把知识、技能和态度及单项能力整合起来，形成解决实际问题的综合能力，符合知识、技能和态度整合形成职业能力的心理逻辑；能够帮助学习者综合利用各相关学科知识，完成不同学科知识的整合。

在课程的垂直组织上，根据先易后难的逻辑，便于安排项目课程：通过完成项目的学习，能够保持项目分析制订计划、执行计划、总结评价的工作全过程的逻辑序列；通过项目中各项任务的完成，培养学习者的各项职业能力，符合职业能力形成逻辑序列；学习者作为主体去完成项目，以学习者将来从事的职业活动为学习内容，发挥学习者的学习积极性、主体性和创造性，培养学习者的兴趣特长，丰富学习者的精神生活，促进学习者个性发展和思想品德的形成，能够满足学习动机发展逻辑序列的要求；一个项目任务的完成，也可以由简单到复杂，形成螺旋课程。

2. 实践课程

实践课程是在企业实际工作中，以工作任务为载体、以职业活动逻辑顺序为导向、以实际问题为中心，通过分析问题、解决问题、归纳总结，培养学习者实际工作能力。

对于学生来说，工学交替模式中的工作阶段不是单纯的工作，也是教学的一个重要阶段。既然存在教和学，当然需要一种有效的课程类型。这种课程类型的提出和使用，将通过对实践课程的目标、内容、实施方式和学业评价等做出明确的规定，从而进一步提高工学交替教学组织的效能点、项目课程和实践课程都不能使课程垂直组织学科知识逻辑序列原则得到较好落实，因而不可避免地会影响学生对学科知识的掌握。项目课程和实践课程类型需要学科课程类型的配合。

四、职业教育的课程实施与评价

（一）职业教育课程的实施

1. 知识本质观下的课程实施

课程实施包括课程变革和课程教学。在职业教育课程知识本质观下，课程目标取向于普遍性目标，教材的内容和结构实际上成为知识本质课程的具体课程目标。因此，在职业教育课程知识本质观下课程实施的取向一般采用忠实取向，课程变革采用“研究—开发—推广”模式，课程教学采用学科教学模式。

（1）知识本质观下的课程实施——变革。

1）课程实施取向。受学科教育思想的影响，职业教育课程实施采取了忠实取向。忠实取向，认为课程实施过程是忠实地执行课程变革计划的过程，而课程实施是否成功的衡量标准是课程实施过程对预定的课程变革计划的实现程度。教师只是课程专家制订的课程变革计划的忠实执行者。课程变革被视为一种线性过程：课程专家在课堂之外制订变革计划，教师在课堂中实施变革计划。

2）课程变革模式。知识本质观下职业教育课程实施的忠实取向决定了职业教育课程变革采用“研究增开发推广”。这种模式由4个阶段构成，并按计划线性展开进行：研究建立职业教育课程理论；根据职业教育课程理论开发新的课程方案；将新的课程方案推广到学校；学校采用新的课程方案。

（2）知识本质观下的课程实施——教学。

在职业教育课程知识本质观下，教学指导思想、理论和方法是建立在学科的知识结构和学科知识的学习理论之上的。教学目标是对学科知识及其结构体系的掌握程度，常用“了解”“理解”“掌握”来描述。这3个词汇也就成了人们判定职业教育课程标准或教学大纲是否为知识本质观下课程标准或教学大纲的重要参考。教学内容自然是学科知识及其结构体系。教学过程遵循习得、巩固与转化、应用与迁移知识学习的一般过程。这里迁移应用目的是让学习者更多地了解知识的可应用之处和更好掌握学科知识及其结构体系。教学策路则基本上采用大班组织形式，以及课堂作为教学地点、教师主体讲授等组合形式。教学评价标准是学科知识及其结构体系的掌握程度。

（3）知识本质观下课程实施的影响因素。

职业教育课程实施受众多因素影响，这些因素既有起积极促进作用的，也有起消极阻碍作用的。主要表现在以下几个方面：

1）课程计划本身的特性。课程计划是课程设计的结果。课程计划主要内容包括职业面向、课程目标、课程体系、课程实施建议等。课程计划本身的特性：可传播性，即学校或教师接受它们时的难易程度，包括其内在的精神和外在的形式；系统科学性，即课程计划编制要素要全、全过程地考虑问题，并注意遵循学科知识学习的规律；可操作性，即使用时方便的程度，主要是学校的有关组织和个人；相对优越性，即相对于原有课程计划而言，新课程计划具有的长处。如果新课程计划与现实需求和公众认识相吻合，课程目标和实施手段都十分明确便于操作，对课程实施者的要求是他们力所能及的，在课程实施成本、时间和质量等方面又优于原有的课程计划，那么课程实施就会顺利有效。

2）与课程编制者的合作。课程实施者与课程编制者合作的密切程度对课程实施的影响是显而易见的。双方通过经常性的交流，可以促进课程实施者对课程计划认识的不断深入，课程编制者善于发现课程计划中存在的问题并予以解决，从而促进课程实施的成功。

3）课程实施的组织和领导。如果课程实施是新课程计划付诸实践的过程，是一种变革行为，那么在课程实施的组织和领导过程中，就需要充分发挥变革因素的作用，如课程实施人员的选用、课程改革启动时机的选择课程实施步骤方法的设计、奖惩措施的制定等都对课程实施成败产生影响。

4）教师的培训。教师是否掌握了新课程计划的实质精神和具体内容是否具备新课程计划要求的教学能力，对新课程计划实施的价值是否认可、态度是否积极，均对课程实施成败有直接影响。因此，需要对教师进行系统的培训。

5）各种外部因素的支持力度。政府对新课程计划的支持会帮助解决政策、财政和物资问题；社会、家长对新课程计划支持会成为新课程计划实施的无形动力。

2. 活动本质观下的课程实施

随着职业教育课程活动本质观的形成，职业教育课程目标取向发生了新变化，这对职业教育课程实施过程中的课程变革模式和教学模式产生了深刻影响。

（1）活动本质观下的课程实施——变革。

1）课程实施取向。职业教育课程目标的生成性取向和表现性取向对课程实施的忠实取向提出了挑战。职业教育课程实施的相互适应取向和创生取向得到了推崇。

20世纪70年代中期，最先提出“相互适应”理念的是美国课程学者伯曼和麦克劳林。麦克劳林曾这样写道：“课程计划本质上要求实施过程是应用者与学校情境之间的相互适应过程，即是说具体方案的目标和方法是由参与者本人最终加以具体化的。”[21]课程不仅包括体现在新课程中的有计划的具体内容，还包括学校和社区中各种情境因素构成的谱系，这些情境因素会对课程变革方案做出改变。持相互适应取向的研究者对专家所创造的课程知识与实践者（教师）所创造的课程知识给予同等尊重。课程在实施过程中都必须不断进行调整。相互适应是课程知识的一个基本特性：课程变革过程被视为一个复杂的非线性的和不可预知的过程。课程变革被视为一个“实施驱动的过程”。持相互适应取向的研究者对一项课程革新得以发生的社会情境感兴趣，通过对社会情境诸因素的剖析，揭示课程变革过程的深层机制。教师为了使课程方案适合具体实践情境，理应对之进行改变。教师对课程方案积极、理智的改变是课程实施成功的基本保证。相互适应取向认为，课程实施过程是新课程计划、课程实践主体和情境在课程目标、内容组织方法等诸方面相互调整、改变与适应的过程。一个新课程计划付诸实施后，可能会发生两个方面的变化：一方面，既定的课程计划会发生变化，以适应各具体实践主体和情境的特殊需要；另一方面，原有的课程实践主体和情境会发生变化，以适应新课程计划的要求。相互适应取向的课程实施研究主要探讨两个问题：第一，从社会科学中借用新的方法和理论以发现那些关于各种教育问题的详尽的、描述性的资料。如果忠实取向的研究致力于测量课程实施过程对预定课程计划的实施程度，那么相互适应取向的研究则致力于探讨课程实施过程中所产生的各种教育问题。通过对教育问题的研究而深入探讨课程变革过程的本质。第二，确定促进或阻碍课程按原计划实施的因素，特别是各种组织变量。这一点在表面上与忠实取向的研究相似，但在出发点上有所区别。忠实取向的研究探讨影响课程按原计划实施的因素，是为了提高课程实施对原计划的忠实程度；而相互适应取向的研究则着眼于提高课程实施过程与预定课程计划相互适应的效果。

课程创生取向是课程实施研究中的新兴取向。这种取向认为，真正的课程是教师与学生联合创造的教育经验，课程实施本质上是在具体教育情境中创生新的教育经验的过程，既有的课程变革计划只是供这个经验创生过程选择的工具而已。课程创生取向研究的主要问题：第一，创生的经验是什么，教师与学生是如何创造这些经验的；第二，课程资料、程序化教学策略、各级教育政策、学生和教师的性格特征等外部因素对创生的课程有怎样的影响；第三，实际创生的课程对学生有怎样的影响。不难看出，这些问题表明，课程创生取向已经与忠实取向、相互适应取向有迥然不同的内容表述，研究的重心已完全转移到教育经验的实际创造过程。

课程创生取向认为，既然课程创生取向视野中的课程是教师与学生联合创生的且是教师与学生实际体验到的经验，那么这种课程的性质就是地道的“经验课程”。这种课程是情境化的、人格化的，因此，课程采用、课程实施的技术化、程序化的性格表明，创生取向的课程实施不是对原初课程变革计划“按图索骥”的过程或稍事修改的过程，而是一个真正的创造过程。“课程实施”一词在某种程度上背离了其原始的含义。

在课程创生取向看来，课程知识不是一件产品或一个事件，而是一个不断前进的过程（an on-going process）。课程知识是一种“人格的建构”。“人格的建构”必须既回答个人的标准，又回答外部的标准。这样，课程知识尽管是个性化的，但又不会落入相对主义的泥潭。人的心灵被视为需要点燃的火炬，而不是由外部专家用知识填充的容器。外部设计的课程被视为教师用于有生课程的资源，只有这个资源有益于课堂中教与学的“不断前进的过程”，它才有意义。具体情境的课程知识是经由教师和学生深思熟虑的审议活动而获得的。尽管教师利用外部设计的课程可能从外部专家那里获益良多，但真正创生课程并赋予课程意义的是教师及其学生。教师和学生并非仅是课程知识的接受者，而是课程知识的创造者。在课程创生观看来，课程变革是教师和学生个性成长与发展过程——思维和行为上的变化，而不是设计和实施新课程的组织程序。课程变革包含真正的重构：人的思维、感情、价值观都必须变革，而不只是变革课程内容和资料。成功的课程实施（即个性的变革与发展过程）需要对课程变革过程参与者的主体性给予充分理解与接受。课程创生观认为，教师的角色是课程开发者。教师与学生，教育经验的主体。课程创生的过程即教师和学生持续成长的过程。如果人的心灵是一支需要点燃的火炬，那么外部课程专家就是教师的教师——他们点燃了教师的心灵之炬，教师再用其心灵之炬点燃学生的心灵，从而共同汇成智慧的熊焰。

虽然职业教育课程实施的相互适应取向和创生取向得到了推崇，但由于职业教育课程改革的需要是多种多样的，社会情境更是极其复杂的。职业教育在不同情境中 3 种取向的价值都有可能得到体现。主要原因如下：第一，3 种取向从不同方面揭示了课程实施的本质。忠实取向强化了课程政策制定者和课程专家在课程变革中的作用。课程创生取向则把处于具体教育情境中的教师和学生在课程开发、课程创造中的主体性解放出来。相互适应取向则外部专家所开发的课程与对这种课程产生影响的学校情境、社区情境的因素均考虑。第二，3 种取向各有其局限性。

忠实取向把课程变革视为线性地实施预定课程计划的过程，使课程变革成为一个机械的、技术化的程序，这就抹杀了课程变革的直接参与者——教师和学生的主体价值。相互适应取向在兼具另外两种取向优点的同时也不可避免地具有了它的局限性。课程创生取向具有浓厚的理想色彩，它要求教师不仅善于对专家开发的课程进行正确的判断、选择和解释，也善于根据具体情境的特殊需要创造自己的课程；它要求学生也成为课程的主体。这种取向对实践界要求很高，因此它推行的范围是有限的。

2）课程实施模式。在职业教育课程活动本质观下，职业教育课程目标的生成性取向和表现性取向对课程实施的相互适应取向和创生取向的推崇，要求职业教育课程变革模式不再单一采用“研究-开发-推广”模式，而采用“研究-开发推广”模式与兰德变革动因模式相结合的模式。德变革动因模式是由兰德社团在对20世纪70年代美国联邦政府资助的4项主要课程计划的评价过程中形成的。研究者根据调查结果得出结论：在学校决定采用新的课程计划后，课程变革的主要障碍存在于学校的组织动因中，困难是人们已经习惯了原来的做法。学校能否鼓励变革克服这些障碍是新课程计划能否顺利实施的关键。为此，兰德变革动因模式关注课程实施阶段的组织变量，无论是支持还是抵制。兰德变革动因模式变革过程包括发起阶段、实施阶段和合作阶段。

在发起阶段，课程变革的领导者寻求所有可能参与变革的理解和支持。在实施阶段，新课程方案与学校组织相互调适，既定课程方案的特点、教职员工的能力、当地社会经济文化环境及学校组织等对新课程方案产生影响。在合作阶段，领导者要提供必要的人力和物力，以便新课程能够按已确定的内容和方式继续下去。

我国“面向21世纪职业教育课程改革和教材建设规划”工程首先在全国范围内发布了课程与教材的研究课题，征集全国的职业教育专家对与职业教育课程和教材有关的理论问题进行研究，在一定程度上解决了相关理论问题；国家组织了一批课程专家、行业专家和优秀教师选择具有代表性的专业制订了专业教学指导方案。“面向21世纪职业教育课程改革和教材建设规划”工程完成了“研究-开发-推广”模式中的研究和开发阶段。颁布的方案是指导方案而不是指令性方案。这与我国20世纪80年代国家提出的指令性的教学计划和教学大纲相比，发生了变化，也为兰德变革动因模式的实施提供了条件。在兰德变革动因模式下，学校课程变革的领导者可以得到参与变革的教师理解和支持，以指导方案为指导制订自己新的课程计划，充分发挥教师参与课程改革的积极性，应用生成性课程目标和表现性课程目标，使学习者得到多元发展。

（2）活动本质观下的课程实施——教学。

在职业教育课程活动本质观下，职业教育教学指导思想、理论和方法是建立在职业活动及其结构、职业能力及其结构，以及学习动机发展等学习理论之上的。职业活动包括将来所从事职业要求的一切活动，职业活动结构包括内容结构、过程结构。职业能力包括通用能力、专业能力，结构包括内容结构、形成过程结构等。学习者需要通过参加职业活动将学习对象转化为自己的职业能力。

职业教育课程活动本质观下的职业教育教学目标不再是单一的知识掌握程度，而是学习者对开展职业活动所需的知识、技能态度掌握运用的程度，即开展职业活动的能力或者完成职业任务或职业项目的能力，常用分解目标（知识目标、技能目标、态度目标）和能力目标来描述。比如，能力目标为“依据经济业务填制记账凭证”，则知识目标包括“记账凭证的概念与种类、填制记账凭证的方法和要求”，技能目标是“操作计算机填制记账凭证”，态度目标为“法律意识和认真态度”。这些描述也成为人们判定职业教育课程标准或教学大纲是否为活动本质观下课程标准或教学大纲的重要参考。教学内容是职业活动和职业活动所需的知识、技能和态度。教学过程采用工学交替方式、教学活动遵循职业活动的过程和职业能力形成的过程，因此常采用任务驱动教学和项目驱动教学等教学方式。教学评价标准是学习者的就业能力和发展能力。

（3）活动本质观下课程实施的基本要求。

与职业教育课程知识本质观下课程实施的影响因素相比，职业教育活动本质观指导下的课程实施的影响因素涉及面更广、更复杂，如课程计划本身、课程实施的资源条件、“双师型”师资要求等。因此，对活动本质观下课程实施的要求有以下几点：

1）对课程计划本身的要求更高。知识只是能力形成的一个重要条件，学习者能力的形成比知识的掌握更为复杂。这样课程计划本身无论在可传播性、系统科学性、可操作性、相对优越性等方面更难以完善。在可传播性方面，知识传授和能力培养之间的本质差别必须阐述清楚，并在外在形式上以明显的体现；在系统科学性方面，要遵循职业活动过程结构特点和职业能力形成和学习动机发展的规律，系统地进行课程计划的设计；在可操作性方面，不仅考虑学校的有关组织和个人，还要考虑合作的企业及其相关组织和个人便于使用；在相对优越性方面，新课程计划要充分反映职业教育所要求的职业能力和学习动机发展的规律，课程目标和实施手段都要具体明确，对课程实施者的要求应留有余地，在课程实施成本、时间和质量等方面要优于原有课程计划。

2）与课程编制者的合作要求更为密切。由于课程计划本身无论在可传播性、系统科学性、可操作性、相对优越性等方面更难以完善，特别是有些精神内涵很难从课程计划的形式上体现出来，因此，这更需要课程编制者与课程实施者密切合作。课程实施者需在课程编制者指导下，不断认识课程计划，编制者对课程计划中存在的问题不断地给予解决。

3）课程实施的组织和领导更严密有力。职业教育课程实施需要企业的配合，需要全体教师在教学中确定生成性课程目标。这对职业教育课程的组织和领导提出了很高的要求。特别在课程改革启动时机选择、课程实施组织设计、人员选用、课程实施步骤方法的设计及奖惩措施的制定等方面，要求更高。

4）对教师的培训要求更高。长期受课程知识本质观影响的教师，对课程活动本质观下设计出的课程计划，在精神和内容上都难以理解。教师必须在职业教育教学指导思想下，系统学习职业教育课程理论、学习理论和教学理论，掌握职业活动课程的教学规律，能够运用任务、项目驱动方法开展教学。

5）需要外部因素更有力的支持。政府要发挥主持角色的作用，建立机制形成新课程实施的良好环境；要让企业认识到职业教育对它们发展的重要性，能够积极配合学校为新课程计划的实施提供顶岗实习机会。

（二）职业教育课程评价

评价一般是指对人物或事物价值的衡量，特别是对事物用途和积极作用的评判。评价通常是判断与衡量任务或事物的优点与积极作用。关于课程评价，有广义和狭义之分。狭义的课程评价包括对课程的计划活动及结果的价值进行判断的活动或过程。本书认为广义的课程评价即教育评价，是指对教育活动带来的受教育者的变化满足社会与个体需要的程度进行判断的活动或过程。

1. 课程评价对象的扩展

就狭义的课程评价进行讨论，职业教育课程评价的对象已经由相对单一，扩展到较为全面。尽管对多数课程评价对象的研究还不够系统深合，但职业教育课程评价包括课程系统的评价、课程计划的评价、课程实施的评价、课程效果的评价和课程评价的评价。

（1）课程系统的评价。

课程系统是教育系统中的重要子系统之一。课程系统是课程决策和课程实施的系统，主要职能是课程设计、课程实施、课程评价与课程修改。课程系统必须置于课程评价的范围之内，保证课程系统的整体效应。

（2）课程计划的评价。

课程计划是课程设计的结果，对课程设计的评价也即对课程计划的评价。课程计划的评价主要包括对课程计划中专业设置、课程目标、课程内容、课程组织、课程实施、课程评价的评价。

近年来，无论国家还是地方，都开发出了大量的职业教育课程计划（专业课程指导方案）。但课程设计的水平如何，相关的评价较少。课程设计的评价一般包括主体评价和客体评价。主体评价和客体评价又包括专业设置评价、课程目标评价、课程内容评价、课程组织评价和课程评价的评价。

（3）课程实施的评价。

课程实施是指课程计划的执行。课程实施评价是对课程实施涉及的各个要素和课程实施过程的各个环节在课程计划的具体落实上进行的评价。它一般分为课程实施—变革的评价和课程实施—教学的评价。职业教育课程实施评价一直十分重视课程实施—变革的评价，忽视课程实施—变革的评价。我国职业教育正处于大发展起步时期，需要人们更加重视课程实施—变革的评价。课程的效果是通过学习者的发展水平直接反映出来的。

（4）课程效果的评价。

评价是课程评价中最基本的活动。我国职业教育课程效果评价，已经从重视学习者知识的掌握，开始向学习者具备的发展能力方面转变。多元评价运用多元智能理论，通过设定多元的评价标准，注重职业学校学生个体差异，引导职业学校学生个体发展。评价指标用能力描述，不但包括专业能力评价，还包括其他综合职业能力评价，知识仅作为评价指标构成的部分内容。

（5）课程评价的评价。

课程评价本身也可以是评价的对象，也称元评价。元评价是在评价工作完成之后，为了检讨评价方案的实施过程与结果，总结成功经验和纠正评价工作不足，而对已完成的评价工作进行价值判断，即对刚完成的评价工作进行再评价。职业教育课程元评价范围很广，包括对评价工作的目的、评价对象、评价程序和方法（包括评价技术）、评价的结论、评价者的选择与培训（评价制度）、评价对谁服务（包括评价者与评价听取人的关系）、评价对课程教材编制工作的影喻、评价的理论基础、对评价工作所开展的研究、评价研究对评价工作的影响等。

2. 课程评价主体多元化

职业教育课程评价对象的扩展及职业教育课程评价的复杂性，需要课程评价主体的多元化。

1）学生。学生是学习活动的主体，也是课程评价的主体。通过参与评价，增强学生学习的主观能动性，培养学生的自主意识和独立性，并为整个评价提供有价值的资料和信息。

2）教师。教师是课程评价的主要参与者，无论何种类型的课程评价模式或评价过程，教师都扮演了重要的角色，而且所起的作用更为重要。

3）企业。接受职业教育的学习者，最终要到企业一展身手。因此，企业是职业教育课程评价不可或缺的主体。

4）专门评价者。专门评价者是指课程或教学的专业设计者，或者专业评价机构的专业评价人员，是评价工作队伍中的具有较大作用的人员之一，是课程开发与教学设计和实施工作的必要支持者。他们往往从旁观者的角度收集相关的资料和信息，在评价过程中能做到尽量减少主观性，使判断更为真实和有据。

5）家长及社区人员。教育的问题涉及千家万户，随着社会的进步和教育的发展，人们对教育发展也投入了更多的关注与期待。从某种意义上讲，课程与教学的影响几乎成为教育产生影响的核心要素。因此，凡是受教育影响的人都应该参与部分课程与教学的评价工作，也应该参与部分教育决策；此外，学生家长、社区人员、校外的顾问等提出的意见或建议，也应加以重视。

3. 课程评价方法的结合

课程评价方法可分为量化评价方法和质性评价方法。量化评价方法是一种力图把复杂的教育现象简化为数量，进而从数量的分析与比较中推断评价对象的有效的方法。它有着明显的优势。首先，量化评价的设计是预先确定的，易于控制和操作；其次，量化的结果便于进行数学处理，有助于提高评价的准确性；再次，量化的指标往往是客观化的指标，有助于提高评价的客观性；最后，量化评价还有助于对评价对象进行明确的等级区分，如对学生学业成绩评价。但这种评价范式也显示出一定的缺陷：第一，量化课程评价忽略了教育计划中那些不可测量的重要方面，忽略了人类经验的不可测量性；第二，量化课程评价往往以预定目标为评价标准，它排斥对给定教育计划的持续性再开发，这就不可避免地造成课程评价者和课程开发者的利益冲突；第三，量化课程评价倾向于重视行政管理人员和研究者的利益，忽视教师在工作中所遇到的实际问题；第四，由于量化课程评价支持有意识、有组织的结果，它就必然忽略计划性结果；第五，量化课程评价信奉一元性评价标准，实际上对课程目标达成完全一致是不可能的，因为量化课程评价忽视了价值的多元性。

非质性评价方法是一种力图通过自然的调查，全面充分地提示和描述评价对象的各种特质，以彰显其中的意义，促进理解的方法。这种评价的方法源自解释主义哲学，并受到艺术、人文学科和社会理论的影响而产生。它认为主体和客体是互为主体、相互渗透的，知识是主体不断通过建构和经验形成的。不存在带有普遍意义、脱离具体情境的抽象知识，不能用对或错对知识加以判断，而必须依据它在具体情境中发挥的作用。因此，对许多问题的了解与掌握只能通过描述性、解释性的语言来实现。质性评价的实质就是要对与课程和教学相关的行为及其原因和意义进行判断。其目的在于把握课程与教学本质的规定性，即通过对课程与教学广泛细致地分析，深入了解，进而从参与者的角度描述课程与教学的价值和特点。评价过程被视为是评价者发现课程与教学潜在价值的过程，在这个过程中增进了对教学本质、师生关系、课程设计及性质、师生行为建构知识的性质和结构等的理解，也是一个自下而上的归纳过程。这种评价虽然没有绝对严格的程序，带有很大的灵活性，却是一种各方面因素共同参与的活动，一种连续评价、不断反馈的模式，一个连续的、动态的过程。其使用的具体方法有参与观察、行动研究、人种学、档案袋评定等。对职业学校学生职业活动能力的评价，特别是对态度的评价等，很难像知识掌握程度那样用数量去评价。因此，在职业教育课程评价中，应重视质性评价，将量与质方法结合起来，全面反映职业教育现象和课程现象的真实情况。

4. 课程系统评价的发展

职业教育的课程系统正在逐步建立，职业教育课程系统的评价活动还很薄弱，但不论在职业教育的课程系统建立过程中，还是在课程系统运行过程中，职业教育课程系统的评价都必不可少，职业教育课程系统评价应该主要包括以下几个方面。

（1）课程系统理念评价。

职业教育课程系统在课程思想、理论、方法上与其他教育有着本质的不同。职业教育课程系统需要有自己明确的理念。我国职业教育课程系统的理念是《国务院关于大力发展职业教育决定》中提出的“以服务为宗旨，以就业为导向”的职业教育的办学方针和教育部提出的“以全面素质为基础，以能力为本位”。

（2）课程系统职能评价。

课程系统是课程决策和课程实施的系统，主要职能是课程设计、课程实施课程评价与课程修改。因此，对课程系统的评价应包括对其职能是否健全进行评价。

（3）课程系统构成评价。

职业教育课程理念的贯彻、职能的执行需要课程系统人员的科学构成，如政府、行业、学校及课程设计专家等。澳大利亚形成的政府做主持、行业为主导、学校负责实施的课程系统得到了较高的评价。

5. 课程计划评价的发展

效果与内在相结合的评价是对课程计划实际效用的评价，它注重课程实施前后学生或教师所产生的变化，而对课程运作的具体状况、变化产生的原因等，则被置之度外。因此，效果评价往往是通过对前测与后测之间、实验组与控制组之间的差异进行判断而产生的。这种评价也因而被称为“暗箱式评价”——只关注输入、输出之间的不同，而忽略中间的过程内在评价是对课程计划本身的评价，不涉及课程计划可能产生的效果。比如，评价可以只就课程计划所涉及的学生经验的类型、课程内容的性质和组织等，对课程计划进行判断。至于其效果，则在评价关注的范围之外。从内在评价的提倡者来看，只要有好的课程计划，就一定能取得好的教学效果。

我国职业教育课程评价一直十分重视课程的效果评价，从课程实施前后学生或教师所发生的变化来评价课程计划。实际上，这里存在着漏洞。如果一个很好的课程计划实施过程中出现了问题，那么也会出现课程效果不理想的情况，因此，应该将课程的效果评价与内在评价结合起来。近年来，职业教育工作者开始重视课程的内在评价。《职业教育课程设计》一书较为全面系统地介绍了职业教育课程内在评价的思想、理论和方法。

从内部评价到内外部评价相结合。内部评价是指由课程设计者或使用者实施的评价。内部评价的优点在于评价者了解课程设计方案的内在精神和技术处理技巧，评价的结果亦可进一步用于课程方案的修订和完善；其缺点是，评价者有可能囿于自己的设计思想而不了解其他人对课程设计的需要，评价缺乏应有的客观性。外部评价是指由课程设计者或使用者以外的其他人员实施的评价。外部评价可以克服内部评价的缺点，评价者虽然对计划的内部思想不太了解，却有更为开阔的评价思路，可能获得具有客观性和令人信服的结论。

6. 课程实施评价的发展

（1）职业教育课程实施—变革评价。

职业教育课程实施—变革评价较多采用的是总结性评价。总结性评价一般是在课程设计和实施结束后，对评价对象的整体效益作出价值判断而进行的评价。其目的是对教育效果进行判断，从而区别优劣、分出等级或鉴定合格与否，为个体的决策、教育资源投资优先顺序的抉择等提供依据。2006 年，我国教育部职业教育协作组对 1999 年全国职业教育教学改革会议后启动的课程改革进行了调查分析，对 6 年多的课程实施—变革进行了总结性评价。虽然这次历时近一年的调查与评价达到了预期目的，但尚有一些问题没有明确。例如，这样的课程结果是怎么形成的；“职业教育课程改革和教材建设规划”项目成果《中等职业学校重点建设专业教学指导方案》起到的作用如何；在推广过程中，又有哪些经验和教训。要回答这些问题，需要开展过程性评价。过程性评价是在课程实施过程中的评价，它贯穿于教学活动的始终，目的是了解全过程的活动表现情况，掌握职业学校课程变革的过程，而不是关注活动效果。因此，我国职业教育课程实施—变革评价应将总结性评价与过程性评价结合起来。

（2）职业教育课程实施教学评价。

职业教育课程实施中，对教学评价特别是教学效果评价一直十分重视，通过教学效果评价提高教学质量，发现优秀教师。但除教学效果评价外，形成性评价和发展性评价也是十分必要的。形成性评价是通过对教育方案或计划教育过程与活动中存在的问题，为正在进行的教育活动提供信息以提高实践中正在进行的教育活动质量的种评价。一般来讲，形成性评价不以评价对象的等级区分为目的，不重视对被评对象进行分等鉴定。评价的目的在于了解某项教学活动的效果，评价的结果在于及时发现问题，以便调整课程计划或教学活动。形成性评价直接指向正在进行的教育活动，以改进这一活动为目的，因此，它只能是在过程中进行的评价，一般不涉及教育活动全部过程。在教育方案的评价中，形成性评价通过社会需要、教育活动参与者的需要的评定、可行性研究、实施过程存在的问题等方面的调查，将其目的指向改进教育活动的质量。形成性评价是内部导向的，评价的结果主要供那些正在进行教育活动的教育工作者参考。发展性评价贯穿于活动过程的始终，是形成性评价的延续。发展性评价通过系统地搜集评价信息和分析，对评价者和评价对象双方的教育活动进行价值判断，实现评价者和评价对象共同商定发展目标的过程，其目的是从发展的角度判断课程实施状况和教学的效果，以了解学生素质的全面发展情况，并用发展的眼光分析问题。

7. 课程效果评价的发展

从重视对学生的甄别筛选转变到了重视促进学生的发展。人们对职业教育课程活动本质的认识，导致了职业教育课程效果评价内容从知识到能力的变化。职业教育课程的本质观和价值观的变化，使职业教育课程效果评价有了重大的转变。

（1）从重视甄别筛选功能到重视促进发展功能。

甄别筛选功能包括鉴定功能和选拔功能。鉴定功能是指通过课程评价对评价对象与评价指标的适应程度进行区分和认定。通过评价对课程与教学的各种因素或各个方面的优良程度进行鉴定，一方面认定其价值的大小，另一方面衡量其是否达到了应有的标准。选拔功能是指课程评价能够为选拔优秀和淘汰不合格者提供依据，从而对评价对象进行甄别筛选。通过对课程评价的实施，为教育教学提供有效的诊断反馈，并以此来强化和改进教育教学活动的开展，进而促进学生、教师及学校进步。具体体现在以下几个方面：①导向功能。导向功能是指通过课程评价可以对实际的教育教学活动产生引导定向作用。对进一步明确课程开发与教学设计的原则，深刻理解课程与教学的价值，起直接导向作用。②诊断功能。诊断功能是指通过课程评价能够对教育教学活动中存在的问题进行分析，并找到这些问题的症结和原因所在，进而对课程与教学提出整改和补救建议。此外，通过评价还可以诊断学生学习的缺陷，进而为矫正教学或修订、完善课程计划提供依据。③激励功能。激励功能是指通过课程评价能够让被评价者客观正确认识自己，了解自己的优势和不足，以增强自身发展的积极性和主动性。评价既能够让被评价者产生内驱力，也能够让被评价者产生外发性动机，并使其产生压力或动力，以此激励组织或个人更好地去努力实现目标。④调节功能。调节功能是指通过课程评价结果的反馈，让被评价者了解自身发展存在的优势和不足，从而调整自己的教育、学习行为，促进自身更好发展。通过评价建立课程与教学实施过程的反馈通路，形成完整的实施体系，课程与教学的整个实施过程实现自我调节。长期以来，我国职业院校在课程评价上，主要采用相对评价方式。这种评价主要的功能是甄别筛选。今天，我国职业教育已经开始“面向人人”。职业教育课程的价值是“人人成才”。“面向人人”的教育，重要的是通过课程评价，促进人人发展、多元发展。这样，职业教育课程评价的功能从重视人才的甄别筛选转变为重视促进学生的发展。

（2）从重视知识的掌握到重视获得就业资格和具备发展的能力。

职业教育课程的知识本质观和职业教育课程知识传授价值观，要求职业教育课程评价的标准是学习者学习的学科知识及其结构体系的基本掌握。而职业教育课程活动本质观和职业教育课程能力培养价值观，要求职业教育课程评价的标准是具备就业资格和就业后发展的基本能力。

（3）从重视相对评价到重视绝对评价、诊断性评价、个体内差异评价和档案袋评价。

相对评价是指以评价对象群体的平均水平或其中的某一对象的水平为参照点，确定评价对象在群体中的相对位置或与群体中某一个体的差距的一种评价。这种评价的优点是不受集体整体水平的限制。也就是说，无论集体的整体水平如何，都可比较优与劣、先进与落后。这种评价在职业教育教学活动中，虽然也有其存在的价值，有时也需要通过评价，辨别学生个体学业的差异，但绝对评价在职业教育教学活动中应得到进一步的重视。绝对评价是指在评价对象群体之外，以某一预定的目标或标准为客观参照点，确定评价对象达到标准绝对位置的一种评价。职业教育培养的毕业生需要达到职业资格标准才能顺利就业，而这些职业资格标准是客观存在的，不会因学生群体发生变化而变化。

诊断性评价是指在课程实施之前，为测定学习者已有知识技能态度方面的准备程度而进行的评价。其目的是了解评价对象的现状、问题或原因，以采取适当措施。目前，我国职业学校学生情况的复杂性对诊断性评价提出了较高的要求。个体内差异评价是把评价对象群体中每个评价对象的过去与现在进行比较，或者把个体的有关侧面进行比较，从而得到评价结论的评价类型。职业教育是“面向人人”的教育，人人之间都存在差异。在多元智能理论指导下，通过个体差异评价发现和培养学生的职业特长，形成多元的高技能人才结构，与社会经济发展对人才的需要相一致。

档案袋评价，也称“成长记录袋”评价“卷宗评价”等。档案袋评价是借助档案对评价对象进行的客观的、综合的评价。它是一种通过建立和查阅学生学业或个人发展的档案，评价个体内差异和比较个体与他人差异的评价方法。其评价的重点是学生过去的发展情况和以后的发展基础。职业学校学生良好职业习惯的养成和职业道德的培养是职业教育教学的重要内容，也是难点，而档案袋评价对职业教育学生职业道德、习惯的养成，具有有效的促进作用。

参 考 文 献

[1] Weinert F E. Concept of Competence[A]//Rychen D S，Salganik L H. Defining and Selecting Key Competencies Seattle[M]. Bern: Hogrefe & Huber, 2001: 45-65.

[2] 陈彩虹．上帝、数据和故事[J]．读书，2015（10）：12-19.

[3] 劳耐尔，赵志群，吉利．职业能力与职业能力测评：KOMET 理论基础与方案[M]．北京：清华大学出版社，2010.

[4] 冯同庆．守先方能待后[J]．读书，2015（3）：125-127.

[5] 周晶晶．成人社区学习成果认证需求研究[D]．上海：华东师范大学，2018.

[6] 徐斌．创新型工程人才本科课程体系的构建研究[D]．天津：天津大学，2010.

[7] 姜大源．世界职业教育课程改革的基本走势及其启示：职业教育课程开发漫谈[J]．复印报刊资料（职业技术教育），2009（2）：49-56.

[8] 陈泽宇．对工作过程系统化的课程体系构建途径的思考[J]．职教论坛，2009（6）：50-52.

[9] 吕红．澳大利亚职业教育课程质量保障研究[M]．成都：西南大学出版社，2009.

[10] 姚洁，王伟力．微信雨课堂混合学习模式应用于高校教学的实证研究[J]．高教探索，2017（9）：50-54.

[11] 李忠，王筱宁．学徒教育在底层民众实现社会流动中的方式与作用：以近代学徒教育为例[J]．大学教育科学，2008（2）：88-93.

[12] 王星．技能形成的社会建构：中国工厂师徒制变迁历程的社会学分析[M]．北京：社会科学文献出版社，2014：55.

[13] 范军．2009 年以来英国学徒制新进展及启示[D]．上海：华东师范大学，2015.

[14] 国家教委职业技术教育中心研究所．历史与现状：德国双元制职业教育[M]．北京：经济科学出版社，1998.

[15] 龚凌云，陈泽宇．基于岗位职业能力提升的课程开发面临的问题与对策[J]．教育与职业，2017（8）：35-40.

[16] 林健．如何理解和解决复杂工程复杂工程问题：基于《华盛顿协议》的界定和要求[J]．高等工程教育研究，2016（5）：17-26.

[17] 闫宁．高等职业教育学生学业测评研究[D]．西安：陕西师范大学，2012.

[18] 宋之帅．工科高校创新创业教育模式研究[D]．合肥：合肥工业大学，2014：55-58.

[19] 赵会利．“双创”背景下高校创新创业教育课程体系的构建[J]．中国成人教育，2016（22）：100-103.

[20] Berman P, McLaughlin M. Science, curriculum and liberal education[M]. Chicago: The University of Chicago Press, 1978: 34.

[21] 龚雯．“对接”视域下的职业教育“双证书”课程模式研究[D]．天津：天津大学，2017.